FUNDAMENTOS DEL JAZZ PIANO

LIBRO 1: MESES 1-6

Traducido por Daniel Ayala
Editado por Julio Cesar Barreto
Diseño de Kelly DiBernardo Rupert

ISBN 979-8-9874806-1-8
© 2023 Jeremy Siskind Music Publishing
Todos los derechos reservados. Copyright internacional asegurado

Ninguna parte de este libro puede ser reproducido, almacenado en un sistema de recuperación o transmitido de cualquier forma (electrónico, mecánico, fotocopia, grabación y demás) sin el permiso previo del autor (Jeremy Siskind)

Visita a Jeremy Siskind a través de la web en:
www.jeremysiskind.com

CONTENIDO

    i. Introducción
    ii. Como usar este libro
    iii. Lista de Temas
    iv. Principios para aprender Jazz

Unidad 1   Orientándote 9

Unidad 2   Conceptos básicos de acompañamiento 23

Unidad 3   Introduciendo el ii-V-I 35

Unidad 4   Yendo más profundo con el ii-V-I 51

Unidad 5   "Evening in Lyon" 61

Unidad 6   Introducción a los *voicings* en Posición A/B 81

Unidad 7   Forma *Blues* 101

Unidad 8   Tocando el bajo en dos 113

Unidad 9   *"Blues* for Sammie" 133

Unidad 10   Introduciendo Dominantes Alterados 153

Unidad 11   Más Dominantes Alterados 167

Unidad 12   Improvisando con Dominantes Alterados 181

     ¿Y ahora qué? 196

     ¿Qué sigue? 197

     Glosario 198

INTRODUCCIÓN

¡Bienvenido al comienzo de tu viaje hacia el piano jazz!

Estudiar piano jazz es realmente gratificante y a la vez frustrante. Por un lado, los pianistas de jazz tienen una increíble libertad de expresión y la habilidad de tocar solos, o bien, con un ensamble. La armonía jazz es increíblemente colorida, el ritmo es vibrante y diverso, y la improvisación es una inmediata y poderosa herramienta para la expresión individual. Sin embargo, al mismo tiempo, ¡el piano jazz es difícil! Requiere de una excelente técnica, un dominio de la armonía, una intrincada coordinación entre las manos, un conocimiento enciclopédico e histórico de la teoría, un buen oído y una pasión por la comunicación.

Algunos dicen, "El jazz no se puede aprender". No estoy de acuerdo. No soy un optimista cegado. He enseñado a cientos de estudiantes de todos los niveles. Algunos han desarrollado exitosas carreras y han encontrado una expresión individual significativa, mientras que otros lo han abandonado después de solo semanas de estudio.

Esto es lo que necesitas saber: aprender jazz es muy parecido a aprender un idioma. Ninguna cantidad de estudio puede volverte fluido en Francés, Hindi o Chino en una semana o un mes. Se requiere años de inmersión para aprender un idioma. El jazz es similar.

Para hacer las cosas más interesantes, los mejores músicos de jazz son como poetas, crean nuevas palabras y frases, reinventando la gramática y el vocabulario en algo hermoso y sorpresivo.

Por supuesto, mi meta es que te conviertas en un gran poeta del lenguaje jazz. Pero antes de que intentes improvisar poesía en este nuevo lenguaje, tienes que dominar por completo la gramática, el vocabulario, la pronunciación y el acento.

Este libro te enseña desde varios ángulos, de la misma forma que aprenderías a hablar un idioma:

- **Ejercicios de Memoria como *Lick*s, progresiones ii-V-I y ejercicios de coordinación** reflejan la práctica de aprender a "componer frases" en un lenguaje. De hecho, los músicos de jazz llaman a estos elementos parte de su "vocabulario". Estas son oportunidades perfectas para desarrollar memoria muscular, afilar el estilo jazz, practicar coordinación entre las manos, y acostumbrarse al "fraseo" de jazz en las manos.

- **Ejercicios Controlados de Improvisación** en cada capítulo, son como indicaciones conversacionales o estructuras gramaticales repetitivas. Estos ejercicios cronometrados consiguen que improvises con un enfoque específico, ambos enseñándote a lograr el "flow" al improvisar y formar buenos hábitos al trasladar tu enfoque.

- **Ejercicios de lectura** que refuerzan y prueban tu conocimiento de los elementos de la "gramática" musical, garantizando que entiendas intelectualmente todos los conceptos presentados.

- **Practicar Temas** es como escribir ensayos largos o tener conversaciones completas. Al practicar temas, aplicas las habilidades aprendidas en ejercicios técnicos y empiezas a hacer música, aunque todavía sea un trabajo en proceso.

- **Las tareas de Escucha Guiada** te sumergen en el mundo de un hablante nativo, como mirar televisión o escuchar podcasts en un idioma extranjero. Pasar tiempo escuchando las guías te ayuda a asimilar y entender el estilo, reconocer gestos en común de la música, y ganar una perspectiva significativa acerca de la historia de la música.

La mala noticia: así como aprender un idioma, no se puede tomar atajos para aprender jazz. Considera este libro como tu primer semestre aprendiendo un nuevo idioma. Para cuando termines este libro, deberías saber lo suficiente como para tocar en un ensamble de jazz pequeño. Sin embargo, a pesar de que estas doce unidades cubren mucho terreno, te darás cuenta que todavía tienes mucho que aprender. Desafortunadamente, doce unidades no ofrecen suficiente tiempo para explorar armonía de acordes menores, jazz modal o como tocar Solo de Piano.

La buena noticia: muchos de ustedes ya vienen con excelentes habilidades técnicas. Podrás ser un pianista virtuoso, podrás tener un muy buen oído, o podrás haber escuchado mucho jazz. ¡Tus habilidades previas te darán una gran ventaja para aprender este idioma rápidamente!

COMO USAR ESTE LIBRO

Cada unidad de este libro está designado para estudiar y practicar por alrededor de dos semanas. A este ritmo, estarías completando el libro en seis meses. Por supuesto, no hay tal cosa como "una talla para todos". Algunos estudiantes podrán practicar solo un par de horas a la semana mientras que otros podrán pasar horas practicando todos los días. Algunos aprenden rápido y otros aprenden más lento. Considera alrededor de treinta horas de práctica (como dos horas al día) como un buen parámetro de cuanto tiempo deberías estudiar cada unidad.

Escanea aquí for Test

Cada capítulo contiene códigos QR que te llevan a videos tutoriales y a las respuestas correctas a los ejercicios escritos. Si alguna vez escaneaste un código QR, para la mayoría de los celulares, el proceso es tan fácil como abrir la cámara y centrar el código QR en la pantalla. Puedes practicar con este código, el cual te llevará a la portada de este libro.

Si prefieres acceder a material suplementario desde la página web en lugar de los códigos QR, marca la siguiente página, la cual contiene links para cada unidad:

https://jeremysiskind.com/jazz-piano-fundamentals-main-page/

Escanea aquí for Real Book

Utiliza este libro junto con el **Sixth Edition Real Book** (tanto el formato físico como digital son aceptables). Dependiendo del formato, el libro cuesta $20 y $30. El *Real Book* es una colección de *lead sheets* que casi todo músico de jazz posee en algún punto de su carrera. Cada unidad, al menos una de tus tareas será practicar temas del *Real Book* aplicando conceptos específicos de ese capítulo. Este código QR te lleva a un link para comprar el libro de Amazon (por favor considera comprarlo de tu tienda de música local).

Aunque estoy personalmente fascinado con tocar Jazz en Solo de Piano (anuncio: He escrito un libro llamado *Tocando Solo Jazz Piano* de casi doscientas páginas), tiene más sentido empezar tu viaje en el jazz aprendiendo como tocar en una banda. Existen 3 razones principales. Primero, tocar en un ensamble es más fácil que tocar solo. Segundo, el aprendizaje es más divertido y social con otros. Tercero, muchas oportunidades para nuevos músicos vienen tocando en ensambles. Para simular la experiencia de tocar con una banda, el texto te sugerirá constantemente que practiques con una pista o *play-along*. Un **play-along** es una grabación de bajo, batería y a veces piano creado específicamente para practicar. Los *play-along*s son herramientas fantásticas de aprendizaje ya que te obligan a tocar con un pulso constante, te preparan para que toques con una banda, y te permiten escuchar el contexto armónico que provee el bajo.

Escanea aquí for iRealPro

Hay muchos lugares en donde puedes encontrar estos *play-along*s. Para *play-along*s gratuitos, puedes buscar el nombre del tema más las palabras "backing track" en YouTube.com. Encontrarás varias opciones de diferentes *play-along*s para la mayoría de los temas del *Real Book*. Por la suma de $15, puedes adquirir el rey de los *play-along*s, la aplicación **IRealPro**. La app *IRealPro* contiene miles de temas y permite al usuario ajustar el tempo, estilo y tonalidad. Busca la app *IRealPro* para descargarlo o escanea el código QR para visitar la página web.

Escanea aquí for Lessons

Aunque muchas preguntas frecuentes son incluidas en el texto, no hay forma de anticipar todas las preguntas que puedan surgir. En un mundo ideal, estudiarías este libro con la guía de un profesor, teniendo por lo menos una lección por unidad. Un profesor puede ayudarte a corregir errores si malinterpretaste algún concepto, darte sugerencias y correcciones acerca de tu estilo y articulación, sugerir cuando podrías ralentizar o acelerar alguna lección o unidad, y guiarte para continuar con más recursos. Ofrezco clases con un precio especial para estudiantes que han adquirido este libro. Escanea el código QR y utiliza el código "JPFUNDA2021" para agendar una clase con un descuento de $10.

Escanea Aquí para Link de Escucha

Cada unidad concluye con una sección de "Escucha Guiada". He creado *playlists* en *Spotify*, *Apple Music* y *YouTube* con todas las guías de los temas. Escúchalos en tu plataforma preferida.

LISTA DE TEMAS

Esta es tu **Lista de Temas**. Estos son temas del *Real Book*, deberías enfocarte en estos temas a través del estudio de este libro. Esta Lista de Temas fue seleccionada ya que primariamente se enfocan en las progresiones armónicas que cubre este libro.

Alright, Okay, You Win	Mood Indigo
Afternoon in Paris	Never Will I Marry
All the Things You Are	Nostalgia in Times Square
Always	Recorda-Me
Blue Room	Satin Doll
Broadway	So Nice (Summer Samba)
Central Park West	Sophisticated Lady
Dancing on the Ceiling	Stompin' at the Savoy
Days and Night of Waiting	The Surrey with the Fringe on Top
Easter Parade	Take Five
Four	There'll Be Some Changes Made
Giant Steps	Time Remembered
Groovin' High	Topsy
Half Nelson	Tune Up
Here's that Rainy Day	Well You Needn't
I Could Write a Book	West Coast *Blues*
Lady Bird	Wives and Lovers
Misty	

PRINCIPIOS PARA APRENDER JAZZ

Más abajo, encontrarás principios importantes para aprender jazz. Tómate tu tiempo para considerar cada uno de estos principios y revísalos cada tanto a través del proceso de aprendizaje.

1. Aprende las reglas, luego rómpelas

Lo sé, lo sé, el jazz se supone que es algo que debes "sentir". Thelonious Monk rompe todas las reglas, así que ¿por qué no tú también?

La respuesta a esta pregunta es que, sin una estructura, no aprenderás demasiado. Habrá muchas oportunidades para romper las reglas en el camino, pero primero debes dominar las reglas para luego poder romperlas efectivamente.

Si regresamos a la metáfora del idioma que mencionamos en la introducción, las reglas son como la gramática de un idioma. Los poetas, raperos, dramaturgos y novelistas deben saber como hablar un idioma fluidamente antes de crear sus propias variaciones.

2. Haz un desorden, luego límpialo

Odio tener que decirlo, pero tu sonido probablemente no sonará asombroso a menudo durante estos seis meses. Pero, ¡no dejes que eso te impida continuar tocando! Por favor, haz un gran desorden en el piano a medida que pasas el tiempo estudiando jazz e improvisación, con la ayuda de este libro, colegas músicos, y quizás un profesor, aprenderás a poner todo en orden. Pero si quieres esperar a que todo salga perfecto, entonces nunca podrás iniciar el proceso.

3. Haz preguntas "¿Qué pasa si?"

A pesar de que hay una buena cantidad de información en estas páginas, limitarte a aprender solo lo que está en el libro puede ser, bueno, limitante. Para ir más allá de la información en el libro, cada vez que aprendas algo nuevo, pregúntate a ti mismo la mayor cantidad de preguntas "¿qué pasa si?" como sea posible, y trabaja sobre eso. ¿Cierta frase sonaría bien sobre acordes dominantes? ¡Genial! "Qué pasa si" lo probara en un acorde mayor? ¿Suena bien agregar la trecena arriba del acorde? ¡Genial! ¿"Qué pasa si" pruebo usando la oncena también? ¿Cierto *lick* suena bien tocándolo en corcheas? ¡Genial! ¿"Qué pasa si" lo probara con tresillos o semicorcheas? Los buenos estudiantes no se limitan solamente con la información presentada.

4. Si suena bien, está bien

¿Cómo saber si estos escenarios de "que pasa si" realmente funcionan? Si suena bien, ¡está bien! Aunque deberías confiar en tu profesor, las reglas presentadas en este texto, y los ejemplos de la "escucha guiada" para perfeccionar tu oído y enseñarte a ti mismo sobre el estilo jazz, también debes confiar en tus oídos. No solo te ayudará a navegar con éxito o fracaso las preguntas de "¿qué pasa si?", pero también te ayudarán a desarrollar un sonido único como artista, un sonido basado en las sonoridades que te gustan.

5. Practica el "éxito"...

Por último, querrás que cada elemento de tu sesión de práctica mejore tus habilidades sin que éstas te saturen. Si practicar es el proceso de construir hábitos, practicar una mala ejecución te construirá malos hábitos. Modifica las actividades abrumadoras hasta que puedas ejecutarlas exitosamente, construyendo un hábito de logro. Las tres formas de modificar un ejercicio en tu práctica de piano son:

a. Acortar – Trabaja en una sección pequeña de la música. En lugar de estudiar ocho compases, estudia dos. En vez de tratar de tocar toda la pieza, solo toca el primer sistema.

b. Reducir la velocidad – Encuentra un tempo en el que puedas tocar el ejercicio exitosamente, luego aumenta el tempo gradualmente hacia la meta final.

c. Simplifica – Cambia o simplifica el ejercicio- Toca solo una mano a la vez en lugar de tocar manos juntas. Si se supone que el ejercicio se debe tocar en las doce tonalidades, practica solo dos tonalidades por ahora. Despreocúpate por la articulación hasta que domines las notas.

6. ... o Esfuérzate

Si el material es muy fácil, pregúntate a ti mismo preguntas de "¿Qué pasa si?" de manera a hacer que los ejercicios se extiendan un poco más. Las tres sugerencias más abajo te proveerán de ideas para desafiarte a ti mismo y permitirte progresar a un ritmo más rápido en tu estudio del jazz.

a. Agrega Piezas o tonalidades – Si puedes tocar exitosamente un ejercicio sobre una pieza o tonalidad en específico, elige más temas de la "lista de temas" o practica hasta que lo hayas dominado en las doce tonalidades. Si puedes hacerlo en todas las tonalidades mayores, entonces intenta también con las menores.

b. Acelera – ¡Sube el tempo hasta que puedas tocar bastante rápido!

c. Agrega elementos – Agrega un patrón de mano izquierda o frase en la derecha, agrega adornos, intenta con una subdivisión de compás más rápida, practica sobre una pieza o progresión de acordes difíciles.

7. Practicar sin metrónomo es como...

... jugar tenis sin una red. Sin una red, solo estás pegando las pelotas hacia cualquier dirección. Sin un metrónomo, solo estás colocando notas en cualquier lugar. Sin metrónomo, no cuentas con una métrica para medir si realmente estás tocando el ejercicio exitosamente. A menos que el texto te indique específicamente en practicar fuera de tiempo, practica con un metrónomo.

8. Toca con otros

Entiendo que asusta un poco por ahora, pero toca con otros lo más rápido posible. El Jazz es una música social y aprenderás muchísimo sobre como tocar en un ensamble. No solo tus compañeros te darán nuevas ideas sobre como escuchar, practicar y crecer, pero tocar en un ensamble reforzará tu habilidad de mantener el tempo y seguir la forma. Regresando a la metáfora del idioma, es importante tener conversaciones con otros regularmente en lugar de estudiar solo todo el tiempo. Para cuando alcances la Unidad 6, ya deberías estar calificado para contribuir a un ensamble.

9. No te rindas

Aprender jazz es un proceso largo. Simplemente continuar con el mismo, inclusive cuando la práctica se torna difícil, es uno de los elementos cruciales para tener éxito. Si sigues practicando y confías en el proceso, el progreso vendrá.

¡Tengo muchas ansias de escuchar la poesía musical que contribuyas a la tradición jazz! Te deseo muchas horas felices de práctica, diversión escuchando y experimentación en el piano

Jeremy

Unidad 1
Orientándote

Escanea Aquí para
Unidad 1 Videos

Ejercicio de Improvisación 1 – Improvisación estática

En el proceso de aprendizaje para volverse un improvisador de jazz proficiente, el estudiante debe aprender nuevos conceptos. A través del curso de este libro, aprenderás sobre escalas, modos, arpegios, notas no pertenecientes al acorde, extensiones y mucho más.

Una parte igualmente importante para volverse un mejor improvisador de jazz es aplicar muchas cosas que probablemente ya sepas sobre la música. Para lograr esto, en las primeras unidades, estarás practicando la **Improvisación Estática**, improvisaciones sobre un patrón de acompañamiento que no cambia. Durante estas improvisaciones estáticas, practicarás creando improvisaciones que atribuyen a los principios más importantes de una buena melodía.

Reglas de juego

- Invierte de 5 a 10 minutos al día realizando improvisaciones estáticas.

- Siempre utiliza un cronómetro con tus improvisaciones estáticas. De lo contrario, tus improvisaciones podrán parecer interminables y sin dirección. Uno o dos minutos es una buena cantidad de tiempo para cada punto de enfoque.

- Siempre ten un objetivo o enfoque para tu improvisación estática. Si no estás enfocado, el tiempo que te pases improvisando solo reforzará tus hábitos previos, la antítesis del progreso.

- Las improvisaciones estáticas pueden ser practicadas fuera de tiempo para permitirte explorar sin las ataduras del ritmo del metrónomo. Mantén un estado anímico meditativo. No es el momento de mostrar tu virtuosismo.

Por ahora, toca la tónica y su quinta en un rango grave en la mano izquierda. Vuelve a tocarlo cuando el sonido se disipe.

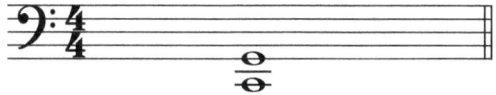

En la mano derecha, improvisa usando la escala de Do mayor, las notas blancas del piano. Enfócate en los tres puntos a continuación. A pesar de que estos puntos parecen simples, toma uno a la vez y enfoca toda tu atención para esta corta improvisación.

Puntos de enfoque

1. **¿Realmente te estás escuchando a ti mismo cuando tocas?**

    Escucha cada nota. ¿Suena tensa? ¿Hay resolución? ¿Suena bien? ¿Suena mal? ¿Se dirige a algún lugar? ¿Estable? ¿Aburrido? ¿Intrigante?

    ¿Cómo suena tu melodía? ¿Cantable? ¿Flexible? ¿Plano? ¿Áspero? No te juzgues cuando toques, pero examina tus melodías de la misma forma en la que un científico miraría fascinado un experimento, con atención absorta.

2. **¿Tus frases poseen un claro comienzo y final?**

    Las buenas melodías vienen dentro de frases, no en líneas interminables. A medida que improvises, concéntrate en crear un sentido claro de cuando tocar una frase y cuando dejar un espacio entre dichas frases. Practica mover tu mano del piano entre frases. ¿Cuánto tiempo puedes esperar entre frases? ¿Podrías intentar darle a tus frases una forma más dinámica? La forma más común es hacer un leve crescendo en la mitad de la frase y luego un decrescendo hacia el final de la misma.

3. **¿Qué tipo de ritmos estás usando?**

    La mayoría de nosotros tenemos ciertos ritmos que tocamos por defecto si nos sentimos incómodos. Para algunos, esto significa notas largas mientras que para otros significa una línea constante de corcheas. Escúchate a ti mismo y pregúntate que clase de ritmos usas constantemente (solo observa, no trates de controlarlo). Entonces, cualquier elemento que pueda estar ausente. ¿A lo mejor podrías usar mas tresillos? ¿Mas notas largas? ¿Algunas síncopas?, lo cual es, énfasis en los tiempos débiles. Luego, te daré direcciones claras acerca del ritmo, pero por ahora, empieza a volverte consciente de tus hábitos.

Preguntas Frecuentes

Q: *Esto es bastante fácil para mi, ¿puedo saltearlo?*

A: La improvisación estática no está destinada a ser fácil o difícil. La intención es la de formar un hábito. Si lo encuentras muy fácil... ¡Excelente! ¡Sigue haciéndolo! Así como comer sano o tomar un baño en la mañana no es difícil pero es necesario hacerlo, la improvisación estática refuerza buenos hábitos cuando se hace constantemente. Si es tan fácil que tu mente se divaga, entonces no lo estás haciendo correctamente – concéntrate y mira que tan creativo puedes ser dentro de los confines de este ejercicio.

Q: *¿Puedo usar el pedal?*

A: En general, no usarás pedal para nada en este libro... con la excepción de estas improvisaciones estáticas. Tu improvisación estática podría tener un sonido "new age" al estar lleno de pedal y ser tan bonito como quieres que lo sea.

Para todo lo demás en este libro, por favor manténte lejos del pedal. ¡No es necesario!

Conceptos básicos del *Feel Swing* 1

El **swing** es la sensación rítmica estándar del jazz. Con más de cien años de historia, cientos de subgéneros y diferentes interpretaciones regionales, el *swing* no es simplemente un aspecto. De hecho, es un concepto viviente que cambia dependiendo del tempo, región, subgénero y la individualidad del músico.

Con esto en mente, lo siguiente son buenas reglas para que puedas empezar con el *swing*, pero solo combinando estas reglas con una escucha intensiva puedes lograr un sentido matizado del ritmo *swing*.

1. **El pulso debe ser dividido en tres partes.**

   En lugar de dividir el pulso a la mitad, como en la música con corcheas continuas, en la música *swing*, el pulso es dividido en tres partes iguales. Como resultado, cualquier nota en el tiempo débil debería ser tocado en la tercera parte del pulso. A medida que te acostumbres al *feel* de *swing*, probablemente tendrás que subdividir cada pulso mentalmente en tres partes ("uno-dos-tres, dos-dos-tres, tres-dos-tres"). Puesto esto de otra forma, cualquier pieza *swing* en un compás de 4/4 se sentiría como en 12/8.

2. **Los pares de corcheas son desiguales.**

   Debido a que el pulso es dividido en tres partes y no en dos, las corcheas no pueden ser iguales en duración. Al tocar una serie de corcheas, la primera de cada grupo debería ser tocada en la primera de las tres subdivisiones, pero la segunda corchea debería ser tocada en **la tercera subdivisión del pulso** (a veces llamado el tercer parcial del pulso). Sin importar si la segunda corchea del grupo se toca sola o acompañada de la primera corchea, igual debería ser tocada en el tercer parcial del pulso.

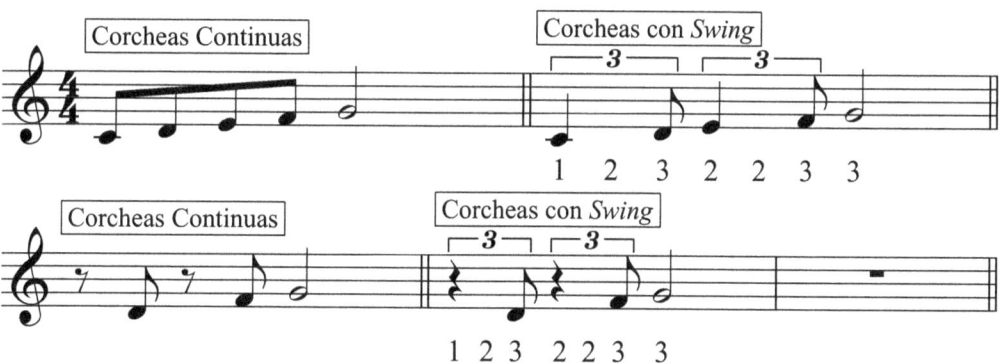

3. **El tiempo débil tiene más peso que el tiempo fuerte.**

   ¡Esta es la parte difícil! Mientras que músicos clásicos y de pop generalmente dan más énfasis a las notas del tiempo fuerte que las del tiempo débil, los músicos de jazz ponen un peso extra en el tiempo débil de cada subdivisión. Para muchos músicos con una formación clásica, esto es muy poco intuitivo y requiere de un gran esfuerzo y práctica.

   Para reforzar este principio, muchos estudiantes encuentran muy útil utilizar sílabas *scat*. **Las sílabas *scat*** son palabras sin sentido que pueden ser utilizadas para cantar melodías de jazz en lugar de letras. Para un grupo de corcheas, utiliza las sílabas "doo-VAH", cantando el "doo" para la nota más larga sin acentuar, y el "VAH" para la corchea más corta y acentuada.

Para escribir la diferencia entre las dos corcheas, este libro utiliza un tenuto para mostrar que el peso cae en el tiempo débil. El tenuto fue elegido en lugar de un acento ya que los acentos usualmente indican un cambio disruptivo en la articulación, un énfasis más marcado del que se necesita.

4. Las corcheas se tocan legato.

Los músicos de jazz tocan corcheas consecutivas como frases largas con legato sin espacio en el medio. El espacio es utilizado solamente entre corcheas consecutivas para un efecto especial. El fraseo legato incluye notas repetidas, que debieran ser tocadas sin permitir que la tecla regrese por completo hasta arriba. Incluso para notas repetidas, no debería escucharse un espacio entre corcheas consecutivas.

Ejercicios de Coordinación 1

A través de este libro, estarás aprendiendo **ejercicios de coordinación**, ejercicios de escala escritos con el fin de ayudar a solidificar la relación entre tu mano izquierda y derecha.

Este ejercicio contiene dos partes. En esta primera parte, repite las notas de la escala salteando una para crear la subdivisión de tres partes que se necesita para un *feel* de *swing*. Tu mano izquierda mantendrá un pulso constante de negras para que puedas sentir claramente los pulsos. Practica enfatizando la tercera nota del grupo como se observa más abajo.

Cuando estés listo, remueve la nota repetida pero continúa escuchándolo en tu cabeza. Mantén la concentración en enfatizar la nota en el tercer parcial del tresillo. Con esto te encuentras tocando el equivalente de corcheas "*swing*".

Preguntas Frecuentes

Q: *Estoy tocando los acentos pero los toco muy fuertes. ¿Lo estoy haciendo bien?*

A: Si, pero considera tocar más suave las notas no acentuadas. Si tu nota no acentuada es tocada en una dinámica mezzo forte, no tienes otra opción que tocar tus acentos forte o fortissimo. Mientras más suave se toque la nota básica, es más fácil crear una variedad diferente de acentos sin la necesidad de golpear el piano. Un truco mental es pensar en quitar el énfasis en la nota del pulso para crear el efecto "doo-VAH" en lugar de enfatizar la nota del tiempo débil.

Ejercicios de *Swing*

Toca los siguientes pasajes. Concéntrate en el ritmo *swing* y en la articulación. Subdivide el pulso en tres partes, mantén el peso en el tiempo débil de las corcheas (a veces es útil marcar las notas apropiadas con el símbolo tenuto), y practica solfeando "doo-VAH" junto con las corcheas correctas. Recuerda que no importa donde la frase empiece, el "doo" siempre va en el lugar de la primera corchea y el "VAH" siempre con la segunda.

Por ahora, puedes tocar estos ejercicios con solo una mano a la vez o mantener el tiempo usando la nota Do en negras en la mano izquierda. En la siguiente unidad, estarás aprendiendo algunos patrones de acompañamiento más apropiados estilísticamente. Aunque estos ejercicios parezcan simples, escucha atentamente la articulación correcta y subdivisiones del pulso.

Conceptos básicos del Cifrado

El cifrado es una notación que rápidamente presenta los acordes de una canción. El cifrado es perfecto para el jazz ya que son lo suficientemente específicos para proveer al músico una sensación clara de la armonía, pero a la vez, lo suficientemente ambiguo como para dar la oportunidad al músico de crear su propia interpretación. Los músicos de jazz trabajan principalmente con algo llamado *lead sheet*, que es una forma de notación que presenta la melodía de la canción con el cifrado por arriba del sistema. El *Real Book* es una colección de *lead sheets*.

Es importante recordar que el cifrado provee de información en lugar de instrucciones. Solo porque un acorde indica una extensión o alteración en específico, no significa que cada integrante del grupo deba tocarlo. El cifrado transmite lo máximo posible en un espacio limitado pero queda a criterio del ejecutante decidir como interpretarlo, que voz o color le dará.

La mayoría de los cifrados tienen una forma de cuatro partes:

1. La primera parte es la **tónica** del acorde, la nota en la que se basa la formación del acorde. En el jazz, la tónica del acorde es siempre presentada en mayúsculas, a diferencia de la música clásica en donde los acordes menores son comúnmente designados con minúsculas.

2. La segunda parte describe la **sonoridad** de la tríada básica. Hay cinco opciones principales:
   - Tríada mayor. No se utiliza ningún símbolo.
   - Tríada menor. El símbolo es "m", "min" o "-"
   - Tríada suspendida. El símbolo es "sus". Una **tríada suspendida** es una tríada en la cual el cuarto grado reemplaza a la tercera.
   - Tríada disminuida. El símbolo es "°" o "dim". Una **tríada disminuida** es una tríada menor con la quinta disminuida.
   - Tríada aumentada. El símbolo es "+". Una **tríada aumentada** es una tríada mayor con la quinta aumentada.

3. La tercera parte es un número sobrescrito que indica la cuarta nota del acorde. Para una **tríada**, un acorde de tres notas, no habrá una tercera parte ya que el acorde solo contiene tres notas. Hay tres opciones principales:
   - Séptima mayor. El símbolo es "maj7" o "Δ".
   - Séptima dominante (una séptima menor arriba de la tónica). El símbolo es un numeral "7" sobrescrito.
   - Sexta mayor arriba de la tónica. El símbolo es un numeral "6" sobrescrito.

   A veces, números mayores como "9", "11", o "13" aparecerán en lugar de un "7", típicamente indicando que el intervalo específico arriba de la tónica es parte de la melodía.

4. La cuarta parte indica alteraciones o extensiones que deben ser agregados arriba del cifrado normal. Típicamente, éstos son designados entre paréntesis para evitar confusión con otras partes del acorde. A menudo, son instrucciones fáciles de seguir. (b5) significa bajar la quinta un semitono. (#9) significa alzar la novena un semitono. Este libro cubrirá profundamente las alteraciones empezando en la Unidad 10.

A continuación, algunos símbolos de cifrado en un análisis en cuatro partes:

C△7

    a. C= la tónica del acorde. El acorde es basado en Do.

    b. No hay símbolo indicando el tipo de tríada, lo cual significa que la tríada es mayor.

    c. El símbolo "△7" se utiliza para indicar la cuarta nota. Esto indica una séptima mayor.

    d. No hay indicación de una alteración o extensión extra.

Las notas de este acorde son Do, Mi, Sol y Si.

E♭m7

    a. Mi bemol es la tónica del acorde.

    b. La "m" indica que la tríada es menor.

    c. El número "7" sobrescrito sin ningún otro símbolo indica que la séptima es menor/dominante, una séptima menor arriba de la tónica.

    d. No hay indicación de una alteración o extensión extra.

Las notas de este acorde son Mi bemol, Sol bemol, Si bemol y Re bemol.

F7(♭9)

    a. Fa es la tónica del acorde.

    b. No hay símbolo indicando el tipo de tríada, lo cual indica que la triada es mayor.

    c. El número "7" sobrescrito sin ningún otro símbolo indica que la séptima es menor/dominante, una séptima menor arriba de la tónica.

    d. El (b9) indica que la novena del acorde debe bajarse un semitono.

Las notas de este acorde son Fa, La, Do, Mi bemol y Sol bemol.

C#6

    a. Do sostenido es la tónica del acorde.

    b. No hay símbolo indicando el tipo de tríada, lo cual indica que la triada es mayor.

    c. El número "6" sobrescrito indica que la sexta mayor de la escala es la cuarta nota agregada.

    d. No hay indicación de una alteración o extensión extra.

Las notas de este acorde son Do sostenido, Mi sostenido (Fa), Sol sostenido y La sostenido.

D

    a. Re es la tónica del acorde.

    b. No hay símbolo indicando el tipo de tríada, lo cual indica que la triada es mayor.

    c. No hay símbolo o numeral indicando una cuarta nota, lo cual significa que el acorde es una tríada.

    d. No hay indicación de una alteración o extensión extra.

Las notas de este acorde son Re, Fa sostenido y La.

Preguntas Frecuentes

Q: *Para el símbolo "E♭7" ¿Cómo sé si el Mi bemol es la tónica o si "b7" significa que es un acorde de Mi (E) con una séptima menor?*

A: La cuarta nota del acorde nunca será notada utilizando un bemol o sostenido. Se indica con los símbolos anteriormente discutidos – numeral "7" sobrescrito para una séptima menor, "maj7", o "Δ7", para una séptima mayor.

Q: *He estudiado bajo continuo. Acaso "E♭6" no debe indicar un acorde de Mi bemol en primera inversión?*

A: Este es un sistema totalmente diferente. Ignora todo lo que sepas sobre el bajo continuo. En el cifrado americano, las inversiones se indican con barras. Para indicar una inversión, escribe el acorde, una barra y luego la nota del bajo deseada. Por ejemplo, Dm7/F es un acorde de Re menor séptima con Fa en el bajo, o como los músicos de jazz dirían "Re menor sobre Fa".

Q: *¿Porqué hay varias formas de indicar el mismo acorde? ¿Significan algo diferente?*

A: Debido a que el jazz tiene sus raíces en tradiciones folclóricas, las diferencias son a menudo regionales. A pesar de que los educadores de jazz han hecho su mejor esfuerzo para estandarizar la notación del cifrado, los diferentes músicos no se ponen de acuerdo en una simple notación. Los diferentes símbolos simplemente significan que los músicos fueron expuestos a estos símbolos de diferentes maneras.

Tres tipos esenciales de acordes

No te sientas abrumado por todas las posibles combinaciones de estos elementos. Para la mayoría del libro, estarás lidiando con tres tipos de acordes cruciales.

1. Acorde de séptima mayor

Posibles símbolos de acorde usando Do como la tónica: Cmaj7, CΔ7

Tres formas de encontrarlo:

- Selecciona la primera, tercera, quinta y séptima nota de la escala mayor basado en la tónica del acorde.
- Combina una tríada mayor basado en la tónica con una séptima mayor. La séptima mayor es la nota que se encuentra un semitono abajo de la tónica.
- Apila los intervalos empezando de la tónica. Primero, usa una tercera mayor, luego agrega una tercera menor y finalmente una tercera mayor.

Sonido: Brillante pero con un poco más de nostalgia que una simple tríada mayor.

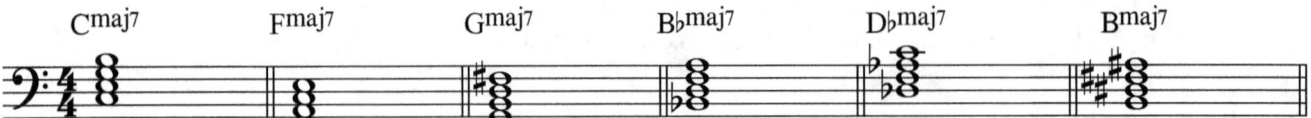

2. Acorde de séptima dominante

Posibles símbolos de acorde usando Do como la tónica: C⁷

Tres formas de encontrarlo:

- Empezando con un acorde de séptima mayor desde la tónica, baja la séptima un semitono.
- Combina una tríada mayor desde la tónica con una séptima menor. La séptima menor es la nota que se encuentra un tono por debajo de la tónica.
- Apila los intervalos empezando desde la tónica. Primero, usa una tercera mayor, luego agrega una tercera menor y finalmente otra tercera menor.

Sonido: Tenso, como si quisiera resolver. Conocido para los que tienen experiencia clásica.

3. Acorde de séptima menor

Posibles símbolos de acorde usando Do como la tónica: Cm⁷, C-⁷, Cmin⁷

Tres formas de encontrarlo:

- Empezando con un acorde de séptima mayor desde la tónica, baja la tercera y la séptima un semitono.
- Combina una tríada menor desde la tónica con una séptima menor. La séptima menor es la nota que se encuentra un tono por debajo de la tónica.
- Apila los intervalos empezando desde la tónica. Primero, usa una tercera menor, luego una tercera mayor y finalmente otra tercera menor.

Sonido: No tiene precisamente el sonido melancólico con el que asociamos el acorde menor. Un poco ambivalente o indeciso.

Práctica escrita

Escribe las notas correctas para los tres tipos de acordes como se indican más abajo.

Practicando Acordes Mayores, Menores y Dominantes

A medida que te vuelvas más rápido descifrando estos símbolos de acordes, más rápido empezarás a experimentar la parte divertida de tocar jazz. Para lograr eso, practica lo siguiente:

1. Crea tarjetas de ayuda-memoria para los treinta y seis acordes de séptima mayor, menor y dominantes (una tarjeta para cada una de las doce tónicas posibles para mayor, menor y dominante) con el símbolo de acorde en el frente y las notas correctas del mismo en el dorso. Practica mirando el símbolo de acorde y tocándolo. Luego chequea con tu tarjeta para corregir si tienes las notas correctas. Mientras vayas mejorando, practica con un metrónomo para ver que tan rápido puedes localizar las notas correctas.

2. Un *vamp* es la sección de una pieza que es repetida hasta una señal para continuar con lo que viene después. Inventa tu propio *vamp* al seleccionar cuatro tarjetas ayuda-memoria y tocar cada uno por dos compases, repitiendo la progresión hasta que se sienta sólida. ¡Experimenta con los estilos! Utiliza estilos familiares como acordes quebrados, *oompah* o crea tu propio estilo. A medida que te sientas más cómodo con los acordes, desafíate a ti mismo para encontrar los acordes más rápidamente al tocar los mismos por solo un compás cada uno, luego por dos tiempos y finalmente solo uno

3. Busca en el *Real Book* acordes de séptima mayor, menor y dominantes. Donde veas esos acordes, ¡Sólo tócalos! Si te gustaría tocar temas enteros, busca en la lista de temas. La lista de temas contiene temas que utilizan acordes de séptima mayor, menor y dominante casi exclusivamente.

Preguntas Frecuentes

Q: ¿Debo tocar estos acordes en posición fundamental o debería usar inversiones para mantenerlos más juntos?

A: Por ahora, solo tócalos en estado fundamental. Luego, aprenderás como colocar estos acordes dentro de *voicings* más sofisticados y poder manipularlos de muchas formas. Practica con estos acordes en la mano izquierda o duplícalos con las dos manos. Si te sientes cómodo con las inversiones, puedes practicar poniéndolos en inversiones, pero las inversiones correctas todavía no son una prioridad en este punto de tu formación de jazz.

Q: ¿La armadura de clave tiene alguna función para determinar las notas correctas de un acorde?

A: ¡No! La armadura es irrelevante a las notas del acorde y las notas del acorde no cambian con la armadura de clave. Un acorde de Do séptima mayor (CΔ7) contiene las notas Do, Mi, Sol y Si independientemente de si la pieza está en Do, Fa, Si o Sol sostenido mayor.

Q: ¿Qué tan alto o bajo debería tocas estos acordes?

A: Luego, te estaré mostrando reglas específicas sobre el mejor registro para diferentes tipos de *voicings* de jazz. Por ahora, confía en tu oído. En mi piano, encuentro que los acordes suenan muy bajo cuando la nota más grave se acerca al Fa2. En el extremo superior, trata de que no interfiera en el rango de la melodía. Mantén la nota más aguda por debajo de un Sol4. Para un punto de referencia, el Do central es Do4.

Q: Veo acordes en paréntesis en algunos temas del Real Book. ¿Qué significa eso?

A: ¡Excelente pregunta! Los paréntesis se utilizan para dos tipos de acordes:

1. Los paréntesis se utilizan para un **turn around**, un solo acorde o progresión corta utilizado para facilitar la repetición desde el inicio del tema. Los **turn around** usualmente se escriben entre paréntesis ya que se deben tocar todas las veces excepto la última. En la última vez, el **turn around** no debería ser tocado ya que los acordes designados para volver al inicio interrumpirá la sensación de conclusión.

2. Los paréntesis también se utilizan para progresiones de **acordes alternativos**, una opción de sustitución armónica para los acordes estándar. Estos cambios son incluidos ya que diferentes músicos han grabado estos temas y han armonizado las melodías con diferentes progresiones de acordes. A veces, estas diferentes armonizaciones son muy similares y a veces totalmente diferentes. Los grandes músicos de jazz a menudo saben varias armonizaciones diferentes para un tema. Por ahora, saber progresiones de acordes alternativas no es importante. Ignora los acordes entre paréntesis.

ESCUCHA GUIADA 1 –
"Freddie Freeloader" de Miles Davis

Escanea Aquí para Link de Escucha

¡Espera! No pienses en saltear las actividades de la escucha guiada. ¡Son la parte más importante del libro! El Jazz es, en esencia, una tradición auditiva. Cualquier estudio de jazz sin escuchar es realmente fútil. Toma esta parte seriamente y verás los resultados.

Te recomiendo que escuches los temas sugeridos por lo menos veinte veces. Los buenos músicos de jazz escuchan repetidamente sus temas favoritos hasta que puedan cantar todas las melodías y solos sin esfuerzo. Escucha no solo al solista o el pianista, pero deja que tu oído divague hacia los diferentes instrumentos.

"Freddie Freeloader" es el segundo track del álbum *Kind of Blue* de Miles Davis del año 1959.

Miles Davis (1926-1991) fue un trompetista estadounidense y posiblemente el músico de jazz más influyente de la historia. No solo Davis era un trompetista virtuoso y un improvisador de una inmensa creatividad, pero también fue uno de los mejores líderes y uno de los innovadores más creativos de la historia del jazz. Muchos historiadores afirman que los grupos de Davis se mantienen en el pináculo de este arte durante cinco eras diferentes de la historia del jazz, un logro asombroso. Algunos miembros de sus grupos incluyen a algunos de los más legendarios músicos de jazz de todos los tiempos, como John Coltrane, Bill Evans, Herbie Hancock, Wayne Shorter, Chick Corea, Keith Jarrett y muchos otros.

Kind of Blue (1959) es generalmente considerado como el mejor álbum de jazz de todos los tiempos. Los críticos y el público adoran este álbum por varias razones, primero, los músicos integrantes, que consiste en varios de los más grandes músicos de todos los tiempos en sus respectivos instrumentos, segundo, los temas, muchos de los cuales se han convertido en estándares claves para los músicos, y tercero, los cambios estilísticos muy importantes que se dieron en este álbum, que serán discutidos más adelante en este libro.

MIEMBROS

Miles Davis, trompeta

John Coltrane, saxofón tenor

Cannonball Adderley, saxofón alto

Wynton Kelly, piano
(este es el único tema en el que toca Kelly; el gran pianista Bill Evans toca en el resto del álbum)

Paul Chambers, bajo

Jimmy Cobb, batería

A pesar de que una interpretación de jazz puede ser muchas cosas, desde una obra orquestal enteramente escrita hasta una pieza avant-garde totalmente improvisada con ruidos, las interpretaciones de jazz más tradicionales siguen un **formato sandwich** que se parece al siguiente cuadro:

Melodía
Solo
Solo
Solo
Solo
(más solos de ser necesario)
Melodía

El ensamble interpreta primeramente **la melodía**, una o dos veces. La duración de la melodía se denomina un **coro**. La melodía se toca al comienzo y al final del tema.

Después de la melodía, los músicos se turnan improvisando **solos**, nuevas melodías son creadas sobre la misma progresión de acordes que la melodía. Estos solos pueden durar un coro o varios. En general, la cantidad de coros que cada músico toque no está preestablecido. En vez de eso, el solista da una señal al siguiente solista cuando termina de improvisar. Debido a que la progresión de acordes es la misma que la melodía, cada coro de los solos será la misma cantidad de compases que la melodía. Ocasionalmente, en temas más lentos, los músicos se dividen un coro, e improvisan por la mitad del mismo cada uno. No es necesario que cada solista improvise la misma cantidad de coros. Cada uno crea su propia historia espontánea.

Puedes utilizar tu *Real Book* para seguir la parte mientras escuchas "Freddie Freeloader". Notarás que a pesar de que la melodía tiene un primer y segundo final, contando esto en total veinticuatro compases, una nota al final del primer final instruye que el intérprete solo utilice el primer final para los solos, creando esto una forma de doce compases:

Melodía (24 compases, primer + segundo final)	0:00-0:44
Solo de Piano (Wynton Kelly, 4 coros)	0:44-2:14
Solo de Trompeta (Miles Davis, 6 coros)	2:14-4:30
Solo de Saxo Tenor (John Coltrane, 5 coros)	4:30-6:21
Solo de Saxo Alto (Cannonball Adderley, 5 coros)	6:21-8:13
Solo de Bajo (Paul Chambers, 2 coros)	8:13-8:55
Melodía (24 compases, primer y segundo final)	8:55-final

Estos son algunos trucos para ayudarte a seguir la forma con la grabación:

- Utiliza tus dedos para contar los pulsos de cada compás de la página. Cuenta cuatro tiempos para las cuatro negras de cada compás. En la primera línea, hay cuatro compases de Si bemol séptima dominante (Bb7), así es que cuenta 16 tiempos. En la siguiente línea, hay dos compases de Mi bemol séptima dominante (Eb7) (8 tiempos) y dos compases de Si bemol séptima dominante (Bb7) (8 tiempos). En el primer final, hay un compás de Fa séptima dominante (F7) (4 tiempos), un compás de Mi bemol séptima dominante (Eb7) (cuatro tiempos), y dos compases de La bemol séptima dominante (Ab7) (8 tiempos). Si tienes problemas en determinar las negras, escucha el bajo. El bajo toca negras prácticamente todo el tema.
- Toca los acordes suavemente junto con la grabación. Recuerda que en los solos, los músicos solo tocan el primer final. Puedes practicar simplemente manteniendo los acordes por el tiempo que duren o repitiéndolos por cada negra, así como el conteo más arriba.
- Canta la melodía del tema durante los solos. La mayoría de los músicos de jazz de hecho mantienen la melodía en su mente al improvisar de manera a mantener la forma de la canción.

TAREA UNIDAD 1

1. **Ejercicio de Improvisación 1 - Improvisación Estática 1**
    a. ¿Te estás escuchando a ti mismo?
    b. ¿Tocas en frases con inicios y finales claros?
    c. ¿Qué tipo de ritmos estás utilizando?

2. **Practica Coordinación del Ejercicio 1 en las doce tonalidades.**

3. **Toca los ejercicios de *Swing* prestando atención a tu articulación.**

4. **Practica encontrando los acordes mayores, menores y de séptima dominante en el piano.**
    a. Tarjeta ayuda-memoria.
    b. Pieza con *vamp*.
    c. Práctica con el *Real Book*.

5. **Escucha Guiada 1: "Freddie Freeloader" de Miles Davis.**
    a. Escucha al menos veinte veces.
    b. Aprende a seguir la forma del tema durante la melodía y los solos.

Unidad 2
Conceptos básicos de acompañamiento

Escanea Aquí para Unidad 2 Videos

Ejercicio de Improvisación 2 – Improvisación Estática 2

Continúa improvisando en Do mayor con una simple quinta justa en la mano izquierda por sesiones concentradas de 1 o 2 minutos. Esta semana, tienes dos nuevas indicaciones para concentrar tu práctica:

Puntos de enfoque

1. Utiliza una variedad de posiciones en la mano para crear melodías con formas interesantes.

*Para muchos pianistas, inclusive los más avanzados, las primeras improvisaciones usualmente se forman en simples **posiciones de cinco dedos**, con los dedos en teclas contiguas (es decir Do, Re, Mi, Fa, Sol). Para crear melodías con una variedad de formas, el pianista debe variar la posición de las manos. Los pianistas deberían **cruzar por arriba** y **por debajo** de la misma forma que al tocar escalas. Deberían expandir la mano al tocar intervalos más abiertos y luego cerrarlos en una nueva área (piensa en la melodía de "Somewhere Over the Rainbow"). También se debería expandir los dedos en una **posición de arpegio**, con una tecla en el medio de los primeros cuatro dedos (piensa en Do-Mi- Sol-Si). A medida que vas tocando, experimenta con cada una de estas posiciones y úsalas para crear melodías con una variedad de intervalos. Estás usando sextas y séptimas así como segundas y terceras? Qué tan frecuentemente cambias de dirección?*

2. Improvisa en un formato de pregunta-respuesta

Pregunta-Respuesta es un elemento esencial de las tradiciones musicales Afroamericanas, incluido el jazz. La pregunta-respuesta data de canciones cantadas por los esclavos recolectores de algodón y es esencial a la cadencia de la iglesia *gospel*. A pesar de que no hay reglas específicas para crear una melodía pregunta-respuesta, considera que la frase de la pregunta y la respuesta deberían estar relacionadas y de una duración similar. Deja un amplio espacio entre las frases de pregunta y respuesta para hacerlas sonar verdaderamente separadas. Una buena regla de oro es descansar entre frases por la misma duración de las mismas frases.

Conceptos básicos *Feel* de *Swing* 2

A pesar de que las corcheas son el punto focal de la música *swing*, otras unidades rítmicas han estilizado la articulación que define este estilo.

1. Toca un acento percusivo en corcheas seguido de un silencio.

Cuando una corchea es seguida de un silencio, debería ser tocada con un acento corto, percusivo, en un volumen ocho de diez. Para estas corcheas, utiliza la sílaba *scat* "DIT".

Las corcheas seguidas de silencios usualmente crean una síncopa al anticipar una nota que hubiera sido tocada en el tiempo fuerte en una versión más "straight" de la melodía. La anticipación de una nota significa que se toca una corchea antes de lo esperado. Examina la diferencia entre versiones sincopadas y no-sincopadas de "Mary Had a Little Lamb" más abajo:

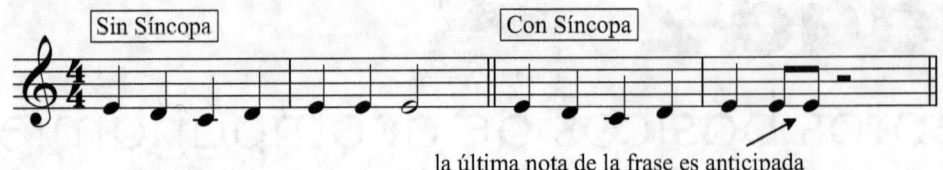

la última nota de la frase es anticipada

La corchea acentuada es marcada tanto con un acento como con un staccato en las frases más abajo. Nota que las indicaciones tenuto son colocadas en las corcheas en los tiempos débiles que no son seguidas de un silencio, así como se indica en la Unidad 1.

Preguntas Frecuentes

Q: *Todas estas frases terminan en los tiempos débiles. ¿Eso es necesario para un acento percusivo?*

A: De hecho, ¡sí! Si la frase termina en un tiempo fuerte, la última nota es típicamente escrita como negra. Por lo tanto, no encontrarás muchas corcheas en los tiempos fuertes seguidos de un silencio.

Q: *Los ejemplos señalados más arriba se escriben como corcheas regulares. ¿Debería tocarlas en swing?*

A: ¡Sí! A partir de aquí, por favor asume que las corcheas deberían ser *swing* a menos que estén debidamente indicadas. Practica subdividiendo el pulso en tres partes, contando la subdivisión en tu mente.

2. Las negras deberían ser largas pero no conectadas.

En un estilo *swing*, las negras generalmente se tocan largas pero no conectadas. Esta articulación es apropiada para negras en los tiempos fuertes o débiles. Los músicos de jazz generalmente se refieren a las negras como "robustas", eso es, durante la totalidad del pulso. El término "robusto" también sugiere que las negras deberían sentirse lentas, contrarrestando la tendencia de los músicos de apurar las negras. Utiliza la sílaba *scat* "daht" para las negras. "Daht" representa a las negras bastante bien ya que tiene una vocal larga pero a la vez un final claro.

3. La articulación de las notas largas está basada en su entrada.

La articulación *swing* es menos importante para las notas más largas que la negra ya que a medida que las notas son más largas, el músico va perdiendo la habilidad de poder interpretarlas en *swing* o no. Estas notas se pueden tocar legato.

La entrada de las notas largas importa. Las notas que se tocan en los tiempos débiles deberían ser tocadas en el tercer parcial del pulso con un ligero acento. Como las corcheas en tiempos débiles, di "VAH" para las notas largas que entran en los tiempos débiles. Las notas que caen en los tiempos fuertes deben ser tocadas sin acento. Así como las corcheas en los tiempos fuertes, di "doo" para las notas largas que también entran en el tiempo fuerte.

4. Practica con el metrónomo en el segundo y cuarto tiempo.

Los músicos de jazz practican frecuentemente con el metrónomo en el segundo y cuarto tiempo ya que simula el **hi-hat** de la batería. El hi-hat consiste en un par de platillos que se activan con el pie y que se encuentran uno encima del otro de manera a crear un timbre "crujiente". En el jazz, el *hi-hat* es usado para mantener el tiempo consistentemente en el segundo y cuarto pulso en un estilo *swing*. Alinearse con los tiempos débiles (dos y cuatro) en lugar de los fuertes (uno y tres), ayuda al músico a **"retrasar"** el *feel* del tiempo, sonando de esta forma más relajado que nervioso.

Este es un cuadro para repasar la articulación y las sílabas *scat*:

TIPO DE NOTA	ARTICULACIÓN	SÍLABA SCAT
Corchea, en tiempo fuerte	Legato, sin acento	doo
Corchea, en tiempo débil	Legato, con peso; en el tercer parcial del pulso	VAH
Corchea, seguida de un silencio	Acento percusivo (corto)	DIT
Negra	Largo pero no conectado	daht
Nota larga, en el tiempo fuerte	Largo pero no conectado	doo
larga, en el tiempo débil	Largo con peso	VAH

Examina los ejemplos más abajo para la articulación y las sílabas *scat*. Vocalízalos y luego toca los ejemplos con el metrónomo, pensando en los *click*s del metrónomo como el segundo y cuarto pulso del compás. Mantén siempre la subdivisión de tres partes en cada pulso.

Práctica Escrita

Completa los siguientes ejemplos con tus propias sílabas *scat* y articulación. Luego practica tocándolos con énfasis en la articulación, colocando los *clicks* del metrónomo en el segundo y cuarto tiempo.

Preguntas Frecuentes

Q: *En el compás cuatro, ¿Porqué la primera corchea es "VAH" en lugar de "doo"?*

A: Se toca en un tiempo débil. Las corcheas en los tiempos débiles siempre tienen más peso, tanto si empiezan la frase o no.

Q: *¿Dos corcheas ligadas corresponden a una negra?*

A: ¡Si!, a menudo los copistas utilizan dos corcheas ligadas en lugar de una negra para mostrar el medio del compás. Tócalo como una negra normal – largo pero no conectado.

Q: *¿Las negras "dahts" deberían ser acentuadas?*

A: Deberías tocar las negras sólidamente, pero no necesitas tocarlas con acento. En términos de dinámica, las negras pueden ser tocadas en un nivel entre "doo" y "VAH".

Q: *Al tocar tresillos de corchea, ¿Debería poner énfasis en alguna de las notas del tresillo?*

A: No, solo tócalas legato e iguales.

Q: *¿Qué hay de las semicorcheas? ¿Cuál es la articulación correcta?*

A: Las semicorcheas pueden ser tocadas legato sin ningún énfasis o acento. Muchos músicos de jazz colocan acentos irregulares en las semicorcheas que reflejan la forma de la melodía, por ejemplo, acentuando saltos y **puntos de *turn-around***, notas donde la dirección de la melodía va de ascendente a descendente o viceversa.

Conceptos Básicos de Acompañamiento

El comping es una palabra utilizada para describir como un instrumento cordal crea su propio acompañamiento. Dependiendo de a quien le preguntes, la palabra *"comping"* es una abreviación de las palabras en inglés "accompanying" o "complementing" que significan acompañamiento y complementando, respectivamente.

El *comping* es el resultado de tres diferentes aspectos:

1. **El *lead sheet*.** Los símbolos de acordes proveen de instrucciones al acompañante acerca de la armonía y la forma.

1. **El estilo.** El músico podrá hacerlo de forma diferente dependiendo del estilo, si están tocando *swing*, una balada, *funk, bossa nova* o salsa. Los diferentes estilos guiarán al acompañante a diferentes tipos de *voicings*, ritmo y articulaciones.

1. **La situación.** Los buenos músicos toman decisiones diferentes en su manera de acompañar basado en lo que pasa alrededor de ellos. Por ejemplo, si hay muchos solistas, el acompañante podría elegir acompañar de forma ligeramente diferente a cada uno, de manera a crear contrastes. Si el solista se encuentra tocando muy afanosamente, el acompañante podría tocar más espaciado. Si el pianista está tocando con un guitarrista, los dos instrumentos usualmente toman turnos para acompañar de manera a evitar encimarse el uno al otro.

Cuando un pianista profesional de jazz acompaña, el resultado es de alguna forma algo extraño a un oído no entrenado. Ya que los buenos acompañantes están siempre respondiendo a los músicos alrededor de ellos, su acompañamiento está cambiando constantemente.

Para aprender a acompañar efectivamente, sin embargo, deberías empezar con *patterns* más predecibles. A medida que vas progresando en este viaje, tendrás más y más oportunidades de combinar y variar estos *patterns* hasta que tu acompañamiento suene así de impredecible como los grandes del jazz.

El *Charleston*, tu primer *pattern* de acompañamiento, es un ritmo de jazz increíblemente importante con el acompañamiento en el primer tiempo y el final del dos. El nombre viene de la pieza homónima de James P. Johnson, el cual fue una moda de baile en los años 20. A pesar de que el ritmo se escribe con una negra y una corchea, toca los dos acordes igualmente cortos.

El *Charleston* a la inversa utiliza el mismo pattern rítmico que el *Charleston* pero empieza una corchea más tarde. Para el *Charleston* a la inversa, acompaña en el final del uno y en el tercer tiempo. De nuevo, a pesar de que los dos acordes se escriben con diferentes figuras, tócalas con la misma duración corta y una articulación seca.

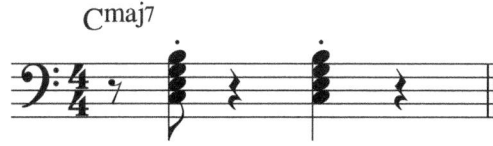

Ejercicio de Coordinación 2

Practica estos dos *patterns* de acompañamiento en la mano izquierda tocando las escalas mayores en la derecha. El sistema A utiliza el ritmo *Charleston*, sistema B utiliza el *Charleston* a la inversa y los sistemas C y D combina entre los dos primeros. No olvides tu articulación de *swing* en la mano derecha a medida que toques los *patterns* de acompañamiento en la izquierda.

Por ahora, acompaña usando solo acordes cortos y staccato. Tu acompañamiento debería ser así de largo como una escobilla golpeando la caja. Eventualmente, aprenderás a agregar notas largas a tu *comping*, pero por ahora, por favor manténte atento y con el *comping* corto.

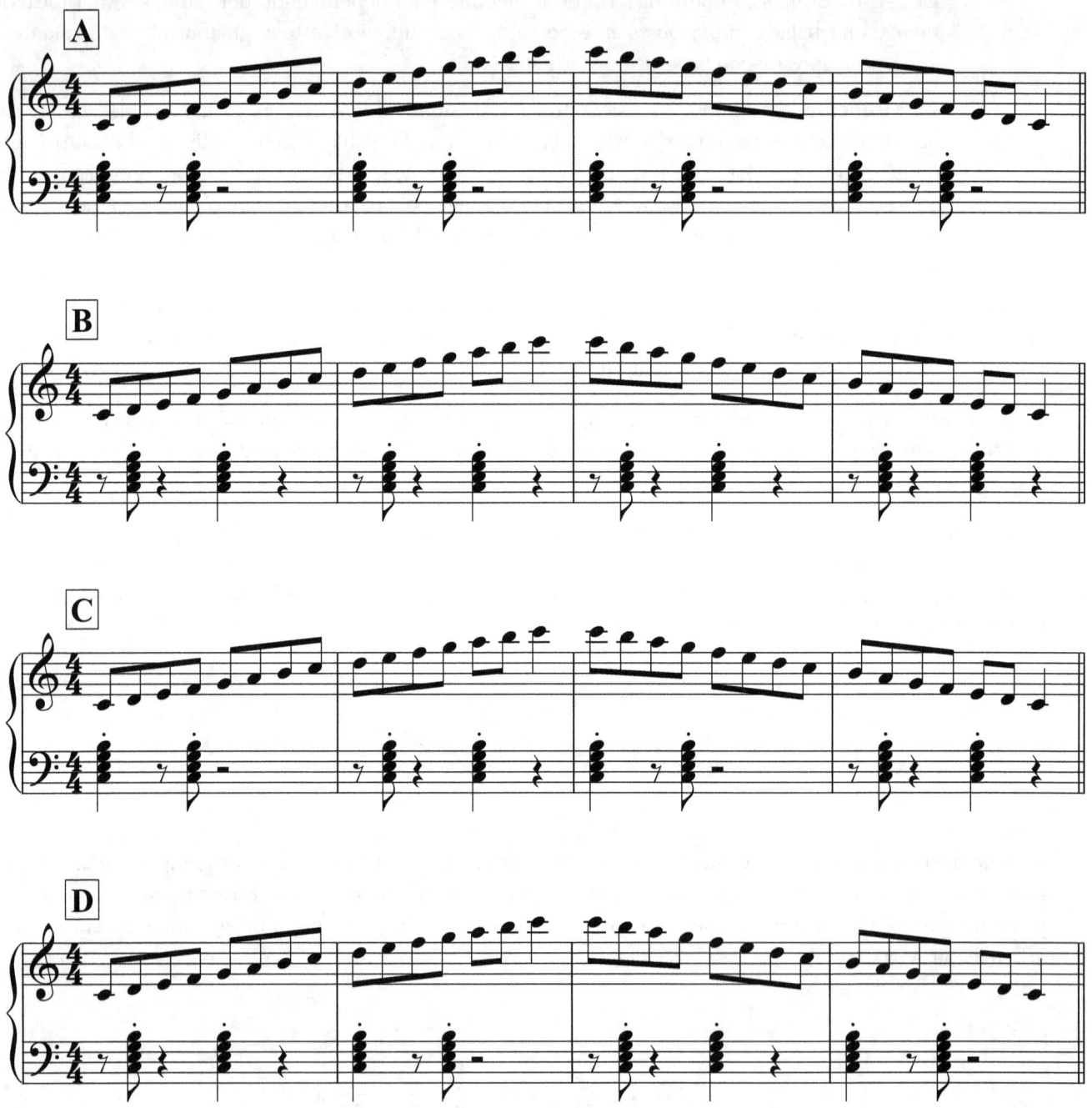

Notación del *Comping* y Anticipaciones

Los *slashes* se utilizan para indicar una sección improvisada. Para instrumentos cordales, los *slashes* indican usualmente el *comping*. Cada *slash* representa una negra en la que el instrumentista debería improvisar su parte. En compases compuestos, los *slashes* con puntillos son frecuentemente utilizados para indicar negras con puntillos

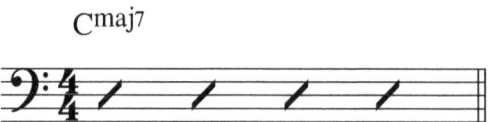

La notación rítmica es usada para indicar ritmos específicos de *comping*. En la notación rítmica, la cabeza ovalada se reemplaza por x. Cuando ves esta notación, debes tocar el ritmo específico indicado en la partitura. Esta notación es generalmente utilizada cuando la banda está tocando *hits*, que son ritmos que los músicos tocan juntos.

- Una x normal representa un relleno de la cabezas de la nota, como negras y corcheas.
- Una x con un círculo alrededor indican cabezas de nota abiertas, como las blancas y redondas.
- Los acordes para cada acompañamiento se escriben arriba de la notación. Si no se indica ningún acorde, repite el acorde más reciente.

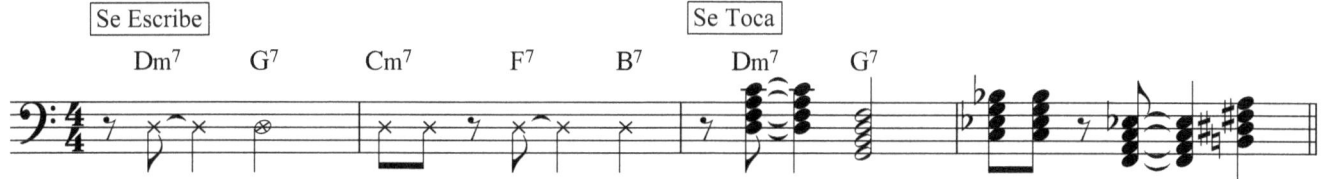

Al acompañar, anticipa los cambios de acorde por una corchea. En otras palabras, cambia los acordes medio pulso antes de lo indicado. Por ejemplo, en un compás con dos acordes, por lo general se asume que los acordes cambian en el primer y tercer pulso. Pero al acompañar utilizando el *pattern* de *Charleston*, toca el primer acorde del compás en el primer pulso y luego anticipa el segundo acorde tocándolo en el final del segundo. A pesar de que técnicamente el acorde no empieza hasta el tercer pulso, los pianistas tocan este acorde una corchea más temprano.

Acompañando en *Standards* de Jazz

Practica acompañando los acordes de por lo menos tres *standards* del *Real Book*. Practica cada pieza de cuatro formas::

1. Acompañando solo con el ritmo *Charleston* por todo el tema.
2. Acompaña con el *Charleston* a la inversa por todo el tema.
3. Alterna entre los dos *patterns*, acompañando dos compases de *Charleston* y dos compases de *Charleston* a la inversa.
4. Alterna entre los dos *patterns*, empezando con un compás de *Charleston* y otro de *Charleston* a la inversa.

Practica primero con la mano izquierda. Luego, agrega la derecha, primero tocando piezas con notas largas en la melodía como "Tune Up", "Central Park West", "All The Things You Are" y "Mood Indigo". Luego, cambia a temas con melodías más activas como "Afternoon in Paris", "Groovin' High" y "Surrey with the Fringe on Top".

Escucha atentamente si las notas en los tiempos débiles realmente se tocan ahí. Para muchos estudiantes, los acordes que deberían ir en el final del dos pasan al tercer pulso y acordes que deberían ir en el final del uno regresan al primer pulso. El sincopado es esencial en el estilo. ¡No lo pierdas!

Coordinar los *patterns* de acompañamiento con las melodías puede ser difícil al comienzo. Al acostumbrarse a una coordinación desconocida entre las manos, los pianistas suelen marcar en la partitura donde se alinean la melodía y los acordes, colocando una "x" por debajo de la nota de la melodía en donde se toca el acorde con la izquierda. Verifica que tu derecha e izquierda están tocando juntas cuando hay una "x" marcada.

Personalizando una Melodía 1

El Real Book presenta una versión muy simple de las melodías de los *standards*. Se entiende que el músico que interpreta la pieza personalizará la melodía. **Personalizar una melodía** significa hacerlo más expresivo.

Existen varias maneras de personalizar una melodía. Éstas son tres formas de empezar:

1. Cambiar el ritmo.

Mueve las notas originalmente escritas en los tiempos fuertes a los tiempos débiles, colocándolas una corchea más temprano o más tarde que lo originalmente escrito. Frecuentemente, al cambiar el ritmo de un tema de jazz, las frases que terminan con notas largas son alteradas para que terminen con notas cortas, creando la articulación "doo-DIT" que aprendiste anteriormente.

2. Repetir las notas de la melodía.

Repetir notas largas para crear ritmos fluidos de corchea puede agregar un sentido del *swing* a melodías que no se encuentran sincopadas.

3. Agregar apoyaturas.

Los músicos de jazz hacen que las melodías suenen más vocales y líricas al agregar **apoyaturas**. Los pianistas no pueden utilizar propiamente el llamado *pitch bend*, por supuesto, pero lo pueden simular al agregar apoyaturas. Estos son algunos consejos a tener en cuenta para el uso de apoyaturas en el jazz piano:

- Las apoyaturas que imitan el *pitch bend* deberían dirigirse hacia la nota principal por un semitono.
- A diferencia de los pianistas clásicos, los pianistas de jazz no tratan de tocar las apoyaturas limpiamente. En el jazz, los pianistas permiten que las apoyaturas tengan varios puntos de superposición con la nota principal.
- Los pianistas pueden usar apoyaturas individuales o varias para crear el efecto de *pitch bend*.
- Las apoyaturas por debajo de la nota principal son utilizadas con más frecuencia que las apoyaturas por arriba.
- Las apoyaturas se utilizan típicamente para enfatizar las notas más importantes, tales como las notas largas o que caen en el tiempo fuerte.

Preguntas Frecuentes

Q: *¿Debería deslizar mis dedos desde las teclas negras de manera a producir estas apoyaturas?*

A: Probablemente no. Los diferentes pianistas de jazz tocan las apoyaturas de diferentes maneras, pero los más sofisticados, en mi opinión, normalmente usan dedos diferentes para la apoyatura y la melodía. En un estilo *blues* o boogie-woogie, es más común utilizar el mismo dedo para la apoyatura y melodía, deslizándolo hacia abajo, pero esta técnica es un poco limitante porque solamente funciona desde una tecla negra a una blanca adyacente. Utilizar diferentes dedos te dará más opciones en una variedad de tonalidades.

ESCUCHA GUIADA 2 –
"Joy Spring" de Clifford Brown y Max Roach

Escanea Aquí para Link de Escucha

"Joy Spring" es el cuarto tema del álbum *Clifford Brown & Max Roach* del año 1954.

La pieza, una composición original del trompetista **Clifford Brown (1930-1956)** es única en el esquema armónico en el que el centro tonal asciende por semitonos cada ocho compases, desde Fa a Sol bemol y a Sol. El tema es famoso por el solo de trompeta de Brown, el cual combina memorables melodías "Blueseras" con virtuosos pasajes en doble tiempo. El **doble-tiempo** es una herramienta que utiliza semicorcheas como la unidad rítmica primaria en lugar de corcheas.

Tristemente, a pesar de que la carrera de Brown fue muy influyente, también fue muy corta. Falleció en un accidente de tránsito a los 25 años. Es extraordinario que en tan poco tiempo haya contribuido a álbumes memorables como *Clifford Brown and Max Roach, Study in Brown y Clifford Brown with Strings*, y compuso un puñado de *standards* de jazz, incluido "Joy Spring", "Sandu" y "Daahoud".

Max Roach (1924-2007), el co-líder de la banda, fue un baterista pionero que ayudó en el desarrollo del estilo *bebop* en la batería y puede ser escuchado como acompañante para muchos de los más grandes músicos de jazz incluidos Charlie Parker, Thelonious Monk y Bud Powell. Como líder en la década de 1960, Roach contribuyó a álbums memorables, *We Insist! Freedom Now Suite*, que se enfocó en el tema de los derechos civiles.

MIEMBROS

Clifford Brown, trompeta

Harold Land, saxofón tenor

Richie Powell, piano

George Morrow, bajo

Max Roach, batería

Forma

0:00-0:11	Introducción
0:11-0:55	Melodía (32 compases)
0:55-0:58	*Solo Break*
0:58-1:44	Solo de Saxo Tenor (1 coro)
1:44-3:20	Solo de Trompeta (2 coros)
3:20-4:08	Solo de Piano (1 coro)
4:08-4:56	Trompeta/Saxo Tenor *trade* cuatro con la batería (1 coro)
4:56-5:41	Solo de Batería (1 coro)
5:41-5:52	Introducción
5:52-6:37	Melodía Final
6:37-final	Tag tres veces y final

La pieza sigue una típica forma "sandwich", con unas cuantas modificaciones y adiciones. Primero, hay una **introducción** que dura como doce segundos antes de la melodía inicial. En el minuto 0:55, el saxofonista Harold Land hace un ***solo break***, una sección corta e improvisada al final de la melodía donde la sección rítmica, el piano, bajo y la batería dejan de tocar. Los *solo breaks* son como costumbres compartidas entre los músicos de jazz experimentados y estos *breaks* no están generalmente instruidos en la partitura. Los *breaks* crean una sensación de impulso y emoción para entrar en un solo.

Los músicos empiezan con un *trade* de cuatro en el minuto 4:05. **El *trade* de cuatro** es una técnica en la cual los músicos se turnan improvisando por cuatro compases a la vez. Típicamente, como es el caso aquí, los instrumentos hacen el *trade* con la batería. Aún cuando los músicos se encuentran haciendo el *trade* de cuatro, siguen la forma del tema. A pesar de que nadie se encuentra activamente tocando la armonía durante los solos de batería, los músicos escuchan los acordes en su cabeza durante el solo y vuelven a entrar en la sección apropiada en la progresión de acordes.

El *trade* de cuatro es seguido por un **solo de batería**. Los solos de batería son usualmente tocados siguiendo la forma del tema. Este solo de batería dura 32 compases, la duración de un coro. Los músicos generalmente cantan la melodía del tema durante el solo de batería, permitiéndoles entrar en la sección correcta cuando es el momento. Los buenos solos de batería desarrollan usualmente motivos y referencian los ritmos de la melodía. Presta atención al solo de batería y a elementos que puedes escuchar que hacen que sea una declaración musical significativa.

Esta pieza utiliza un final **tag de tres veces**, muy típico de interpretaciones de jazz. Puedes escuchar el final alrededor del minuto 6:30. En un tag de tres veces, los músicos repiten la frase final tres veces antes de hacer un pequeño *fill* y tocar el último acorde.

Escucha intensamente el acompañamiento de Richie Powell detrás de la melodía y los solistas. Durante la melodía, el piano, bajo y la batería tocan juntos los *hits* (escucha el minuto 0:16, 0:2, 0:27 y 0:29 para escuchar algunos *hits*). Powell incluye los ritmos *Charleston* y *Charleston* a la inversa en su acompañamiento. Por ejemplo, escucharás el *Charleston* alrededor del minuto 0:59, 1:02, 1:05 y 1:26 y el *Charleston* a la inversa alrededor del minuto 1:13. Escucha atentamente los conceptos básicos. ¿Qué articulación está usando? ¿Su acompañamiento cambia entre los solistas? ¿Qué tan frecuentemente acompaña? ¿Puedes escuchar alguna interacción entre Powell y los solistas? Nótese, por ejemplo, al comienzo del segundo coro de Clifford Brown (2:32), cuando el trompetista se mueve a su rango más grave, Powell se mueve hacia el rango más agudo del piano de manera a proveer de un mejor complemento. Escucha también a como reacciona al *commentary* de Max Roach en la batería.

¿Escuchas algunos patrones en su acompañamiento? Por ejemplo, en el último compás de una sección de ocho compases, Powell toca frecuentemente en el primer y segundo pulso con un acento en el segundo. Esto ayuda a **marcar la forma**, señalizando el final de una sección de ocho compases a los demás miembros. Aunque no es necesario marcar la forma, ayuda a darle confianza a los miembros de empezar todos en el mismo lugar.

Si escuchas atentamente, puedes escuchar a Powell reforzando algunas notas del bajo, lo cual es relativamente poco común para un pianista. Al final de cada coro, Powell toca un Do en el bajo, una técnica muy común conocida como punto pedal. Llamado así por los pedales del órgano, **el punto pedal** es una nota del bajo estable y que no cambia. En el jazz, así como en la música clásica, es muy común utilizar un punto pedal para enfatizar el acorde dominante (V).

Finalmente, cuando Powell toca su solo en el minuto 3:20, toca la melodía en la mano derecha y se acompaña a si mismo con la izquierda. Esto es típico de los solos de piano. En este caso, el acompañamiento de Powell se vuelve menos activo a medida que su mano derecha se vuelve más activa. Hay momento en los que puedes escuchar algo así como un partido de tenis entre la mano derecha e izquierda a medida que Powell crea un efecto pregunta-respuesta entre las manos.

TAREA UNIDAD 2

1. **Ejercicio de Improvisación 2 – Improvisación Estática 2**
   a. Posiciones de las manos
   b. Pregunta-Respuesta
2. **Completa la Práctica Escrita y practica tocando los ejemplos**
3. **Practica el Ejercicio de Coordinación 2 en las doce tonalidades**
4. **Selecciona tres *standards* de jazz del *Real Book* y practica tocando la melodía al acompañar con los *patterns* de *Charleston* y *Charleston* a la inversa**
   a. Acompaña solo con el *Charleston* por toda la pieza
   b. Acompaña solo con el *Charleston* a la inversa por toda la pieza
   c. Alterna entre los dos *patterns* de acompañamiento, acompañando dos compases de *Charleston* y dos compases de *Charleston* a la inversa
   d. Alterna entre los dos *patterns* de acompañamiento, empezando con un compás de *Charleston* y luego un compás de *Charleston* a la inversa
5. **Para tus tres *standards* de jazz, practica personalizando la melodía agregando síncopas, notas repetidas y apoyaturas.**
6. **Escucha Guiada 2: "Joy Spring" de Clifford Brown y Max Roach**
   a. Escucha por lo menos veinte veces.
   b. Presta especial atención al acompañamiento del piano, *hits* y las interacciones

UNIDAD 3
Introduciendo el ii-V-I

Escanea Aquí para Unidad 3 Videos

Ejercicio de Improvisación 3 – Improvisación Estática en Fa y Si bemol

Para casi toda esta unidad, practica la improvisación estática en las tonalidades de Fa y Si bemol. A medida que cambies tonalidades, improvisa utilizando la escala mayor correspondiente a cada tonalidad. A pesar de que los músicos de jazz tocan en todas las tonalidades, las tonalidades con bemoles son generalmente estudiados primero ya que son más cómodos para los saxofonistas y trompetistas, quienes lideran las bandas frecuentemente.

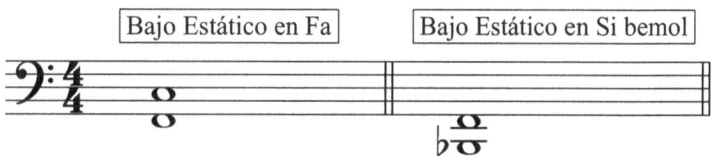

Puntos de Enfoque

1. **Utiliza apoyaturas para agregar expresión a tus melodías.**

    En la unidad anterior, aprendiste sobre el uso de apoyaturas para personalizar las melodías escritas. Las apoyaturas también deberían ser usadas para personalizar melodías improvisadas. Recuerda que las apoyaturas son típicamente agregadas un semitono por debajo de la nota principal para simular el efecto pitch bend. A medida que improvises, utiliza apoyaturas en lugares que agregan una expresión significativa, tales como notas largas o un salto expresivo de la melodía. Experimenta usando una, dos, tres o incluso cuatro apoyaturas para ornamentar notas importantes.

2. **Utiliza repetición y secuencias.**

    A pesar de que las improvisaciones son espontáneas, las buenas improvisaciones son también organizadas. **La repetición** *es la forma más significativa en la que una improvisación pueda sonar organizada. Primero, practica repitiendo tu frase literalmente. Experimenta con diferentes duraciones de silencios entre tus repeticiones. Podrías esperar cuatro compases para volver a repetirte, dos compases, un compás o podrías repetirte inmediatamente después de terminar tu frase.*

    Luego, ve si puedes crear **secuencias***, grupos de frases que repiten los mismos ritmos y formas melódicas empezando en diferentes notas de la escala. Empieza de forma simple con frases de dos o tres notas, luego puedes hacerlo más complejo. Recuerda que las secuencias pueden tocarse arriba, abajo por grados conjuntos o por intervalos más amplios.*

    Al comienzo, tendrás que pausar y pensar en como secuenciar tu motivo. ¡Está bien! Escribe algunas secuencias si eso ayuda. Pero apunta a tocar más y más rápido hasta que puedas secuenciar motivos espontáneamente.

Preguntas Frecuentes

Q: ¿Acaso no terminaré tocando notas fuera de la escala si hago secuencias?

A: No, las secuencias pueden ser cromáticas y diatónicas. En una secuencia cromática, los intervalos son literalmente transpuestos para crear la misma frase en una tonalidad diferente. En una secuencia diatónica, se mantiene la misma forma general sin tocar fuera de la escala. Para una secuencia diatónica, un intervalo puede cambiar entre una tercera mayor y menor o entre una quinta justa y disminuida basado en donde cae dentro de la escala. Concéntrate en las secuencias diatónicas a medida que practicas tus improvisaciones estáticas.

La progresión ii-V-I

La progresión ii-V-I ("dos-cinco-uno") y sus componentes constituyen un gran porcentaje del paisaje armónico de los *standards* de jazz. Ya que la progresión es muy común, los músicos de jazz pasan mucho tiempo practicando *voicings* y **licks**, frases cortas, para las progresiones ii-V-I.

La progresión ii-V-I consiste en:

1. Un acorde menor séptima desde el segundo grado de la escala
2. Un acorde de séptima dominante desde el quinto grado de la escala
3. Un acorde de séptima mayor desde la tónica de la escala

36 FUNDAMENTOS DEL JAZZ PIANO

Las progresiones ii-V-I son nombradas de acuerdo a la tónica, el cual define la tonalidad en la que se basa la progresión. Más abajo, encontrarás las progresiones en Do, Fa y Si bemol mayor.

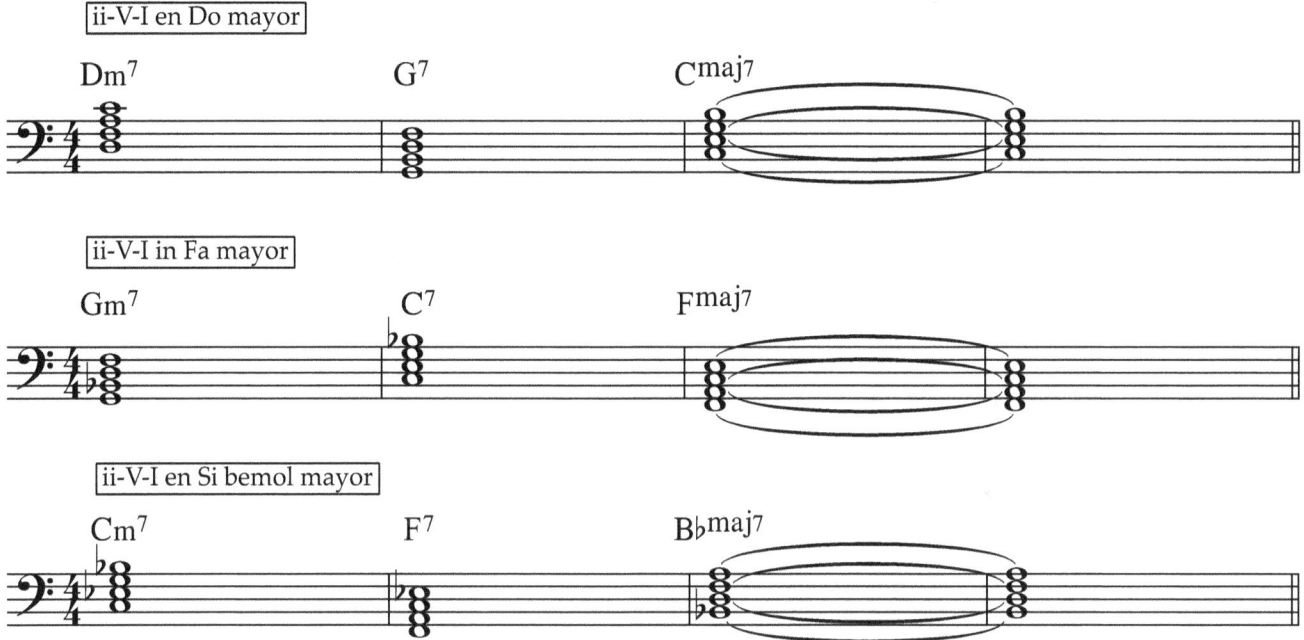

Luego, aprenderás *voicings* sofisticados para tus acordes, pero por ahora, a medida que practiques tus progresiones ii-V-I, alterna entre tocar acordes en estado fundamental y segunda inversión, con la quinta en el bajo. Si tocas las inversiones correctamente, notarás que se mueven las dos notas más bajas y las dos notas más altas se mantienen, o las notas más altas se mueven y las más bajas se mantienen.

Toca las progresiones ii-V-I más abajo, atendiendo la digitación descrita arriba y escuchando las resoluciones:

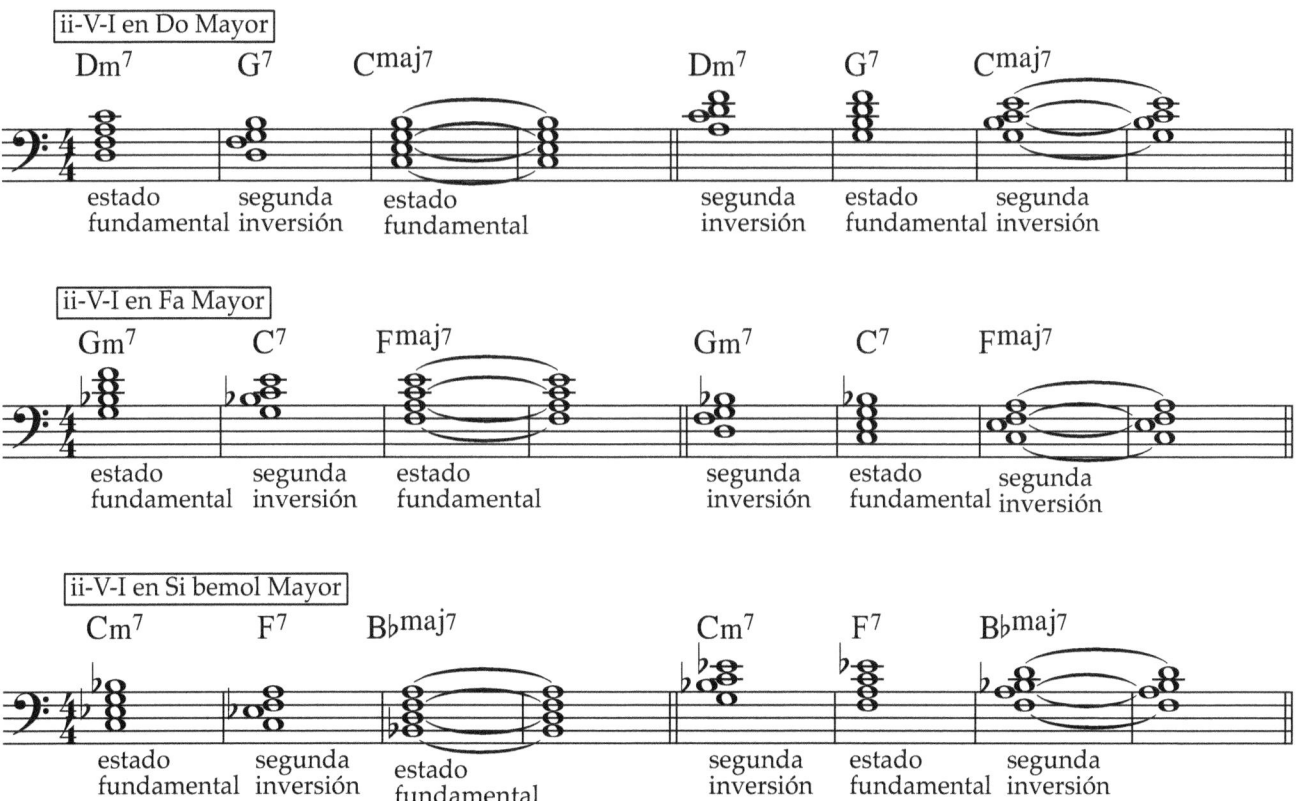

Preguntas Frecuentes

Q: ¿Porqué funciona el ii-V-I?

A: ¡Por unas cuantas razones! Primero, las notas del bajo se mueven en quintas, lo cual es muy atractivo para el oído en la música Occidental (piensa en el círculo de quintas). Segundo, los acordes son todos **diatónicos** a la tonalidad, lo cual significa que no se requieren de alteraciones. Tercero, el ii es la subdominante, el V es una dominante y el I es la tónica, por lo que los acordes tienen un fluido natural.

Q: ¿Las progresiones ii-V-I están siempre en tonalidades mayores?

A: De hecho que no. Más adelante en tu aprendizaje, te encontrarás en ii-V-I en tonalidades menores, los cuales son significativamente más complicados que los mayores. Por ahora, concéntrate en los ii-V-I en tonalidades mayores. Hay mucho por aprender.

Q: En los ejemplos anteriores, ¿Porqué el acorde I se mantiene por dos compases?

A: Esto es práctica común. A pesar de que las progresiones ii-V-I tienen tres acordes, son normalmente organizados en frases de dos o cuatro compases ya que los músicos generalmente prefieren frases en cantidad par.

Q: Si una progresión se parece a un ii-V-I pero tiene un acorde de sexta en lugar de un acorde mayor séptima como el acorde I, ¿Se considera un ii-V-I?

A: Si. El acorde de sexta (el cual se ve como C6) le da una sonoridad ligeramente diferente al acorde mayor, pero aún es considerado un I en la progresión ii-V-I.

Práctica del ii-V-I

A pesar de que el ii-V-I es un concepto relativamente simple, necesitas conocer estas progresiones de arriba a abajo, en tu cabeza, en tu memoria muscular y en tu oído.

Empieza completando los símbolos de acorde faltantes y las tonalidades para los ii-V-I presentados más abajo. Recuerda que los ii-V-I son nombrados en base a la tonalidad del acorde I en lugar del primer acorde de la progresión. Escribe las notas de los acordes como práctica extra.

Para esta unidad, practica los ejercicios de ii-V-I de la siguiente página. Estos dos ejemplos son el mismo ejercicio, pero debido a que se mueven en tonos, cada uno incluye seis de los doce tonos. En estos ejercicios, después de cada ii-V-I, la tercera y la séptima del acorde mayor I descienden para transformar el acorde de séptima mayor en un acorde de séptima menor. El acorde séptima menor luego se convierte en el acorde ii del siguiente ii-V-I.

Nótese que cuando los acordes van quedando muy bajos se empiezan a volver borrosos en el piano, por lo tanto se escriben una octava más arriba para evitar ese sonido de gruñido en el bajo. Practica con el metrónomo, desafiándote a tocar cada vez más rápido.

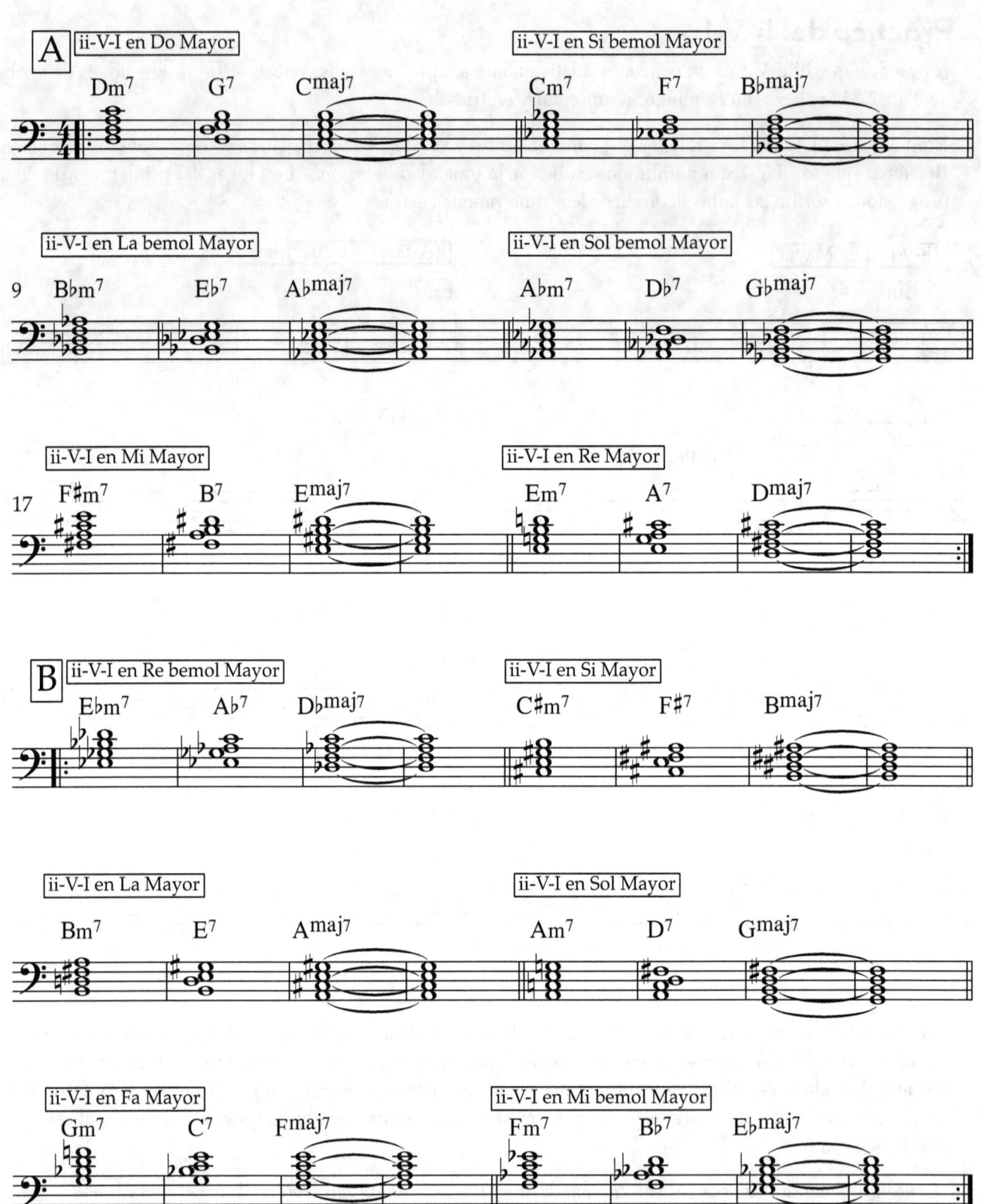

Encierra en un círculo los ii-V-I en la pieza de abajo. Luego, encierra en un cuadrado cualquier progresión ii-V sin el acorde I. ¡Estas progresiones son bastante comunes también! Ten cuidado – los acordes ii siempre deben ser menores con séptima, los acordes V siempre deben ser de séptima dominantes y los acordes I siempre deben ser de séptima mayor. Hay en total nueve progresiones ii-V-I y siete progresiones ii-V sin el acorde I.

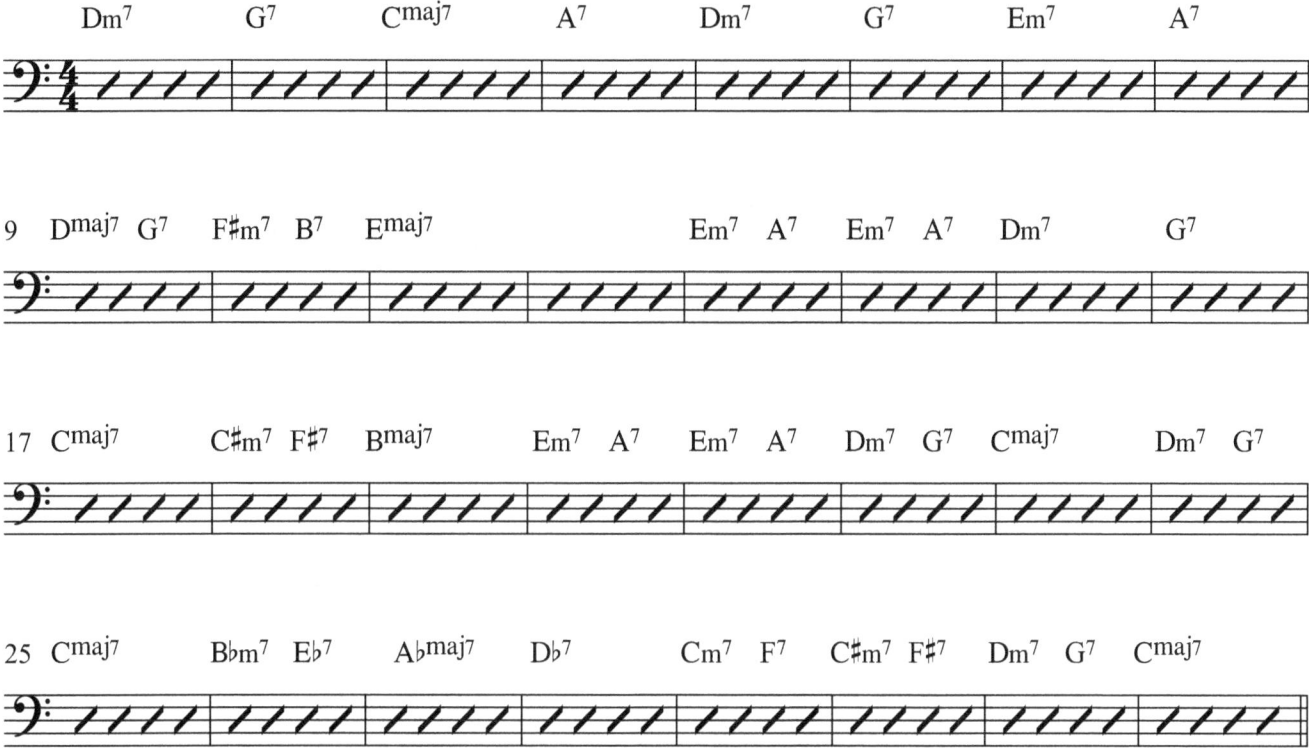

Ahora, examina las siguientes piezas del *Real Book*, buscando ii-V-I o componentes del mismo.

- Afternoon in Paris
- All the Things You Are
- Broadway
- Central Park West
- Darn that Dream
- Here's that Rainy Day
- Lady Bird
- Misty
- Stompin' at the Savoy
- Tune Up

Elige dos de estas piezas para practicar, prestando especial atención a tocar correctamente los ii-V-I, alternando entre acordes en estado fundamental y de segunda inversión.

Ejercicio de Coordinación 3

Para esta unidad, practica tus corcheas con tónica tocando la progresión ii-V-I en la mano izquierda con el ritmo *Charleston*. Nótese que tocarás la escala mayor del acorde I por la progresión entera de ii-V-I. ¡No te olvides de tocar las corcheas con *swing* y buena articulación!

Licks de ii-V-I

Un *lick* es una frase musical corta. Los músicos de jazz normalmente aprenden *licks* en las doce tonalidades. **Los *licks* de ii-V-I**, son frases cortas que se tocan en la progresión, son la materia prima de la mayoría de la rutina de los músicos de jazz ya que son ampliamente aplicables.

Los *lick*s de ii-V-I son divididos en dos tipos basados en armonía rítmica. Una **forma corta de ii-V-I** contiene acordes ii y V que duran dos pulsos cada uno y un acorde de I que dura cuatro pulsos. Una **forma larga de ii-V-I** contiene acordes ii y V que duran cuatro tiempos cada uno y el acorde I que dura ocho. Una forma corta de ii-V-I dura en total dos compases. Una forma larga de ii-V-I dura un total de cuatro compases.

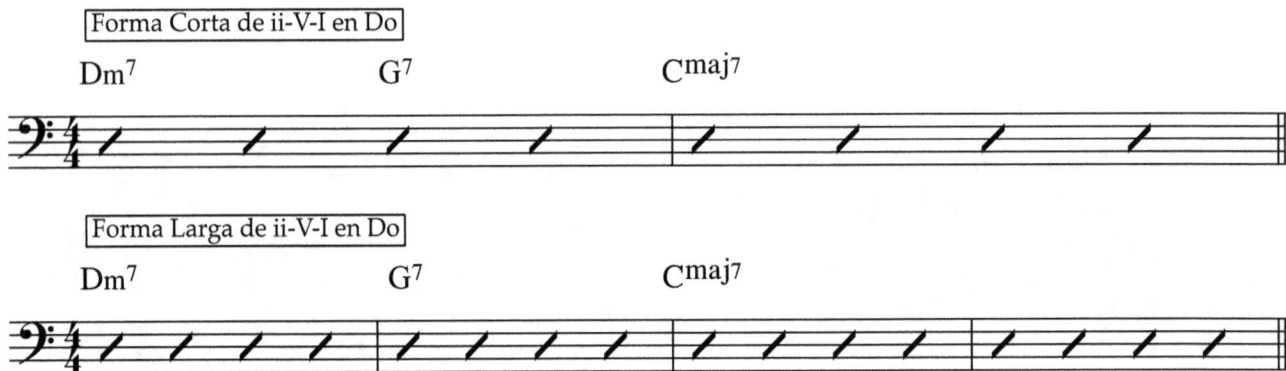

Al practicar un *lick*, deberías realizar cuatro cosas:

1. Determinar la articulación *swing* correcta para el *lick* y practicarlo como corresponde..
2. Practica coordinando el *lick* en la mano derecha con *patterns* de acompañamiento en la izquierda.
3. Transporta el *lick*. Por último, querrás aprender todos los *lick*s en las doce tonalidades. Sin embargo, dependiendo de tu experiencia, te podría llevar un tiempo para sentirte cómodo con la transposición. Practica la transposición a tu ritmo, tal vez practicando al comienzo una tonalidad al día.
4. Aplica el *lick*. Encuentra lugares para tocar el *lick* intencionalmente en temas que estés practicando. Asegúrate de determinar si el *lick* está diseñado para tocar en una forma corta o larga de ii-V-I y aplícalo apropiadamente. Practica improvisando antes y después del *lick* para preparar usarlo en un solo real improvisado.

Preguntas Frecuentes

Q: ¿De dónde vienen los licks?

A: Es una pregunta que suena muy simple, pero la respuesta es compleja.

Muchos músicos aprenden *lick*s de libros o de redes sociales. Históricamente, los músicos de jazz aprendían los *lick*s de otros músicos, a través de tutoría, amistad o estudiando las grabaciones (esto es parte de lo que significa cuando decimos que el jazz es una tradición auditiva). A su debido tiempo, te estaré incitando a aprender tus propios *lick*s de ii-V-I de las grabaciones, pero hasta que estés listo, te estaré proveyendo de un flujo constante de *lick*s ii-V-I.

Q: Tuve un profesor que decía que aprender licks es una pérdida de tiempo porque previene que pueda improvisar "en el momento". Decía que los grandes músicos de jazz no utilizaban licks.

A: Entiendo totalmente la perspectiva y coincidiría con tu profesor que los grandes poetas de la música hicieron mucho más que tocar *lick*s que habían memorizado y transpuesto.

Lo miro de esta forma: piensa en que aprender un *lick* es el equivalente de aprender una frase "pre-programada" en un idioma extranjero. Aprender a usar "Hola, ¿cómo estás? o "¿Dónde está el baño?" sin pensar, es muy útil. Estas frases pre-programadas son una forma de internalizar la gramática, practicar detalles para una correcta pronunciación y solidificar elementos del lenguaje en tu subconsciente. Aprender frases como éstas, es una estrategia importante para dominar un idioma.

Con eso dicho, uno no espera encontrar "Hola, ¿cómo estás?" o frases similares en las obras de grandes novelistas y poetas. La pregunta no es original o profunda. Pero, ¿Todos los poetas saben como decir estas frases en su idioma natal? ¡Por supuesto! Como estos maestros, primero debes volverte proficiente en el jazz antes de ascender al nivel de artista o poeta.

Lick I de ii-V-I

Para el primer *lick* ii-V-I, serás guiado a través de cuatro pasos.

Este es el *lick* I de ii-V-I, en Do mayor::

1. Determina la mejor articulación *swing* y practica el *lick* "swingeandolo". En la siguiente página, encontrarás el *lick* con articulación y sílabas *scat*. Asegúrate de practicar exagerando la articulación y pensando en la subdivisión del pulso en tres partes al tocar.

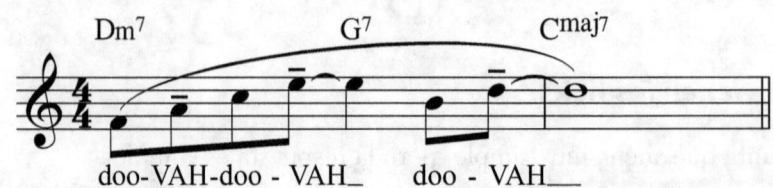

2. Practica con el *Charleston* y el *Charleston* a la inversa en la mano izquierda. Recuerda tocar corto en la izquierda manteniendo una articulación *swing* exagerada en la derecha. No te olvides de anticipar el acorde del tercer pulso al tocar el *Charleston*.

Transporta el *lick*. Hay muchas formas de transportar. Éstas son las más comunes:

a. Transporta cada nota individualmente. Por ejemplo, si quieres transportar el *lick* un semitono arriba, en la tonalidad de Re bemol, transporta cada nota del *lick* original un semitono arriba. Un semitono arriba de Fa es Sol bemol. Un semitono arriba de La es Si bemol, etc..

b. Determina la relación de cada nota del acorde. ¿La nota es la tercera del acorde? ¿La quinta? ¿La tónica? Luego, reproduce estas notas exactamente para los acordes en la nueva tonalidad.

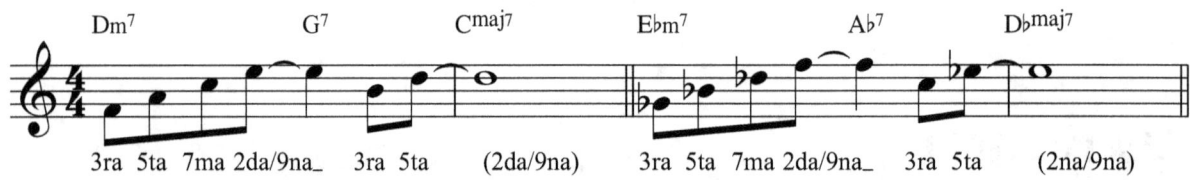

c. Encuentra la nota inicial usando una de las estrategias más arriba. Luego, determina los intervalos entre las notas del *lick* original. Por ejemplo, de Fa a La hay una tercera mayor. De La a Do es una tercera menor. Reproduce exactamente este patrón de intervalos en la nueva tonalidad.

Siéntete libre de combinar estas tres estrategias de cualquier manera. Ten en cuenta que la transposición puede ser muy lenta al comienzo pero eventualmente se volverá más rápida con la práctica.

3. Practica aplicando el *lick*. Primero, determina si el *lick* es para una forma corta o larga de ii-V-I. Debido a que el *lick* I de ii-V-I tiene dos pulsos para los acordes de ii y V, es una forma corta de ii-V-I. ¿Dónde debería ir el *lick* en la siguiente progresión de acordes? Aquí, los *slashes* indican la improvisación melódica, con cada *slash* indicando una negra.

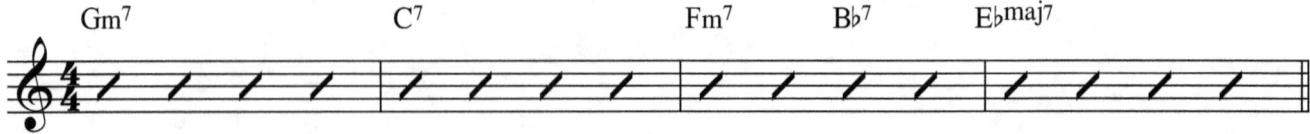

44   FUNDAMENTOS DEL JAZZ PIANO

A pesar de que los primeros dos compases utilizan una progresión ii-V-I, el *lick* encaja mejor en los compases tres y cuatro ya que la armonía en estos compases es una forma corta de ii-V-I. En el ejemplo a continuación, el *lick* de ii-V-I está escrito en la tonalidad correcta.

Practica tocando el *lick* cuando sea apropiado, luego practica improvisando hasta llegar al *lick* y luego saliendo del mismo. ¿El *lick* puede encajar en el ejemplo de abajo?

No hay progresiones ii-V-I completas aquí, solo progresiones ii-V sin el acorde I. El *lick* completo no funcionará aquí, ya que la porción que alcanza el acorde I no encaja con la armonía de este tema. Sin embargo, puedes seguir practicando el *lick* con esta progresión. Practica utilizando solo el primer compás del *lick*, la parte que corresponde a los acordes ii y V, como se demuestra abajo.

Preguntas Frecuentes

Q: *En el ejemplo de arriba, ¿Cómo saber cuando usar el lick en Re mayor y Do mayor?*

A: Debes determinar cual es el acorde I en cada progresión ii-V. En otras palabras, pregúntate a ti mismo, ¿En qué tonalidad Mi es el segundo grado y La el quinto? La respuesta es Re mayor. Luego pregúntate, ¿En qué tonalidad Re es el segundo grado y Sol el quinto? La respuesta es Do mayor.

Q: *¿Se puede duplicar un lick forma corta de ii-V-I para crear una forma larga y viceversa?*

A: En realidad, no. A pesar de tener notas que funcionan muy bien, cada *lick* tiene como un sello rítmico. ¿Recuerdas como articulamos las corcheas y negras de forma diferente? Si duplicas las notas, la intención rítmica cambia y el *lick* no sonará estilísticamente apropiado.

ESCUCHA GUIADA 3 –
"I Want More" de Dexter Gordon

Escanea Aquí para Link de Escucha

"I Want More" es el tercer tema del álbum de 1962, Dexter Calling de Dexter Gordon… El tema fue escrito por Dexter Gordon.

Dexter Gordon (1923-1990) fue un saxofonista tenor estadounidense conocido por tocar en los estilos *bebop* y *hardbop*. Además de ser un talentoso compositor, Gordon es conocido por un estilo suave, su impresionante estatura (alrededor de 2 metros), y un carisma contagiante. Con estas habilidades, no es sorpresa que fue elegido para interpretar el papel principal en la película "Round Midnight", por el cual fue nominado a un premio de la Academia. La película, acerca de un envejecido músico de jazz en París, está ligeramente basado en la vida del pianista Bud Powell. Además de ser un ícono del estilo y la moda, Gordon fue un gran estudioso del *Great American Songbook* y fue conocido por recitar las letras de las canciones ante la audiencia antes de interpretarlas. Gordon también fue conocido por usar citas, fragmentos de otras canciones colocadas en un solo improvisado para crear un algo así como un *collage* musical.

Es útil entender un poco acerca de los estilos más importantes del jazz para que puedas empezar a colocar a los artistas en diferentes categorías. El *bebop* es un estilo desarrollado por Charlie Parker, Dizzy Gillespie, Bud Powell, Thelonious Monk y otros en las décadas de 1940 y 1950. El *bebop* fue una reacción contra la deferencia de los músicos hacia la audiencia y los intereses corporativos de la Era *Swing* en la cual los músicos se esforzaron a producir *hits* al tocar música pensada para bailar y cantar. En la Era *Swing* (década de 1920 y 1930), los músicos generalmente tocaban temas a tempos lentos o medios y resaltaban canciones diseñadas para ser repetitivas, melódicas y pegajosas. Los músicos de la era *bebop* ponían el énfasis en la expresión individual, tocando temas complejos a tempos rápidos con suficiente oportunidad para improvisación. A pesar de que el *bebop* es ahora un estilo musical ampliamente aceptado, en ese entonces era un acto de rebelión, destinado a asustar a los "cuadrados". El *Hardbop* fue una reacción al *bebop* en los años 50 y 60, que retuvo mucha de la riqueza lingüística del *bebop* pero incorporando mas melodías basadas en el *gospel* y *blues* para hacer a la música más llamativa y accesible a la audiencia.

MIEMBROS

Dexter Gordon, saxofón tenor

Kenny Drew, piano

Paul Chambers, bajo

Philly Joe Jones, batería

Forma

0:00-0:09   Introducción

0:09-0:50   Melodía

0:50-2:56   Solo de Saxofón (3 coros)

2:56-4:19   Solo de Piano (2 coros)

4:19-5:01   Melodía

5:01-final   Outro (mismo material que la intro)

Ahora es un buen momento de hablar de la función de varios instrumentos de la sección rítmica. El jazz generalmente utiliza **el contrabajo** como su voz más baja. La función principal del bajo es establecer la tónica del acorde y tocar en los tiempos fuertes del compás. El bajo es generalmente el instrumento menos sincopado del ensamble de jazz.

Hay dos estilos principales en el bajo al tocar un *swing* en 4/4. Para **el bajo en dos**, el bajista toca blancas, dividiendo el compás en dos partes. Para **el bajo en cuatro** o *walking bass*, el bajista toca negras, dividiendo el compás en cuatro partes. Los pianistas usualmente pueden tocar ambos estilos con la mano izquierda, cuando el rol del bajo recae en el pianista cuando no hay bajista. En el tema "I Want More", el bajista George Tucker toca en *walking bass* durante todo el tema. Escucha una vez concentrándote en la línea de bajo.

La batería es un instrumento compuesto, hecho de diferentes partes. Como fue discutido en la Unidad 2, el *hi-hat*, un artefacto activado con el pie en el cual dos platillos se alinean uno encima del otro, es la parte más predecible de la batería. El *hi-hat* toca en el segundo y cuarto pulso en el compás de 4/4. **El platillo** *ride* es el corazón del pulso *swing* del baterista. **El *pattern* de platillo** *ride* más común es notado más abajo. Los grandes bateristas podrían tocar literalmente este *pattern* o crear sus propias variaciones improvisadas, desarrollando el *pattern* a medida que el tema progresa.

La **caja tiene** una larga tradición de interpretación virtuosa tanto en música clásica como en la música de marcha. En la música *swing*, la caja es generalmente utilizada para acompañar. Así como el acompañamiento del piano, la caja es utilizada para la rítmica sin un *pattern* en particular, respondiendo a los otros músicos. Si escuchas atentamente, puedes notar que la caja acompaña junto con el piano en una especie de conversación. Durante la melodía, nota como el baterista Al Harewood coincide el acompañamiento de la caja con algunas porciones sincopadas de la melodía.

El bombo, el cual se toca con un pedal que se activa con el pie, es usualmente el componente menos escuchado de la batería. A veces, los bateristas **suavizan** el bombo al tocarlo levemente en los cuatro tiempos para apoyar el ritmo. Otras veces, los bateristas utilizan el bombo para acompañar, teniendo conversaciones o tocando complejas figuras entre el bombo y la caja.

A medida que vas escuchando "I Want More", concéntrate en el *walking bass* y luego cada componente de la batería, particularmente el *pattern* del platillo *ride*, el *hi-hat* en dos y cuatro, y el acompañamiento de la caja. Serás presionado a atender bastante el bombo para este tema.

ESCUCHA GUIADA 3 – (CONTINUACIÓN)

"I Want More" es un buen tema para identificar de oído las progresiones ii-V-I. Después de una introducción de ocho compases, la forma del tema empieza con una serie de formas largas de ii-V-I. Se puede observar la progresión de acordes más abajo.

Encierra en un círculo las progresiones ii-V-I y ii-V que encuentras en la partitura. Trata de escuchar la progresión de acordes por debajo de la melodía principal y los solos. Practica tocando o cantando las tónicas de los acordes durante la melodía y los solos. ¿Puedes acompañar los ii-V-I con la grabación?

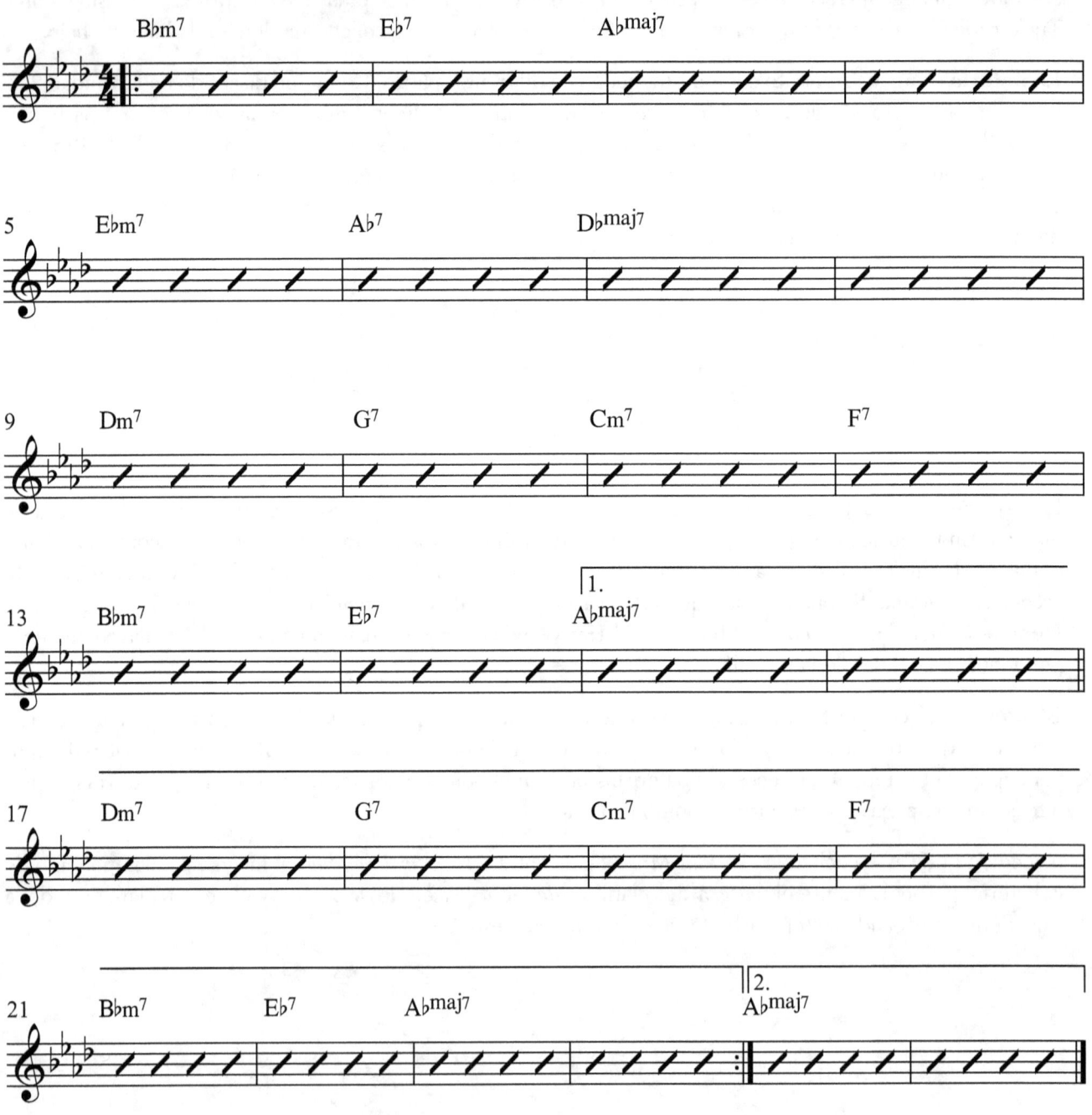

TAREA UNIDAD 3

1. **Ejercicio de Improvisación 3 – Improvisación Estática en Fa y Si bemol**
   a. Apoyaturas
   b. Secuencias
2. **Práctica de ii-V-I**
   a. Práctica escrita
   b. *Pattern* descendiendo por tonos
   c. Dos temas del *Real Book*
3. **Practica el Ejercicio de Coordinación 3 en las doce tonalidades**
4. ***Lick* 1 de ii-V-I**
   a. Aprende el *lick* con buena articulación
   b. Practica coordinación con *patterns* de acompañamiento
   c. Transporta a las doce tonalidades (o la mayor cantidad posible)
   d. Aplica a los dos temas del *Real Book*
5. **Escucha guiada: "I Want More" de Dexter Gordon**
   a. Escucha por lo menos veinte veces.
   b. Escucha cinco veces concentrándote en los ii-V-I.
   c. Escucha cinco veces concentrándote en escuchar el bajo y la batería.

Unidad 4
Yendo más profundo con el ii-V-I

Ejercicio de Improvisación 4 – Construyendo Vocabulario Rítmico 1

Empezando esta semana, practica tocando con *swing* tus improvisaciones estáticas. Como antes, quédate en un acorde y una escala, pero ahora en lugar de mantener la quinta por un compás, tócalo con una articulación corta para mantener el tiempo e insinuar un *feel* de *swing*.

El ejercicio de improvisación esta semana se enfoca en el ritmo. Los improvisadores que son nuevos en la improvisación jazz generalmente se estresan con la elección de las notas. ¡Y justificadamente! Tocar una nota incorrecta es muy notable. Sin embargo, tocar con ritmos estilísticos apropiados para el estilo *swing* es igual de importante para una exitosa improvisación de jazz. Dadas las complejidades de la articulación *swing*, probablemente necesites desarrollar intencionalmente un vocabulario rítmico de *swing* para tu improvisación.

Por ahora, debes concentrarte en ritmos que empiezan y terminan en tiempos débiles. **El Ritmo 1** es una frase de tres notas consistente en tres corcheas. La articulación debería sonar como mnemotécnico "VAH-doo-DIT" con la última nota recibiendo un acento percusivo. El ritmo puede empezar en cualquiera de los cuatro tiempos débiles del 4/4.

Recuerda que el ritmo y **el fraseo** son dos cosas totalmente distintas. Practica creando diferentes fraseos de este ritmo simple. Las tres notas pueden ascender, descender, podrían tener una forma "V", "A", o podrían moverse por saltos, grados continuos o cualquier combinación. Abajo se observan algunos de los fraseos que se podrían lograr con este ritmo de tres notas.

Practica el Ritmo 1 como se observa más abajo:

1. Practica por cinco minutos seguidos empezando cada frase de tres notas en la segunda corchea del cuarto pulso cada dos compases.

2. Practica por cinco minutos seguidos empezando cada frase de tres notas en la segunda corchea del primer pulso cada dos compases.

3. Practica por cinco minutos seguidos alternando entre tocar una frase en la segunda corchea del cuarto pulso y la segunda corchea del primero.

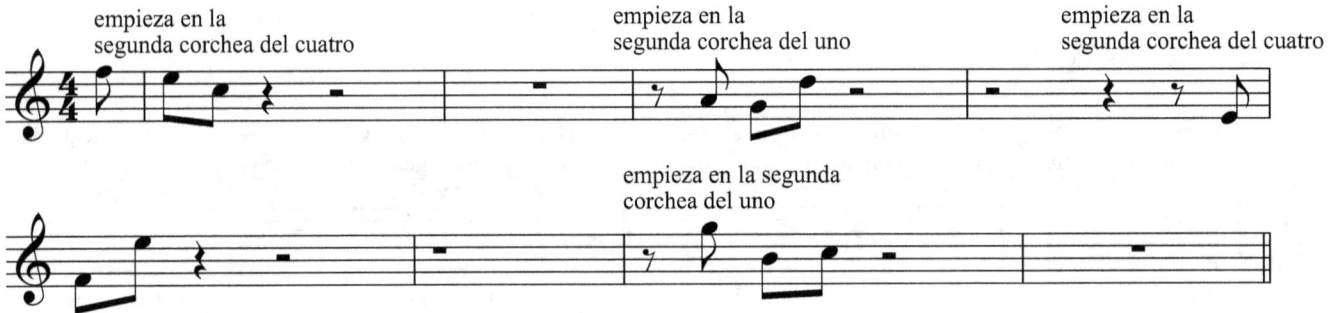

4. Repite los pasos uno al tres con frases empezando en la segunda corchea del segundo pulso y la segunda corchea del tercero.
5. Experimenta mezclando las frases empezando en cada uno de los cuatro tiempos débiles..

Todo el tiempo, pregúntate a ti mismo:

- ¿Mi articulación es correcta?
- ¿Estoy tocando con una variedad de fraseos?

Práctica de ii-V-I

Cada semana, estarás practicando tus ii-V-I de una nueva manera. Esta semana, harás tarjetas ayuda-memoria con el nombre de la tonalidad en el frente. Escribe las notas correctas para los tres acordes de la progresión ii-V-I en el dorso. :

Frente:

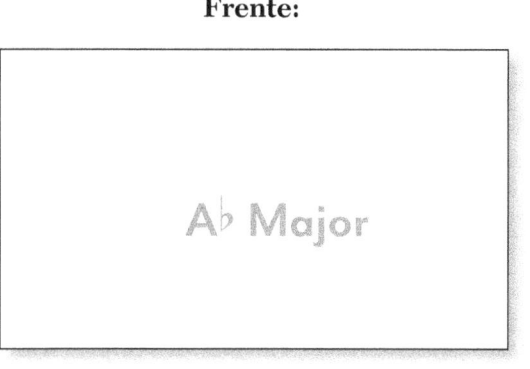

Dorso:

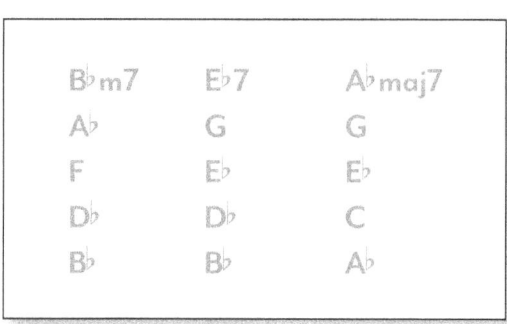

Utilizando las tarjetas ayuda-memoria:

- Autoevalúate, viendo que tan rápido puedes encontrar el acorde correcto.
- A medida que te autoevalúas, separa tus tarjetas en dos grupos – una para las tonalidades que conoces bien y otra para las tonalidades que todavía estás aprendiendo.
- Sigue estudiando las tarjetas para las tonalidades difíciles.
- Si encontrar los acordes es abrumante al comienzo, empieza con solo tres tarjetas a la vez. Domina esas tres tarjetas antes de continuar con las siguientes tres.

Escalas y Modos para las Progresiones ii-V-I

Además de las ventajas prácticas de estudiar las progresiones ii-V-I, identificar y practicar los mismos es útil para encontrar notas para la improvisación.

Para una progresión ii-V-I, el improvisador puede usar la escala mayor del acorde I para improvisar sobre la progresión entera. De hecho, ya practicaste este concepto en el Ejercicio de Coordinación 3 en el cual tocaste la escala mayor por cuatro compases mientras acompañabas con los acordes de ii-V-I con la izquierda.

Este es un repaso del Ejercicio de Coordinación 3:

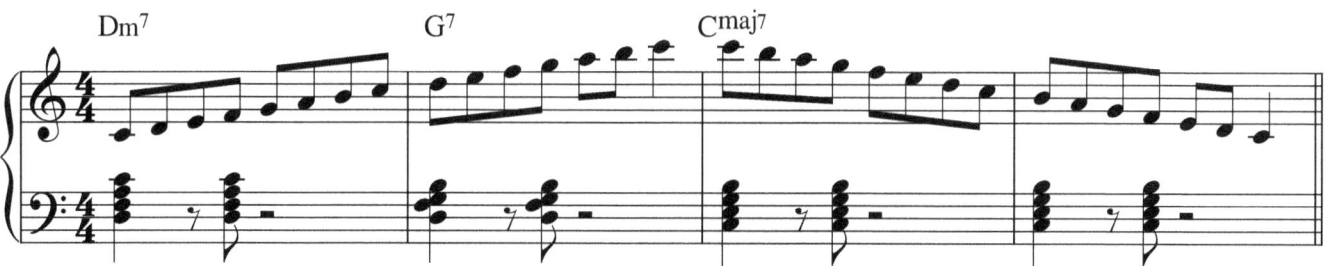

Con fines de denominación, los músicos de jazz muchas veces hablan de esta escala mayor como empezando en cada uno de los acordes de la progresión ii-V-I. Cuando empiezas la escala mayor en notas que no sean la tónica, las nuevas escalas son llamadas **modos**. En este libro, la escala mayor en la cual está basado el modo es referido como **la escala madre**.

Cuando una escala mayor empieza en el segundo grado de la escala, se lo llama **modo dórico**. Nótese que los modos son siempre denominados por la nota en la que empiezan y no por la escala madre. Cuando la escala de Do se toca empezando en Re, se lo llama Re dórico. El modo dórico es generalmente el modo que los músicos utilizan para improvisar sobre el acorde ii. Para encontrar cualquier modo dórico sin pensar en la escala madre, toma la escala mayor de la primera nota (Re mayor, dos sostenidos, para Re dórico) y desciende la tercera y séptima.

Cuando una escala mayor empieza en el quinto grado, se lo llama **modo mixolidio**. Cuando la escala de Do se toca empezando en Sol, se lo llama Sol mixolidio. El modo mixolidio es generalmente el modo que los músicos utilizan para improvisar sobre el acorde V. Para encontrar cualquier modo mixolidio sin pensar en la escala madre, toma la escala mayor de la primera nota (Sol mayor, un sostenido, para Sol Mixolidio) y desciende el séptimo grado.

Finalmente, una escala mayor "normal", empezando en la tónica, es conocido como el **modo Jónico**. Do Jónico es simplemente otro nombre para la escala de Do mayor. Los músicos utilizan el modo Jónico para improvisar sobre el acorde I.

Para repasar, has aprendido dos cosas que son equivalentes:

1. Al improvisar sobre una progresión ii-V-I, puedes usar la escala mayor del acorde I para los tres acordes de la progresión.

2. Para que sea mas conveniente nombrar, los músicos de jazz piensan en los modos empezando en la tónica de cada acorde. Para un ii-V-I, utiliza el modo dórico para el ii, mixolidio para el V y Jónico para el I. A pesar de que ahora parece que necesitas tres escalas diferentes, estos tres modos comparten la misma escala madre, la escala mayor del acorde I.

Hay dos métodos para encontrar las notas correctas de un modo:

1. Descifra la escala madre. Utilizando la estructura del ii-V-I, determina la escala madre para cada acorde. Recuerda, en el contexto de un ii-V-I, un acorde menor séptima es siempre el ii, un acorde de séptima dominante es siempre el V y un acorde de séptima mayor es siempre el I. Luego, empieza la escala desde la tónica del acorde apropiado.

2. Empezando con la escala mayor de la tónica, altera las notas apropiadas para formar el modo.

    a. Para crear el modo dórico, desciende la tercera y séptima de la escala mayor de la tónica.

    b. Para crear el modo mixolidio, desciende solo la séptima de la escala mayor de la tónica.

    c. Para crear el modo Jónico, no hay cambios.

Estos dos métodos te darán el mismo resultado. Cual de los dos utilices es una cuestión de preferencia.

Mira los modos del ii, V y I en Mi bemol mayor en el ejemplo más abajo y practica usando ambos métodos para llegar al mismo resultado.

FUNDAMENTOS DEL JAZZ PIANO

Ahora, practica encontrando los modos como se indican más abajo. En algunos ejemplos, se te provee el nombre del modo. En otros ejemplos, se te provee el símbolo del acorde y debes escoger el modo correcto. Recuerda – el modo dórico va con el acorde séptima menor, mixolidio con el de séptima dominante y Jónico con el de séptima mayor.

Preguntas Frecuentes

Q: *Espera, ¿Qué? ¡Los modos hacen que las cosas sean mucho más complicadas, me confunden! ¿Cuál es el punto?*

A: De hecho, una vez que te acostumbres a los modos, es mucho más simple. Piensa en todos los pasos que necesitas desde ver un Gm7 a descifrar que deberías improvisar utilizando la escala de Fa mayor. Una vez que domines los modos, es mucho más directo determinar que se utiliza una escala de Sol dórico al ver un acorde de Gm7.

Q: *¿Hay otros modos aparte del Dórico, Mixolidio y Jónico?*

A: ¡Sí! Empezando la escala mayor desde cualquier grado creará un nuevo modo. Otras escalas también tienen sus propios modos si empiezas en otras notas. Los modos de la escala menor melódica son muy importantes para los improvisadores avanzados de jazz. Por ahora, dominar el dórico, mixolidio y jónico es lo más importante para tu desarrollo musical.

Q: *Si estoy improvisando utilizando los modos, ¿Eso significa que debo empezar en la primera nota del modo?*

A: ¡En absoluto! Los modos son simplemente una manera de encontrar el grupo de notas que mejor se ajustan al acorde. No hay ninguna expectativa de que deberías empezar con alguna nota en particular.

Q: *Bueno, ¿Eso significa entonces que para cualquier acorde de séptima menor, debería improvisar utilizando el modo dórico y por cualquier acorde de séptima dominante debería improvisar con el modo mixolidio?*

A: ¡Excelente pregunta! Vas por el camino correcto. Lo que dijiste es más o menos verdad, pero ya que los acordes pueden tener diferentes funciones, no es tan simple. En las tonalidades mayores, los acordes ii, vi y iii son todos de séptima menor. Cada uno de estos acordes necesita ser tratado de forma diferente porque tienen diferentes funciones. Del mismo modo, los acordes de séptima dominante pueden ser acordes V, pero también podrían ser acordes con función de dominantes secundarios como V/V, V/vi, V/ii, etc. Estos acordes deben ser tratados de forma diferente.

En este punto de tu desarrollo musical, estas distinciones no son importantes. A medida que vas progresando como improvisador, exploraremos más escalas y modos que se adaptan a acordes con diferentes funciones. .

Ejercicio de Coordinación 4

Para el Ejercicio de Coordinación 4, practica tocando el *pattern* de acompañamiento *Charleston* a la inversa en la izquierda mientras tocas cada modo de los acordes ii-V-I. Hay dos versiones – ascendente y descendente. Transporta a todas las tonalidades. Si el Ejercicio de Coordinación 4 es muy fácil para ti así como está escrito, practica alternando entre el *Charleston* a la inversa y el *Charleston* como acompañamiento en la izquierda.

Lick 2 de ii-V-I

El *lick* 2 de es una forma larga de ii-V-I diseñado para recordarte de la escala madre para una progresión ii-V-I. Recuerda los cuatro pasos al practicar un *lick* – determina la articulación correcta, practica con los *patterns* de acompañamiento, transporta a las doce tonalidades y aplica el *lick* a los temas.

ESCUCHA GUIADA 4 –
"So What" de Miles Davis

Así como "Freddie Freeloader", "So What", compuesto por Miles Davis, es un tema del álbum *Kind of Blue* grabado en 1959.

MIEMBROS

Miles Davis, trompeta

Cannonball Adderley, saxofón alto

John Coltrane, saxofón tenor

Bill Evans, piano

Paul Chambers, bajo

Jimmy Cobb, batería

Forma

0:00-0:33	Introducción
0:33-1:31	Melodía (32 Compases, AABA)
1:31-3:24	Solo de Trompeta (3 Coros)
3:24-5:15	Solo de Saxofón Tenor (2 Coros)
5:15-7:05	Solo de Saxofón Alto (2 Coros)
7:05-8:01	Solo de Piano (1 Coro)
8:01-8:55	Solo de Bajo/Melodía (1 Coro en total)

"So What" es un tema único por varias razones. Primero, la melodía es una pregunta-respuesta entre el bajo y el resto de la banda. Miles Davis afirma que escribió el tema después de tener una conversación en un bar donde su amigo seguía respondiendo con la frase "so what" (¿y qué?) a todo lo que decía. Vale la pena mencionar que Davis inventaba este tipo de cosas frecuentemente, incluyendo afirmar que escribió varias canciones que de hecho fueron escritos por sus compañeros. Sin importar si la historia es verdadera o no, uno puede imaginarse fácilmente el bajo personificando el papel de Davis en la conversación y los acordes que responden recreando las respuestas indiferentes de su compañero.

Segundo, hay solo dos acordes – Dm7 y Ebm7. Ya aprendiste en esta unidad que los modos que coinciden con estos acordes son Re dórico y Mi bemol dórico. Un enfoque armónico más estático y que apenas se mueve es típico de la era del **jazz modal** de la década del 60, el cual fue en gran parte iniciado por *Kind of Blue*. En el jazz modal, la tensión y resolución tradicional de las progresiones ii-V y ii-V-I son reemplazadas por acordes coloridos sin la claridad de las funciones de dominante y tónica. Frecuentemente, como en "So What", la **armonía rítmica**, lo cual es, la frecuencia en la que cambia la armonía, es mucho menos en el jazz modal que en las eras anteriores del jazz. Ya que el jazz modal funciona en un sistema armónico diferente a otros tipos de jazz, los pianistas tienen una gran variedad de opciones de *voicings* específicamente pensado para el jazz modal, lo cual aprenderás más adelante.

Mira el *lead sheet* de "So What" en el *Real Book*. Verás que el tema empieza con una sección repetitiva de ocho compases que se queda en Re menor, se mueve un semitono ascendentemente a Mi bemol menor por ocho compases, y finalmente regresa a Re menor por ocho compases.

"So What" tiene una **forma AABA**, una de las formas más comunes para un tema jazz. En la forma AABA, la sección de ocho compases repite dos veces al comienzo seguido por una contrastante sección B, comúnmente llamado **puente**. Luego, la sección A es repetida para finalizar la pieza. Cada una de las cuatro secciones contiene típicamente ocho compases, por un total de treinta y dos compases. Las tres secciones A son idénticas usualmente con la excepción de los finales, los cuales pueden ser ligeramente diferentes. Un elemento único de esta grabación es encontrado en los ***backgrounds*** para el solo de piano. Los *backgrounds* son acordes tocados por los vientos (trompeta/saxo/trombón) por debajo del solista. Pueden ser preparados o espontáneos.

Puede ser difícil para los músicos seguir la forma AABA de los temas ya que la pieza termina con la sección A y luego regresa al inicio donde se tocan dos secciones más de A. Los músicos deben estar muy atentos para saber si están en la última A, primera A o segunda A en todo momento. Practica siguiendo la forma mientras escuchas "So What", prestando atención a no perderte en las tres secciones A.

Mientras escuchas, nota como se puede distinguir en los solos la personalidad de cada uno de los vientos. Davis suena interesante, sin esfuerzo, relajado y despreocupado. Davis es conocido por expresar mucho sin utilizar demasiadas notas . El solo de John Coltrane es mucho más intenso y virtuoso con ráfagas de notas hacia abajo y arriba del instrumento. Cannonball Adderley transmite una sensación de alegría y ligereza con su sonido feliz y el uso de técnicas vocales como vibrato y *pitch bend*.

TAREA UNIDAD 4

1. **Ejercicio de Improvisación 4 – practica un ritmo *swing* de tres notas empezando en cada tiempo débil**
2. **Práctica de ii-V-I – tarjetas ayuda-memoria**
3. **Práctica escrita de las escalas y modos**
4. **Ejercicio de Coordinación 4**
5. **Práctica de *Lick* 2 de ii-V-I**
6. **Elige dos nuevos temas del *Real Book* de la lista de temas. Encierra en un círculo los ii-V-I, aprende los acordes, practica acompañando con la melodía, y aplica tus *licks* de ii-V-I donde se adapten.**
7. **Escucha guiada: "So What" de Miles Davis**
    a. Escucha por lo menos veinte veces
    b. Sigue la forma AABA, hasta que puedas determinar con seguridad donde entra el puente (escucha el cambio de acorde).
    c. Presta atención a los tres solos de viento, escucha las diferentes personalidades y piensa en como cada músico transmite su propia personalidad a través de sus improvisaciones

Unidad 5
Evening in Lyon

Escanea Aquí para Videos de la Unidad 5

Ejercicio de Improvisación 5 – Improvisación ii-V-I

Esta semana, practica improvisando sobre las progresiones ii-V-I utilizando las escalas y modos correctos. Para coincidir con la pieza la cual estarás trabajando en esta unidad, practica improvisando sobre progresiones ii-V-I en Do mayor, Si bemol mayor, La bemol mayor y Si mayor.

Al improvisar sobre los ii-V-I, todavía es importante escucharte atentamente (recuerda la primera indicación para la improvisación de la Unidad 1 - "¿Realmente te estás escuchando a ti mismo cuando tocas?"). A pesar de que las notas de la escala pertenecen a la misma tonalidad de las progresiones de acordes, cada nota tiene un sonido diferente sobre cada acorde. Algunas notas suenan más tensas y necesitan resolución, en especial el cuarto grado de la escala quiere resolver hacia abajo en la tercera en acordes mayores y dominantes. Activa tu oído para que te guíe hacia donde quieren resolver las notas.

Practica improvisando en estas tres fases:

1. *Exploratorio.* Toca fuera de tiempo, sosteniendo los tres acordes y creando melodías libremente por encima.
2. *A tiempo, con swing, forma larga de ii-V-I.* Recuerda que la forma larga de ii-V-I mantiene los acordes ii y V por cuatro pulsos y el acorde I por ocho pulsos. Sostén los acordes y pon el metrónomo en el segundo y cuarto pulso (normalmente en blancas = 60 bits por minuto es un buen lugar para empezar). Improvisa con tu mejor *swing*, quizás utilizando los ritmos que aprendiste en la unidad anterior.
3. *A tiempo, con swing, forma corta de ii-V-I.* Recuerda que la forma corta de ii-V-I mantiene los acordes ii y V por dos pulsos cada uno y el acorde I por cuatro.

Si te sientes seguro y creativo improvisando en estas tres fases, experimenta improvisando y acompañando, con los ritmos *Charleston* y *Charleston* a la inversa.

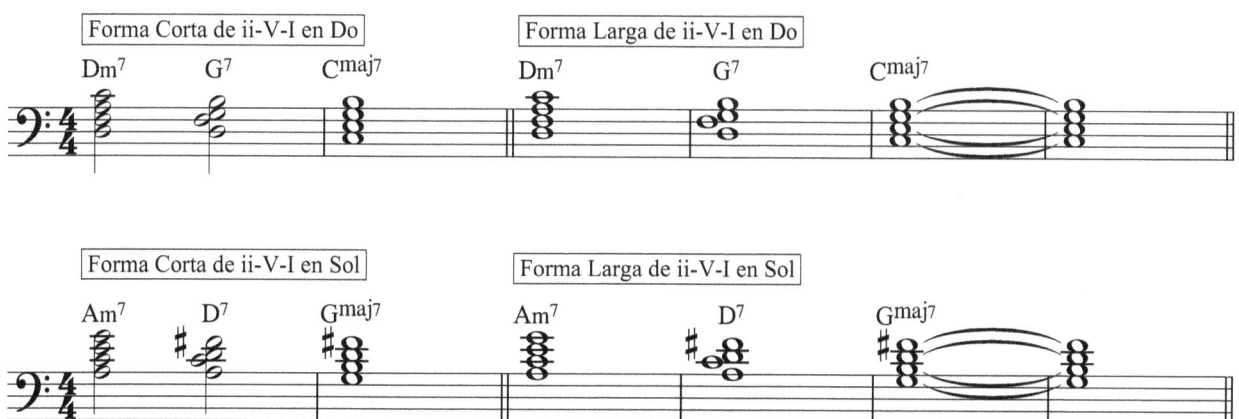

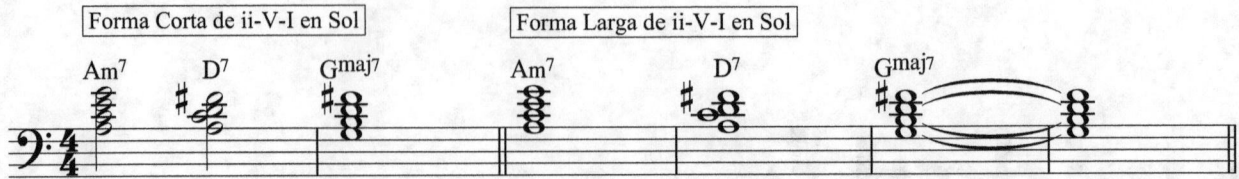

Lick 3 de ii-V-I

El *lick* 3 de ii-V-I está diseñado para una forma corta. Nótese el fraseo interesante creado por el salto en el final del tres. Lo estarás aplicando inmediatamente en el tema en esta unidad.

Contrafacts y "Evening in Lyon"

Un **contrafact** es un tema de jazz creado al escribir una nueva melodía basada en la armonía de cualquier progresión de acordes existente. Curiosamente, a pesar de que las melodías pueden estar legalmente protegidas por los derechos de autor, no así las progresiones de acordes. Cualquiera es libre de prestar o robar cualquier grupo de acordes para su propio tema. Además de las ventajas creadas por este agujero del sistema, escribir un *contrafact* es práctico. Ya que las secciones rítmicas experimentadas probablemente ya sepan los cambios armónicos de un *standard* de jazz, si tocas un instrumento melódico, puedes fácilmente debutar tu nuevo tema en una *jam session* al decirle a la banda que toque los acordes del tema original al tocar tu nueva melodía.

Los músicos de la era *bebop* eran maestros escribiendo *contrafacts*. El saxofonista Charlie Parker escribió muchos *contrafacts* famosos incluidos "Donna Lee" (basado en los acordes de "Back Home Again in Indiana"), "Ornithology" (basado en los acordes de "How High the Moon") y "Scrapple from the Apple" (basado en los acordes de "Honeysuckle Rose"), entre muchos otros. Más tarde, aprenderás sobre **rhythm changes**, un subgénero de temas de jazz basados en los acordes de "I Got Rhythm" de George Gershwin.

A veces, los *contrafacts* son usados para crear como una broma interna. Thelonious Monk escribió su famoso tema "Evidence" sobre los acordes del tema "Just You, Just Me". Aparentemente, Monk concluyó que "just you" y "just me" combinados se convierten en "just us", lo cual suena como "justice" (justicia). ¿Y qué necesitas para tener justicia? ¡Evidencia! (Evidence) Luego, el saxofonista Joshua Redman tomó los ritmos del *contrafact* de Monk para crear su propia pieza, lo cual lo llamó "Jazz Crimes".

Para esta unidad, aprenderás un *contrafact* llamado "Evening in Lyon", el cual está basado en el tema de John Lewis, "Afternoon in Paris". Practicar "Evening in Lyon" te proveerá con la oportunidad de pasar por todo el proceso de aprendizaje de un nuevo tema desde el comienzo y para repasar todo lo aprendido hasta aquí.

El *lead sheet* de "Evening in Lyon" aparece en la siguiente página.

Evening in Lyon

Jeremy Siskind

Encarando un nuevo tema

Hay muchas consideraciones al aprender un nuevo tema de jazz como "Evening in Lyon". Más abajo hay una lista de pasos que deberías tomar, listados en orden cronológico.

1. **Determina la forma.**

    En este caso, la forma es AABA, el cual deberías reconocer de la Escucha Guiada de la Unidad 4. Las tres secciones A idénticas contienen ocho compases cada una. Las primeras dos secciones A empiezan desde el principio y terminan con el primer y segundo final. La última sección A empieza en el compás 25. La sección B ("puente"), el cual comienza en el compás 17, contiene también ocho compases. Las partituras de jazz típicamente rodean el puente del tema con una doble barra para ayudar a los músicos a reconocer fácilmente la forma.

2. **Toca la melodía correcta con la articulación en la derecha y sosteniendo la tónica del acorde en la izquierda para que puedas escuchar la armonía.**

    Los primeros ocho compases son presentados más abajo con la articulación swing por debajo de la melodía y la tónica sostenida en la izquierda. Continúa practicando el resto del tema usando este formato con el metrónomo en el segundo y cuarto pulso. No dudes en escribir la articulación swing de ser necesario.

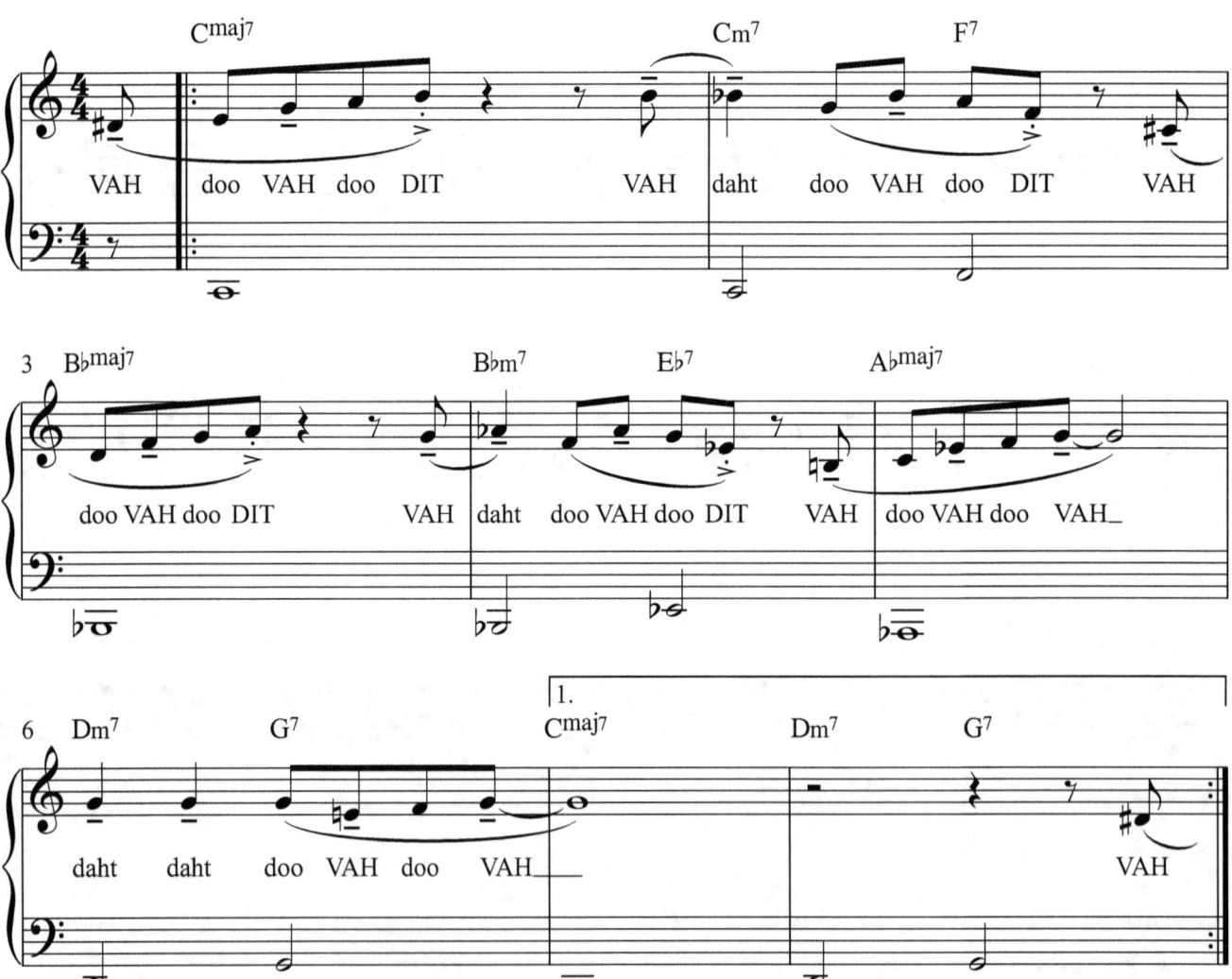

3. Identifica cualquier progresión ii-V-I o ii-V. Practica tocando los acordes con la izquierda.

A este punto, si escribir los acordes te ayuda a avanzar más rápido, entonces escríbelos. Recuerda tocar tus progresiones ii-V-I con un voice leading fluido, alternando los acordes entre estado fundamental y segunda inversión. Pon el metrónomo en el segundo y cuarto pulso y practica tocando la melodía en la derecha sosteniendo los acordes con la izquierda. La sección está escrita más abajo. Continúa tocando la melodía con una buena articulación y un buen feel de swing.

4. Coordina la melodía en la derecha con el acompañamiento en la izquierda.

Practica acompañando con los patterns de Charleston y Charleston a la inversa junto con la melodía. Recuerda que puedes escribir los acordes o utilizar una "x" para indicar donde coincide la melodía con el comping. Más abajo, encontrarás los primeros cuatro compases con un pattern de acompañamiento Charleston y luego con el Charleston a la inversa. Recuerda que los músicos de jazz anticipan regularmente los acordes cuando el acompañamiento llega una corchea antes del cambio de acorde.

5. **Experimenta personalizando la melodía, utilizando algunas de las herramientas discutidas en la Unidad 2.**

   El ejemplo de abajo muestra una posible versión personalizada de la melodía de la sección A de "Evening in Lyon". Aprenderás muchos más recursos para personalizar la melodía en la siguiente sección de la Unidad 5.

Personalizando la Melodía 2

1. Agrega notas fantasmas.

Las notas fantasmas son notas sin acentuar a tal punto que son casi inaudibles. Las notas fantasmas se usan para mantener el tiempo y enfatizar el *feel* de *swing*. Piensa en las notas fantasmas como el pequeño salto que toma alguien al saltar la cuerda, de manera a mantener el ritmo. Generalmente, las notas fantasmas son tocadas con el pulgar. La tónica, tercera o quinta del acorde son típicamente utilizadas para las notas fantasmas. Las mismas son notadas muy raras veces, pero si las hay, son indicadas con una "x" en la cabeza, o colocando un paréntesis alrededor de la nota.

2. Agrega octavas y notas dobles para enfatizar momentos importantes.

Las octavas y notas dobles pueden ser agregadas arriba o debajo de la melodía para proveer de una énfasis extra. Es más común usar la tónica, tercera o quinta del acorde como nota doble. Las notas dobles son comúnmente usadas en combinación con apoyaturas.

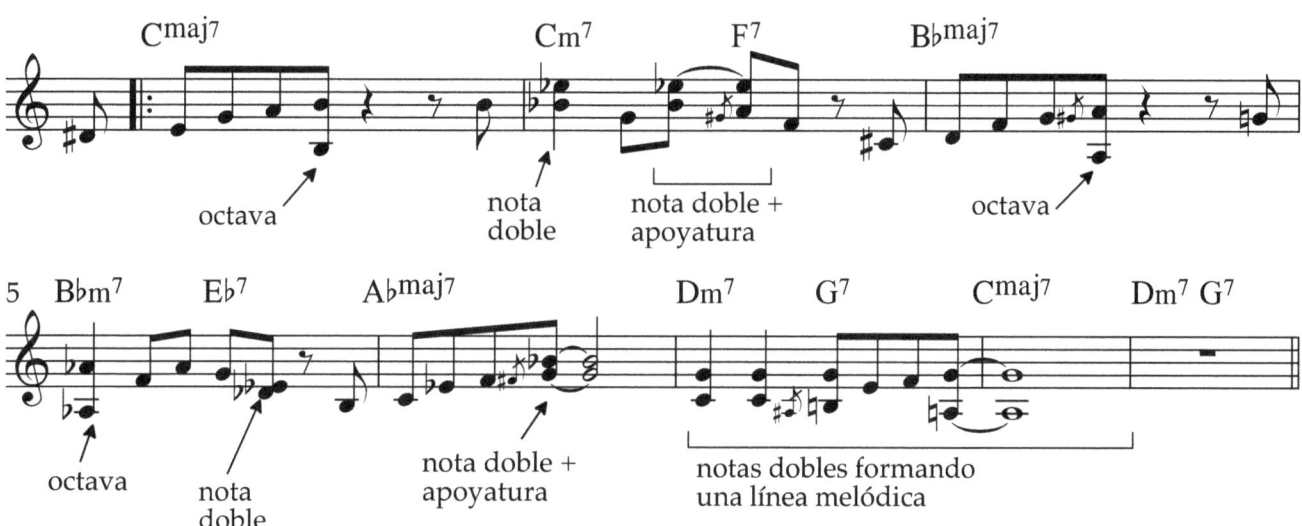

Nótese que en los compases siete y ocho, las notas dobles forman una especie de melodía, creando un *voice leading* fluido al moverse diatónicamente de Do a Si y luego a La.

3. Agrega grupetos para decorar una melodía descendente o plana.

Los grupetos proveen un poco de color y carácter a la línea melódica. Para un **grupeto descendente**, asciende diatónicamente y vuelve a tocar la nota original antes de continuar a la siguiente.

Para un **grupeto plano**, agrega un tono vecino un semitono por debajo al final del grupeto para evitar repetir la nota principal dos veces seguidas.

Nótese como los grupetos han sido agregados a la melodía de "Evening in Lyon" en el ejemplo de abajo.

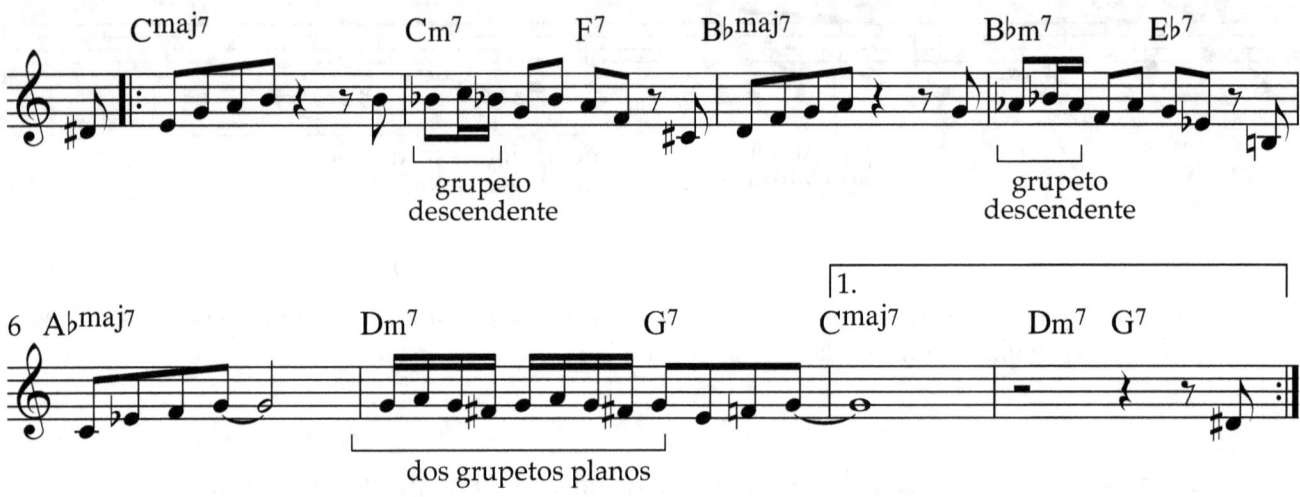

Improvisando sobre "Evening in Lyon"

Ahora que has adquirido más fluidez con la melodía y los acordes de "Evening in Lyon", es tiempo de empezar a trabajar en la improvisación sobre la forma.

1. Primero, determina que escalas usarás para improvisar sobre la pieza. Debido a que el tema está lleno de progresiones ii-V-I, es muy útil diagramar las tonalidades en las que se encuentran, como se muestra abajo..

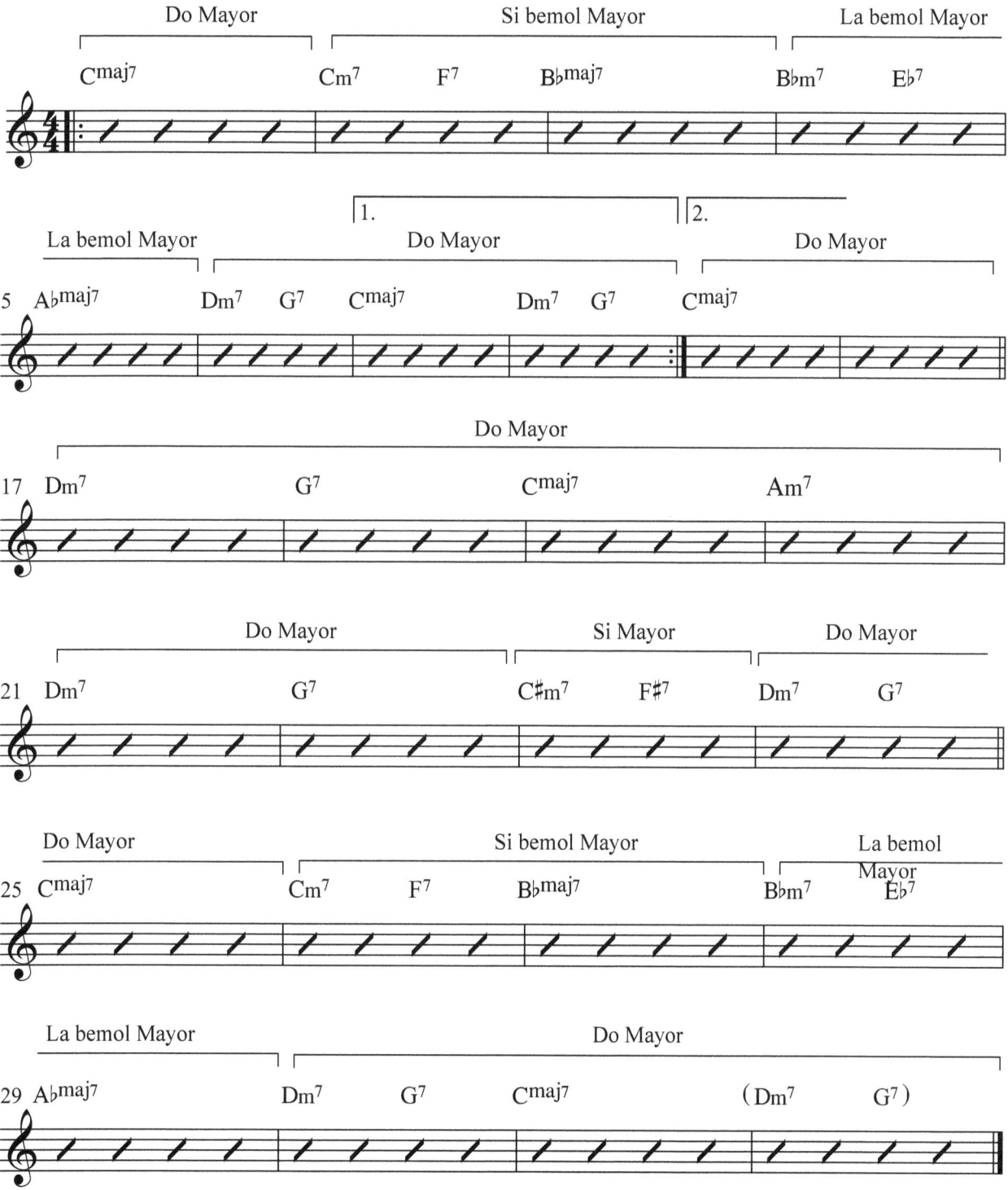

2. A continuación, practica las escalas en ritmo de manera a tener un sentido de donde cambia la armonía. Practica las escalas para cada centro tonal en ritmo acompañando con la izquierda. Esto debería ser conocido al haber practicado anteriormente tus Ejercicios de Coordinación. La sección A está notada para ti, pero practica también el puente, escribiendo las escalas de ser necesario.

3. Si este ejercicio te parece útil, existen muchas variaciones posibles. La letra A muestra las escalas en forma descendente en lugar de ascendente. La letra B muestra como las escalas se tocan en su forma "modal", eso es, empezando en la tónica de cada acorde. Nota que, a medida que la armonía se mueve dos pulsos por compás, solo podrás tocar cuatro notas por cada escala. Generalmente, en este caso, los músicos de jazz eligen tocar la tónica, segunda, tercera y quinta de la escala, ya que la cuarta no resuelve. La letra C muestra las escalas alternando direcciones, con conexiones diatónicas entre ellas.

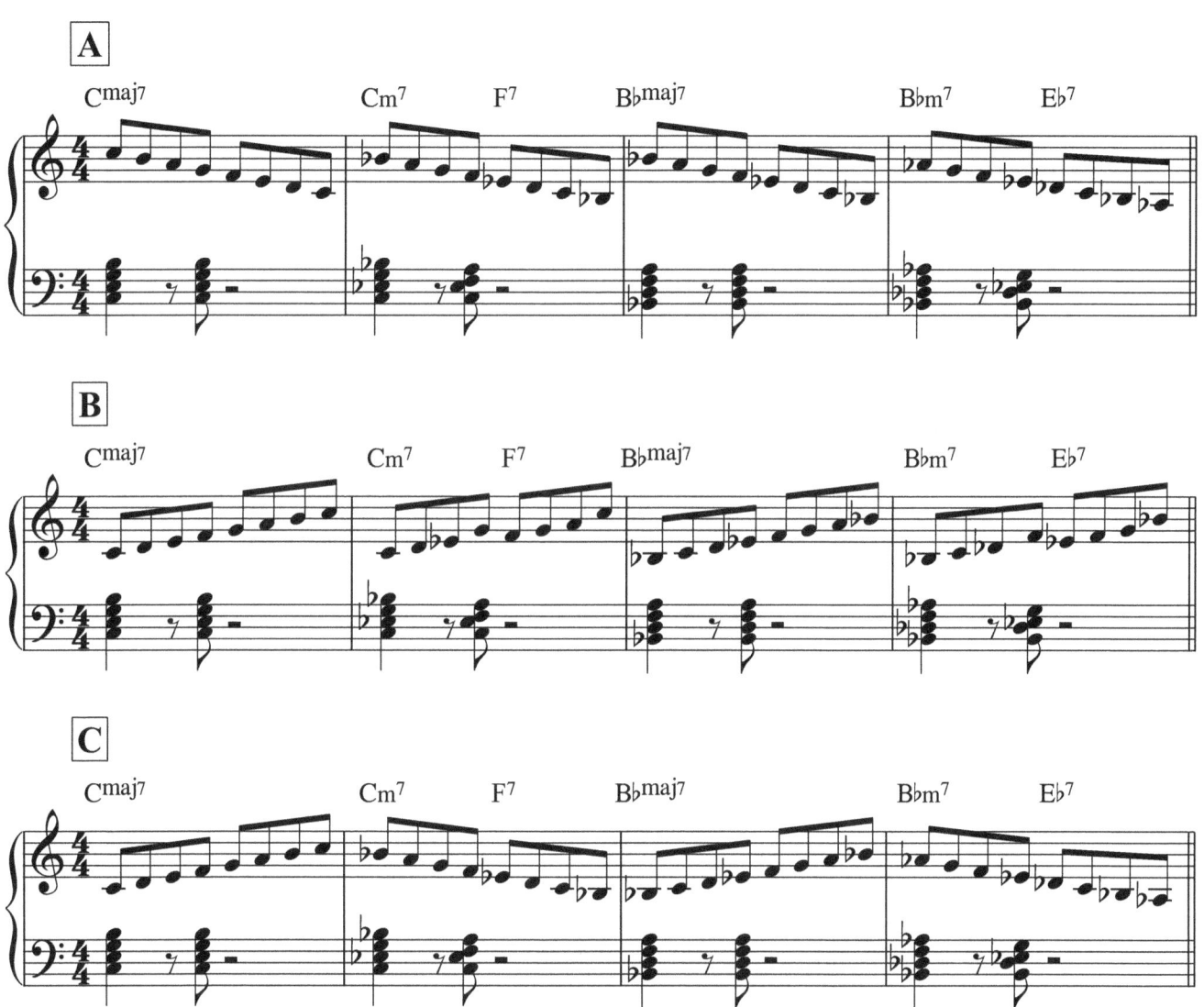

4. Una vez que te sientas cómodo y confiado con las escalas para cada centro tonal, es tiempo de sumergirte e improvisar sobre la forma. Con el metrónomo en el segundo y cuarto tiempo, mantén los acordes en la izquierda y crea algunas melodías usando las escalas en ritmo.

Rétate a ti mismo a completar una improvisación de treinta y dos compases aún si lo que tocas suena "malo" o "aburrido". Si te pierdes, intenta continuar volviendo a la forma. Primero tienes que crear un desastre para luego poder limpiarlo. Tomará tiempo volverse cómodo y convertir una improvisación en algo verdaderamente artístico. Una vez que hayas encontrado tu orientación, cambia tu enfoque a cada una de las indicaciones para la improvisación que estudiaste en las primeras unidades. Toca un solo de treinta y dos compases enfocándote en cada una de las indicaciones individualmente:

- ¿Te estás escuchando a ti mismo?
- ¿Estás tocando frases con inicios y finales claros?
- ¿Estás usando variedad rítmica?
- ¿Estás usando una variedad de posiciones de la mano cruzando los dedos por debajo, por encima y abriéndolas para tocar intervalos más abiertos?
- ¿Puedes improvisar usando el formato pregunta-respuesta?
- ¿Estás usando apoyaturas para simular *pitch bend*s?
- ¿Estás usando repeticiones o secuencias?
- ¿Tocas con *swing*?
- ¿Puedes incorporar el Ritmo No. 1 en tu solo?

Puede parecer un poco extraño, pero pasar tiempo improvisando al cambiar tu enfoque es muy buena práctica. Al mantenerte concentrado, construirás nuevos hábitos musicales positivos que te permitan concentrarte en conceptos más complejos e interesantes. La clave es una práctica concentrada. Sin concentración, solo estás reforzando tus malos hábitos, ¡Lo contrario a una práctica efectiva!

5. De manera a practicar incorporando *lick*s para "Evening in Lyon", vas a **preparar un solo**. Preparar un solo significa planear ciertas partes del mismo y dejar otras partes abiertas para la improvisación. Al preparar un solo, utiliza un *lick* cada ocho compases, tratando de agregar variedad. Recuerda distinguir entre *lick*s de ii-V-I en forma corta y los de forma larga y asegúrate de transportar los *lick*s a las tonalidades correctas para los ii-V-I.

Un ejemplo de este ejercicio para "Evening in Lyon" es presentado en la siguiente página. Debido a que la primera y segunda A serán preparadas de forma diferente, el solo ya no será escrito con el primer y segundo final. Los *slashes* indican el tiempo para improvisar, con cada *slash* representando una negra.

Preguntas Frecuentes

Q: *¿Qué hago con el acorde de La menor séptima en el cuarto compás del puente? No es parte de ningún ii-V-I por lo que pueda ver.*

A: Buena observación! Aquí, el acorde de La menor séptima funciona como el acorde vi de Do mayor. Ya que el acorde es diatónico a Do, puedes improvisar utilizando la escala de Do mayor.

A pesar de que el acorde de La menor séptima frecuentemente funciona como el acorde ii en Sol mayor, ya que no hay otros acordes de Sol mayor alrededor, podemos estar seguros de que este acorde pertenece a Do mayor en este contexto

A medida que aprendas más y más *licks*, podrás crear solos preparados más complejos y variados. Por ahora, crea dos solos diferentes y practícalos hasta que puedas incorporar los *licks* fluidamente dentro de tu improvisación.

La partitura en blanco más abajo es proveída para que puedas escribir tus solos.

Evening in Lyon - Solo Preparado 1

Evening in Lyon - Solo Preparado 2

6. Tu última tarea para esta unidad es componer un solo de ensueño sobre los cambios de "Evening in Lyon". **Uno solo de ensueño** es una "improvisación" escrita que representa como improvisarías sobre el tema si tuvieras tiempo ilimitado para parar y pensar en tu solo.

    Si lo piensas, practicar un solo de ensueño tiene sentido. Dado que sigues aprendiendo, puede parecer imposiblemente difícil el inventar e interpretar una improvisación coherente en ritmo. En tu etapa de aprendizaje, es muy útil separar las fases de creación e interpretación. Tómate un tiempo para crear un solo del cual estás orgulloso. Luego, aprende a tocar con fluidez y buena articulación *swing*. Finalmente, combina el solo perfecto con el acompañamiento en la izquierda, practica tu composición de la misma forma que practicarías una obra clásica.

    Siéntete libre de incorporar los *lick*s 1, 2 y 3 de ii-V-I a tu solo de ensueño. A medida que vas escribiendo, controla que tu solo cumpla las indicaciones de la página 72. Recuerda que los silencios son igualmente importantes que las notas y deberían ser incluidas en tu solo.

    La partitura en blanco de la siguiente página es proveída para que puedas escribir las partes de mano izquierda y derecha. ¡Feliz composición!

Evening in Lyon - Solo de Ensueño

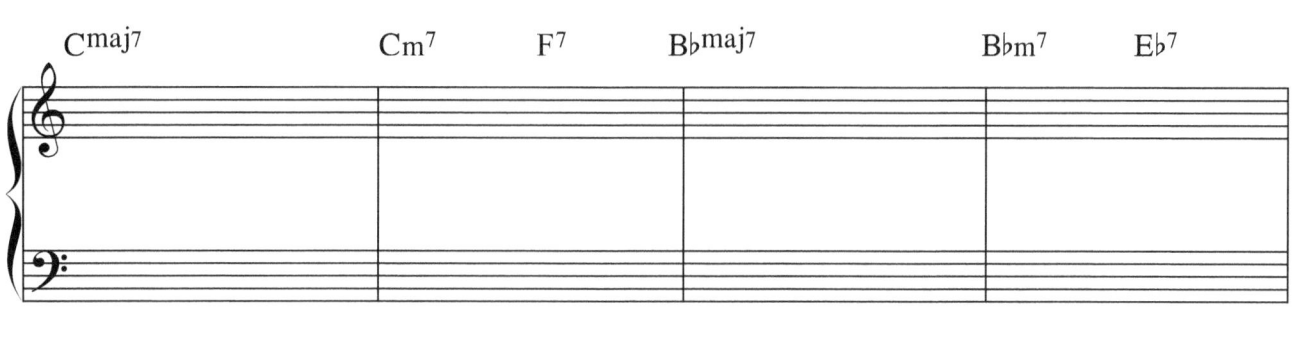

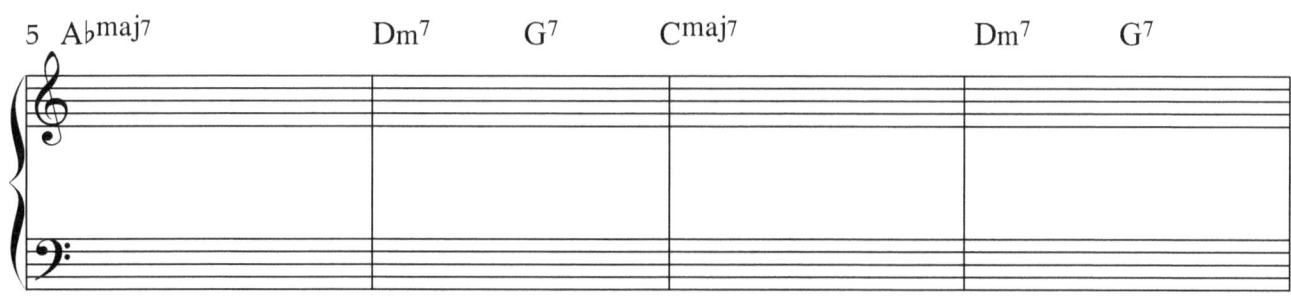

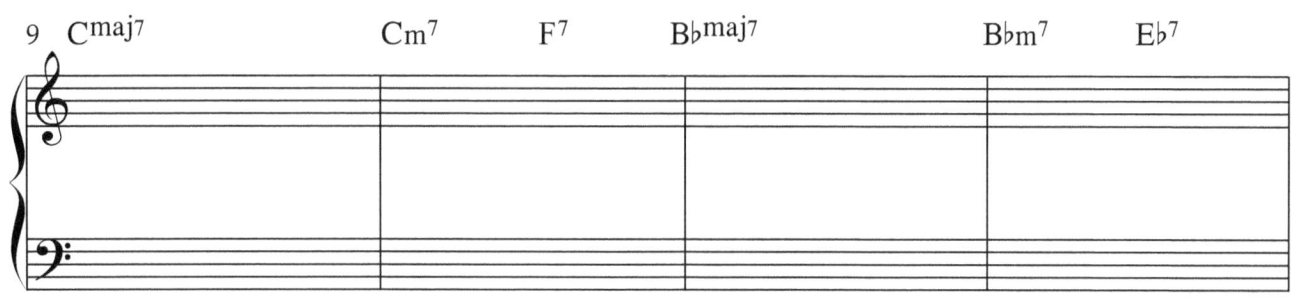

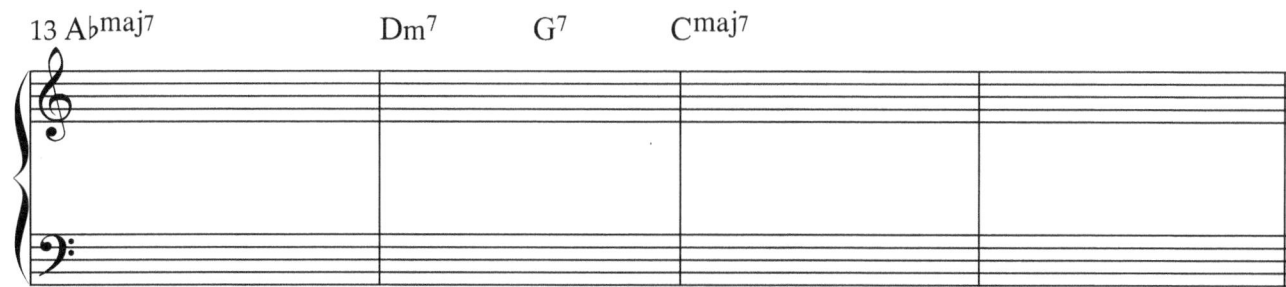

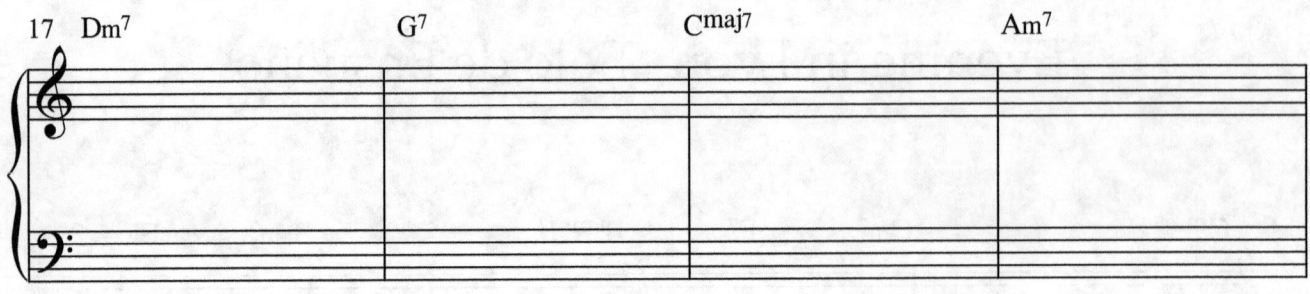

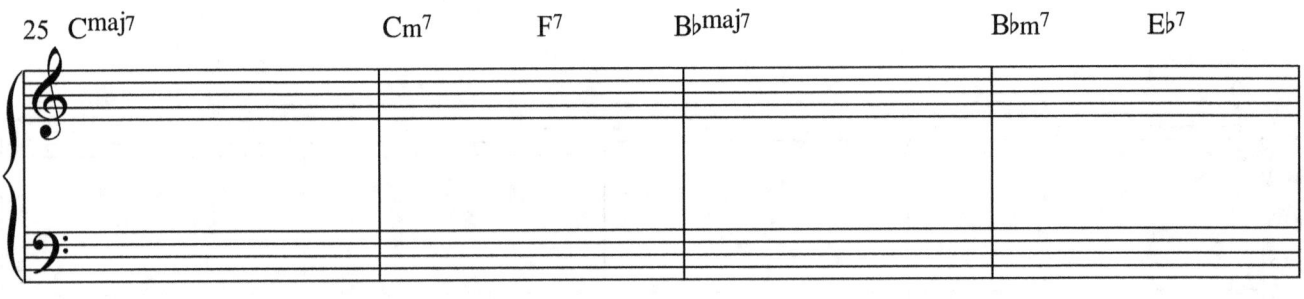

ESCUCHA GUIADA 5 –
"An Afternoon in Paris" de Kenny Barron

"An Afternoon in Paris", escrita por John Lewis, es el sexto tema del álbum de Kenny Barron llamado *Invitation*, grabado en 1991.

Recuerda que "Evening in Lyon" es un *contrafact* basado en los acordes de un tema llamado "Afternoon in Paris" de John Lewis. Dado que ya estás acostumbrado a los cambios armónicos, será instructivo escuchar una versión de este tema en cuarteto liderado por el gran pianista Kenny Barron.

Kenny Barron (1943-) es un pianista de Filadelfia fuertemente asociado con el estilo *bebop*. Sus primeros gigs más importantes fueron tocando con Dizzy Gillespie, trompetista y uno de los creadores del *bebop*. La carrera de Barron a lo largo de varias décadas ha sido muy variada y de amplio rango, incluyendo tours con la leyenda del saxofón Stan Getz (más sobre el luego) y liderando el *Classical Jazz Quartet*, un grupo que interpreta repertorio clásico en estilos de jazz.

MIEMBROS

Ralph Moore, saxofón

Kenny Barron, piano

David Williams, bajo

Lewis Nash, batería

Forma

0:00-0:47	Melodía (32 compases, AABA)
0:47-2:18	Solo De Bajo (2 coros)
2:18-3:55	Solo de Saxofón (2 coros)
3:55-5:30	Solo de Piano (2 coros)
5:30-6:19	*Trading Fours* (1 coro)
6:19-7:06	Melodía
7:06-7:19	Final

A este punto, deberías reconocer muchos de los elementos que escuchas en "An Afternoon in Paris" de Kenny Barron. (Este tema es normalmente titulado solamente "Afternoon in Paris", pero la grabación de Barron agrega un "An" al comienzo). La forma sandwich es bastante típica, excepto que el bajo toma el primer solo en lugar de relegarlo al último lugar como de costumbre. También seguramente reconocerás que el sonido del bajo es un tanto diferente a lo que escuchaste previamente. El bajista David Williams utiliza una sonoridad más pesada en los agudos, el cual se volvió prominente en la década de los 80 y 90. El sonido permite al oyente escuchar las notas del bajo más claramente oscureciendo los graves y menos énfasis en el ataque a cada nota.

También deberías escuchar que en vez de tocar cada uno de los acordes del puente, la banda elige interpretar esa sección con un punto pedal, con el bajo manteniendo el Sol en lugar de moverse. Unas cuantas veces en la grabación, por ejemplo en el minuto 4:00-4:05, 4:25-4:30, y 4:58-5:50, puedes escuchar a Barron tocando con un **double-time feel**, utilizando semicorcheas en lugar de corcheas como su principal unidad rítmica. También puedes escuchar a Barron ingeniosamente insertando una cita de la pieza "Four", el cual está asociado con Miles Davis, en el minuto 5:08-5:12. Escucha la melodía de "Four" y luego vuelve a escuchar el solo de Barron para escuchar la cita.

ESCUCHA GUIADA 5 – (CONTINUACIÓN)

Escucha también la forma en la que Barron crea melodías con un carácter vocal. Puedes escuchar apoyaturas (4:08, 4:36, 4:39), grupetos (3:58, 4:447), y octavas (4:31). Presta atención a todas las terminaciones de hermosas frases "doo-DIT" que Barron incluye para agregar energía rítmica.

Toca junto con el tema para practicar improvisación sobre "Evening in Lyon". Esfuérzate para llegar al punto en el que puedas tocar el tema sin necesidad de mirar la partitura. Mantenerse en la forma lleva práctica, ¡así que dedícale unas horas! Los mejores músicos de jazz tienen la melodía del tema en su subconsciente mientras están improvisando de manera a no perderse. Experimenta dejando que tus oídos deambulen a través de cada instrumento, incluso al improvisar.

TAREA UNIDAD 5

1. **Ejercicio de Improvisación 5 – Práctica de ii-V-I, Práctica en Do mayor, Si bemol mayor, La bemol mayor y Si mayor**
2. **Practica transportando el *Lick* 3 de ii-V-I a las doce tonalidades**
3. **Evening in Lyon – Melodía**
    a. Toca la melodía con buena articulación *swing* con las tónicas estáticas
    b. Encuentra acordes
    c. Practica la coordinación del acompañamiento y melodía
    d. Practica personalizando la melodía
4. **Evening in Lyon – Improvisación**
    a. Practica ejercicios de escalas
    b. Improvisa, cambiando tu enfoque a las diferentes indicaciones
    c. Crea por lo menos dos "solos preparados" y practícalos fluidamente
    d. Escribe y practica tu solo de ensueño
5. **ESCUCHA GUIADA 5: "An Afternoon in Paris" de Kenny Barron**
    a. Escucha por lo menos veinte veces
    b. Toca junto con la grabación, toca tu solo de ensueño e improvisa
    c. Esfuérzate en mantenerte en la forma con y sin ayuda de la partitura

Unidad 6
Introducción a *Voicings* en Posición A/B

Escanea Aquí para Unidad 6 Videos

Ejercicio de Improvisación 6A – Construyendo Vocabulario Rítmico 2

Esta semana, continuarás construyendo tu vocabulario rítmico al practicar el Ritmo 2, el cual combina negras y corcheas. Recuerda que las negras deben ser tocadas "robustas" - largas pero no conectadas, abarcando todo el pulso, pero con un espacio para la siguiente nota.

Esta semana, practica improvisando sobre un ii-V-I en Fa, Mi bemol y Sol, utilizando el ritmo a continuación:

El ejemplo de abajo muestra el ritmo con articulación y sílabas *scat* escritas:

VAH daht daht doo-DIT

Así como lo hiciste en la Unidad 5, practica este ritmo empezando en cada pulso. El ritmo original empieza en el final del cuatro. El ejemplo de abajo muestra el mismo ritmo empezando en el final del uno, final del dos y final del tres. En el segundo y tercer ejemplos, el ritmo se expande hasta el siguiente compás. No dejes que eso te desaliente. Es muy común que las frases duren varios compases.

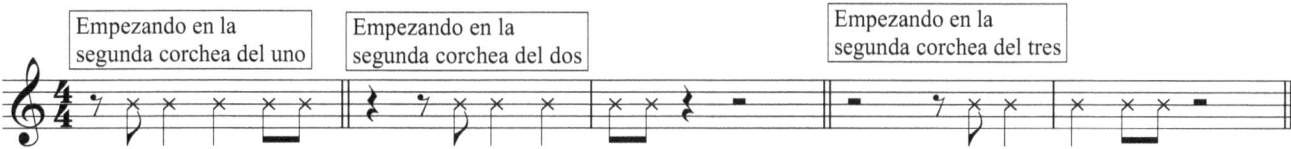

Practica repitiendo cada ritmo individualmente, luego practica alternando entre dos de los ritmos hasta que los puedas usar con completa seguridad. Alterna entre este ritmo y el Ritmo 1, asegurándote de practicar empezando en diferentes pulsos.

Ejercicio de Improvisación 6B – Arpegios

Arpegios, melodías que tocan las notas del acorde, son cruciales para un enfoque convincente a la improvisación de jazz. Los arpegios conectan los acordes y melodía, crean fraseos melódicos interesantes y refuerzan la conducción de voces entre los acordes de una progresión.

El acorde más común en el jazz empieza en la tercera del acorde y arpegia la quinta, séptima y novena. **La novena** es una extensión equivalente al segundo grado de la escala mayor. El ejemplo de abajo muestra estos **arpegios 3-5-7-9** sobre un ii-V-I en Fa mayor.

Para practicar estos arpegios, primero toca los arpegios 3-5-7-9 de los acordes en la progresión ii-V-I en Fa, Mi bemol y Sol para grabarlos en tu memoria. Luego, reemplaza un arpegio a la vez con una improvisación escalar, como se indica en el ejemplo. Quédate en cada ejercicio por unos minutos antes de continuar con el siguiente.

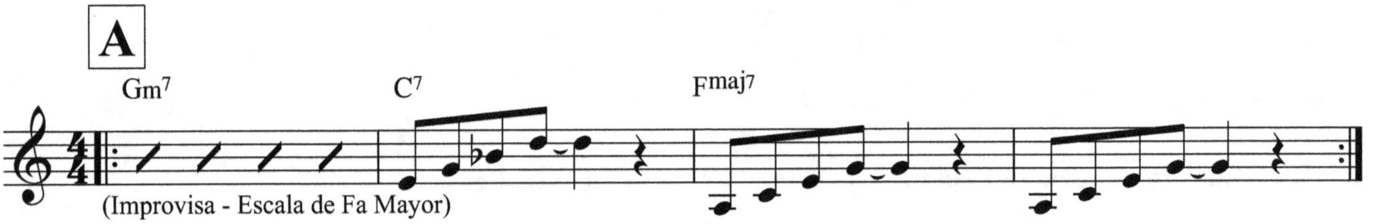

Esfuérzate en conectar cada arpegio fluidamente en lugar de cambiar bruscamente entre la improvisación y las secciones pre-planeadas. Practica entrando y saliendo de estos arpegios en las tonalidades de esta semana.

Luego, practica reemplazando dos compases con improvisación, como se observa más abajo.

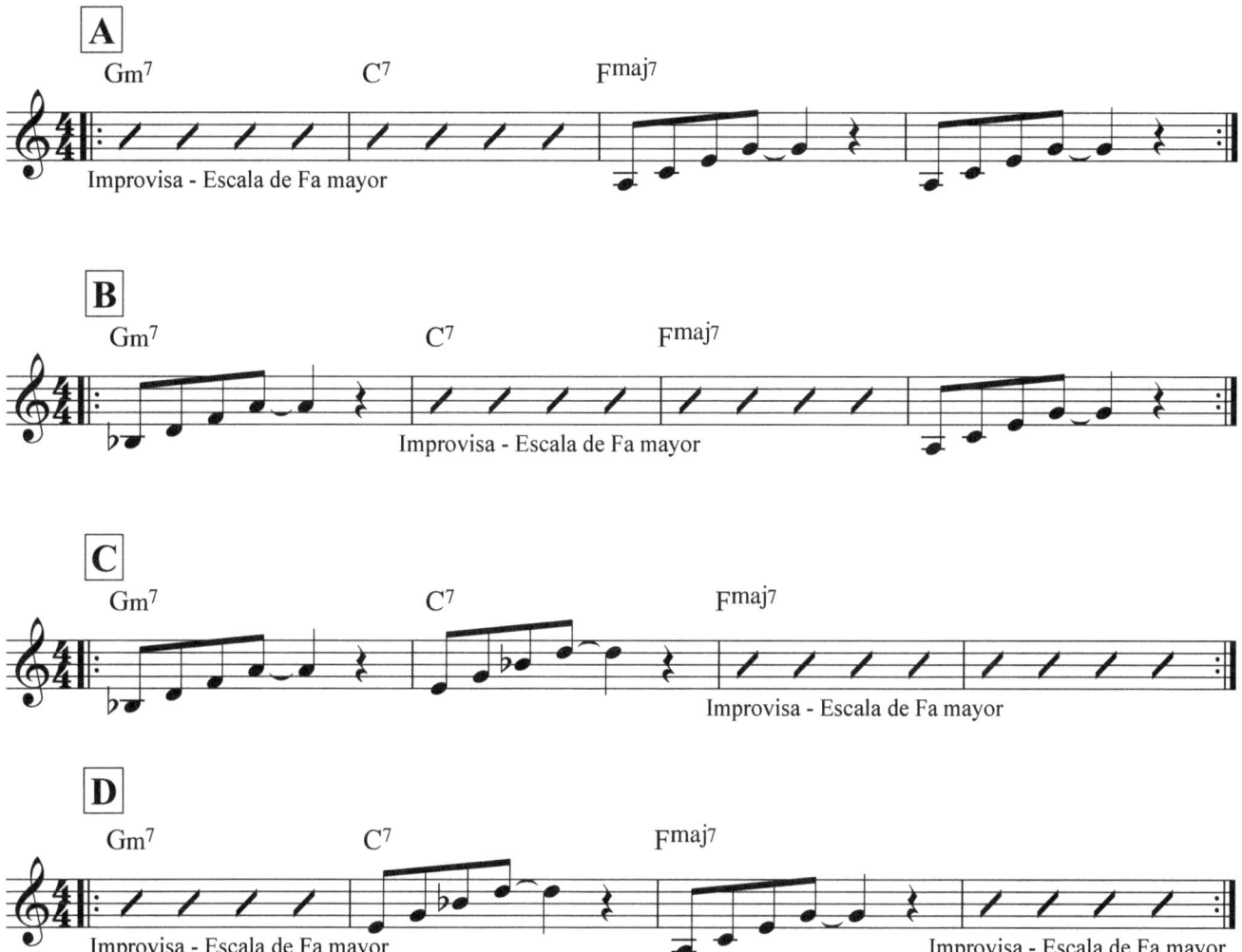

Preguntas Frecuentes

Q: ¿Porqué se lo denomina novena y no segunda?

A: Los acordes se forman apilando las notas impares de la escala. Mientras que los acordes clásicos usualmente no se forman de más de tres o cuatro notas, en el jazz, seleccionamos siete notas, hasta la **décimo tercera (trecena)** nota de la escala (podríamos continuar si se pudiera, pero empezando con el décimo quinto grado, las notas de la escala se repiten empezando de vuelta al primer grado. A pesar de que la novena, oncena y trecena son equivalentes al segundo, cuarto y sexto grado de la escala, respectivamente, siempre nos referimos a los números impares cuando hablamos de los grados del acorde. .

Q: Espera, ¿Creía que un arpegio era un calentamiento que iba de abajo a arriba del piano por varias octavas?

A: Es cierto que los pianistas practican los arpegios que abarcan todo el rango del piano como un calentamiento técnico. Así como una escala podría ser una o varias octavas, un arpegio puede ser tocado desde abajo hasta arriba del piano como ejercicio técnico o en un rango más limitado como parte de la melodía.

Q: ¿Porqué el arpegio 3-5-7-9 es tan importante en el jazz? ¿Porqué no se empieza en la tónica?

A: A pesar de que la tónica es importante para construir un acorde, es la nota menos colorida para tocar en la improvisación porque ya se toca en el bajo. Por lo tanto, la tónica no crea demasiada riqueza armónica, tanto consonante como disonante. Es ideal empezar en la tercera porque proporciona una armonía consonante con la tónica. Incluir la novena agrega color y carácter. Analiza el tema "Donna Lee" de Charlie Parker en el *Real Book* para ver que tan frecuentemente los grandes utilizan la fórmula 3-5-7-9.

Q: ¿Siempre debo tocar la escala para encontrar la novena del acorde?

A: De hecho, para acordes de séptima mayores, menores y dominantes, la novena se encuentra siempre un tono arriba de la tónica del acorde. ¡Ten cuidado con las tonalidades de Mi y Si! Los estudiantes siempre tienen problemas para encontrar las novenas correctas en estas tonalidades ya que la tónica es una tecla blanca y la novena una tecla negra. Asegúrate de tocar Fa sostenido como la novena de cualquier acorde de Mi y Do sostenido como la novena de cualquier acorde de Si.

Lick 4 de ii-V-I

El *lick* 4 de ii-V-I encaja con los primeros dos compases de una forma larga de ii-V-I. Este *lick* está diseñado para practicar un arpegio 3-5-7-9, un turn, como fue descrito en la Unidad 5, y un movimiento en la digitación que no sería tan intuitivo para algunos improvisadores.

¿Ves el grupeto en el cuarto tiempo del primer compás? Recuerda que un grupeto sube diatónicamente arriba de la nota principal y regresa a través de la misma. El La sostenido justo antes del segundo compás es un **tono vecino cromático descendente**, una nota que lleva a una nota del acorde desde un semitono por debajo. En este caso, el La sostenido está adornando el Si natural en el tiempo fuerte del segundo compás.

Muchos improvisadores normalmente empiezan tocando con el pulgar una frase ascendente como el *Lick* 4 de ii-V-I. En este caso, empezar con el pulgar pondría tu mano en una posición incómoda y lo haría difícil de tocar eficientemente. En la tonalidad de Do, trata de cruzar tu segundo dedo sobre el pulgar, como se indica en el ejemplo:

A pesar de que la digitación cambiará dependiendo de la tonalidad, un cruce sería la mejor solución en cada tonalidad. Más abajo, El *Lick* 4 de ii-V-I está escrito en otras dos tonalidades que requieren una digitación diferente. Nótese que en la tonalidad de Re bemol mayor, es necesario colocar el pulgar en una tecla negra.

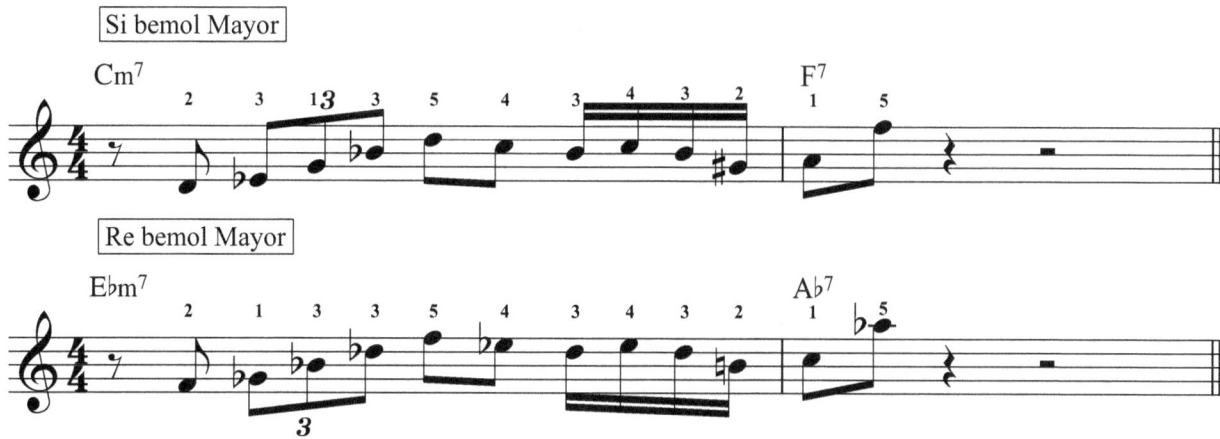

Voicings en Posición A/B a dos manos

Es tiempo de aprender tu primer *voicing* jazz. Un **voicing** es una manera de ordenar las notas de manera a hacer el acorde más placentero, resonante o estilísticamente apropiado. No confundas los *voicings* con el arte del fraseo en el piano, lo cual es tocar más fuerte ciertas notas del acorde.

Los *voicings* en Posición A/B a dos manos son diseñados para tocarlos en ensamble, específicamente cuando el bajista se encuentra tocando la línea de bajo y otro instrumentalista o vocalista cumple el rol melódico. Ya que estos *voicings* no utilizan la tónica del acorde, es importante practicarlos con *play-along*s para que puedas escuchar la tónica. Vuelve a la introducción para más información sobre los **play-alongs**.

Los *voicings* en Posición A/B colocan **los tonos esenciales** del acorde, la tercera y la séptima, en la mano izquierda. La tercera y séptima son llamados tonos esenciales porque son absolutamente necesarios para escuchar la armonía. Con solo la tónica, tercera y séptima, es posible identificar si el acorde es de séptima mayor, menor o dominante.

En la mano derecha, toca **los tonos coloridos** del acorde, la quinta y la novena. Más tarde, ya que estas notas no son esenciales, aprenderás a usar diferentes combinaciones de tonos coloridos, pero domina la quinta y novena por ahora. En los *voicings* Posición A, la novena es colocada por debajo de la quinta. En los *voicings* Posición B, la quinta es colocada por debajo de la novena. Mantén la mano derecha e izquierda lo más cerca posible. Típicamente, solo habrá una tercera entre la nota más alta de la izquierda y la más baja de la derecha.

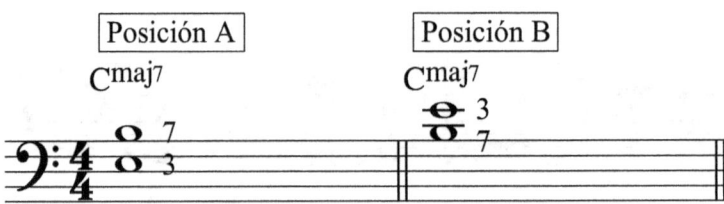

En la mano derecha, toca los **tonos coloridos** del acorde, la quinta y la novena. Más tarde, ya que estas notas no son esenciales, aprenderás a usar diferentes combinaciones de tonos coloridos, pero domina la quinta y novena por ahora. En los *voicings* Posición A, la novena es colocada por debajo de la quinta. En los *voicings* Posición B, la quinta es colocada por debajo de la novena. Mantén la mano derecha e izquierda los más cerca posible. Típicamente, solo habrá una tercera entre la nota más alta de la izquierda y la más baja de la derecha.

Tomado en su conjunto, las fórmulas para estos *voicings* son::

Posición A	Posición B
5	9
9	5
7	3
3	7

Es importante tocar cualquier acorde o *voicing* en el **registro** o rango correcto del piano. Los acordes se pueden volver borrosos cuando son colocados en un rango muy grave, o pueden estorbar a la melodía si se colocan muy arriba. Para los *voicings* Posición A/B, mantén las notas más bajas más o menos entre el Do central (Do 4) y el Do una octava más abajo (Do 3). Las tres notas más altas pueden ser colocadas arriba del Do central (Do 4). Solo mantén un registro de la nota más baja.

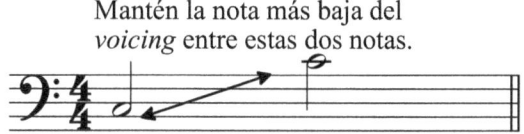

Mantén la nota más baja del *voicing* entre estas dos notas.

En el ejemplo de abajo, los *voicings* Posición A y B son escritos para diferentes tipos de acordes. Practica escribiendo las notas tú mismo y luego corrige tus respuestas. En el segundo compás, dado que la nota más baja es un Do, la nota en el límite permitido, el *voicing* es aceptable en cualquiera de las posiciones.

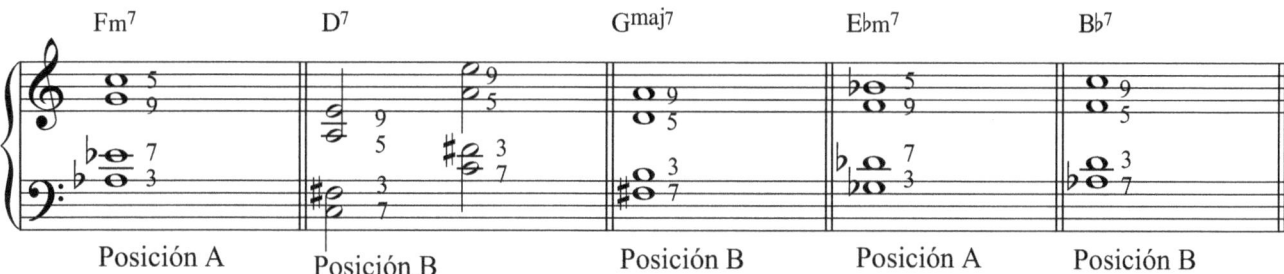

Practica encontrando los *voicings* Posición A/B correctos para los acordes de abajo. Para ayudarte a encontrar los *voicings* correctamente, el ejercicio te indica apilar las notas del acorde primero en estado fundamental y luego distribúyelos en *voicings* Posición A y B. El primer ejemplo ya está completo.

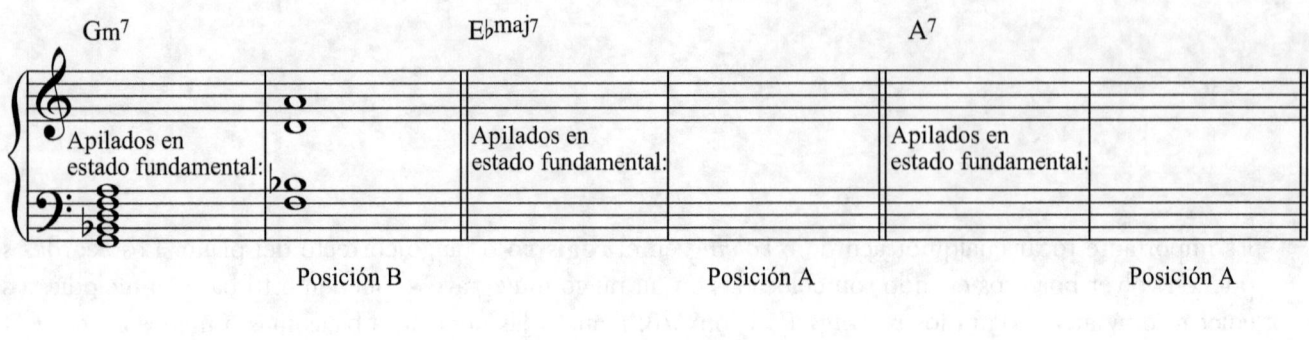

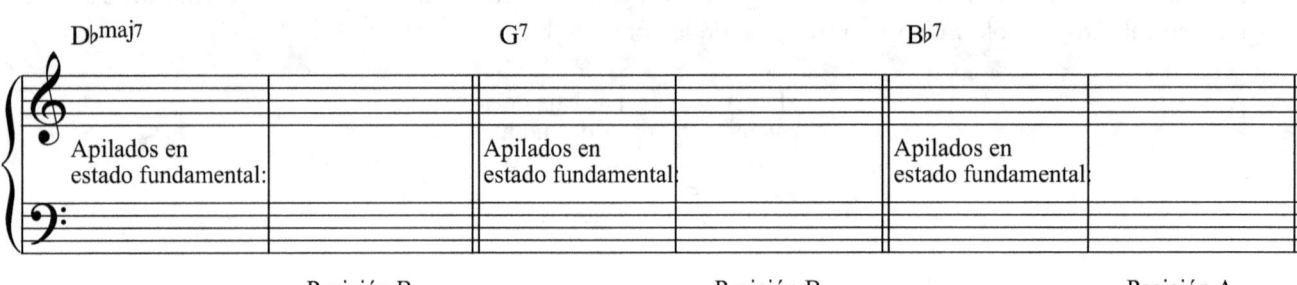

ii-V-I con *voicings* Posición A/B

Para los ii-V-I, alternar entre *voicings* Posición A y B produce una conducción de voces fluida. De hecho, si piensas en las notas en pares – las dos notas internas y las dos externas – un par se mantiene igual y la otra baja de un acorde al siguiente.

Una progresión ii-V-I puede empezar con un *voicing* Posición A o B pero luego deberían alternarse, ya sea desde la Posición A a Posición B o viceversa.

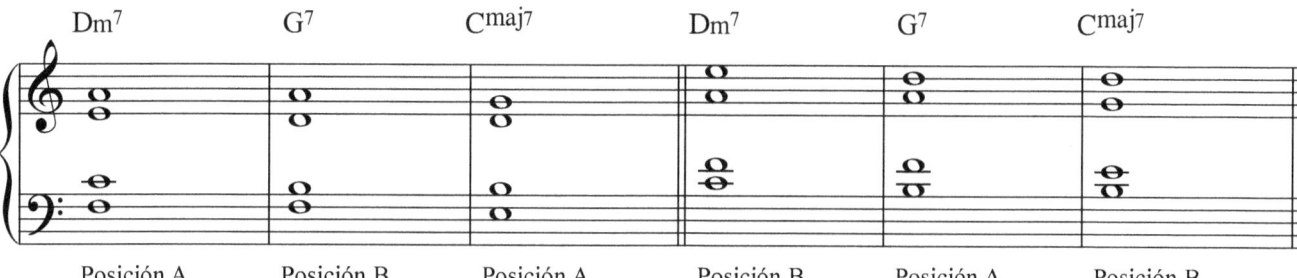

Estas progresiones ii-V-I siempre se moverán hacia abajo. En el segundo ejemplo, el *voicing* en Posición B para el acorde de Re menor séptima tiene un Do en el bajo, la nota que está justo en el límite ya sea de los graves o agudos. A pesar de que el *voicing* puede ser tocado técnicamente en el Do 3 o Do 4, el *voicing* más agudo funciona mejor, porque la progresión se mueve hacia abajo. Empezar en el Do 4 en lugar del Do 3 te da espacio para ir hacia abajo.

Estas son algunas progresiones ii-V-I en otras tonalidades escritas en un formato ABA y BAB.

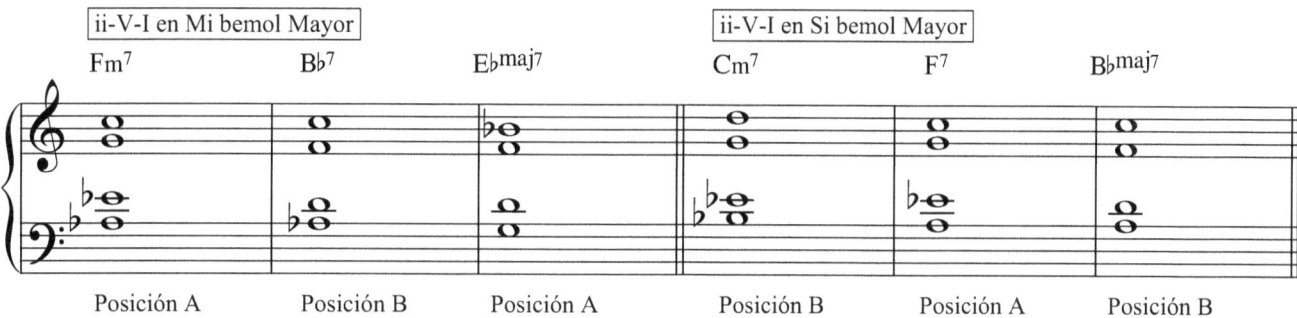

Es crucial practicar las progresiones ii-V-I utilizando estos *voicings* de manera a estar preparado para usarlos cuando veas la progresión en los temas. Abajo, está organizado una serie de progresiones ii-V-I como el ejercicio de la Unidad 3. Ahora, deberías tocar el ejercicio usando los *voicings* Posición A/B en lugar de tocar acordes en estado fundamental. Para dominar todas las progresiones ii-V-I debes practicarlas de cuatro formas:

a. Letra A, set 1, empezando en Posición A
b. Letra B, set 1, empezando en Posición B
c. Letra C, set 2, empezando en Posición A
d. Letra D, set 2, empezando en Posición B

Los compases de abajo se han dejado en blanco de manera a que puedas escribir tus propios *voicings*. Primero, escríbelos y practica leyendo los *voicings*, luego practica completando el ejercicio sin mirar tus anotaciones.

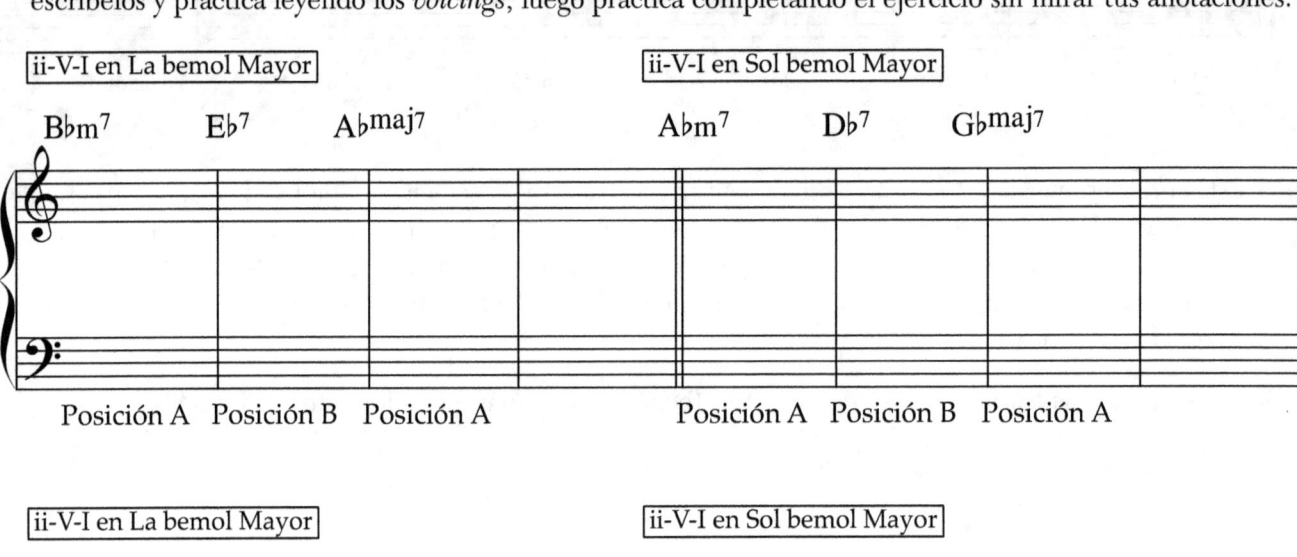

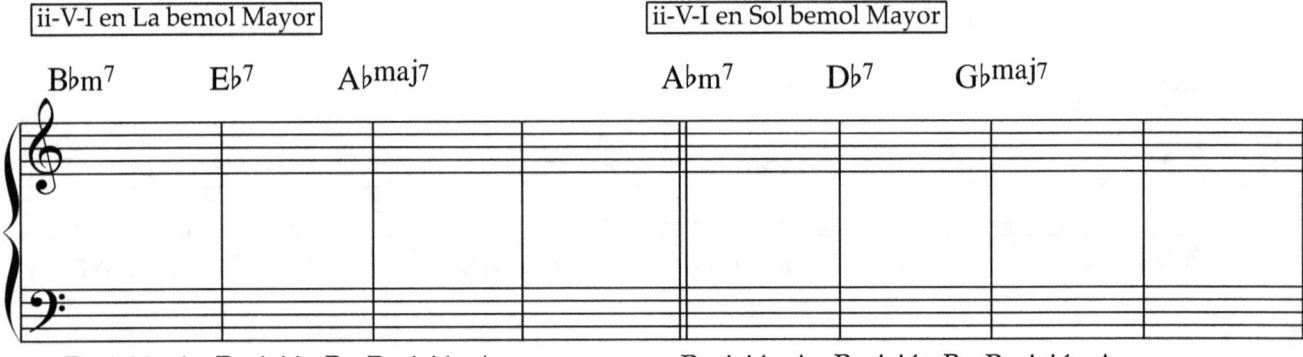

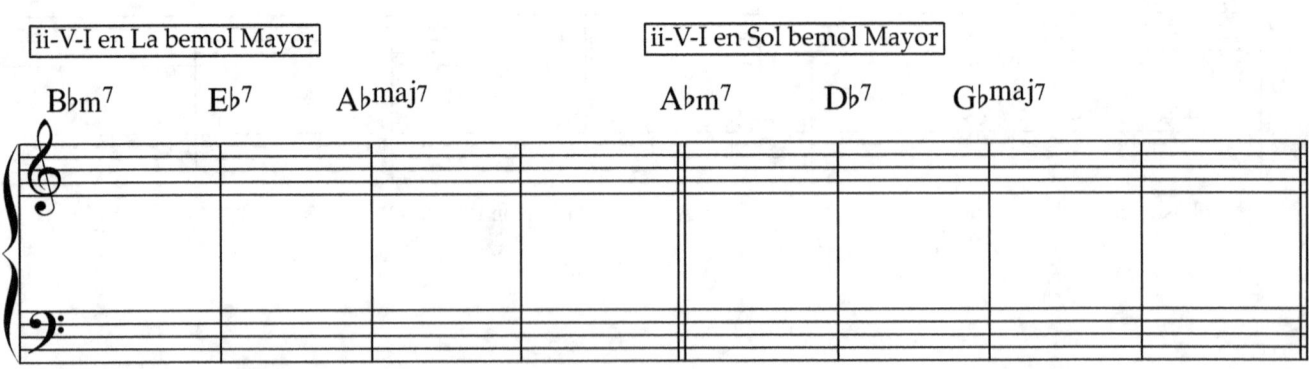

B

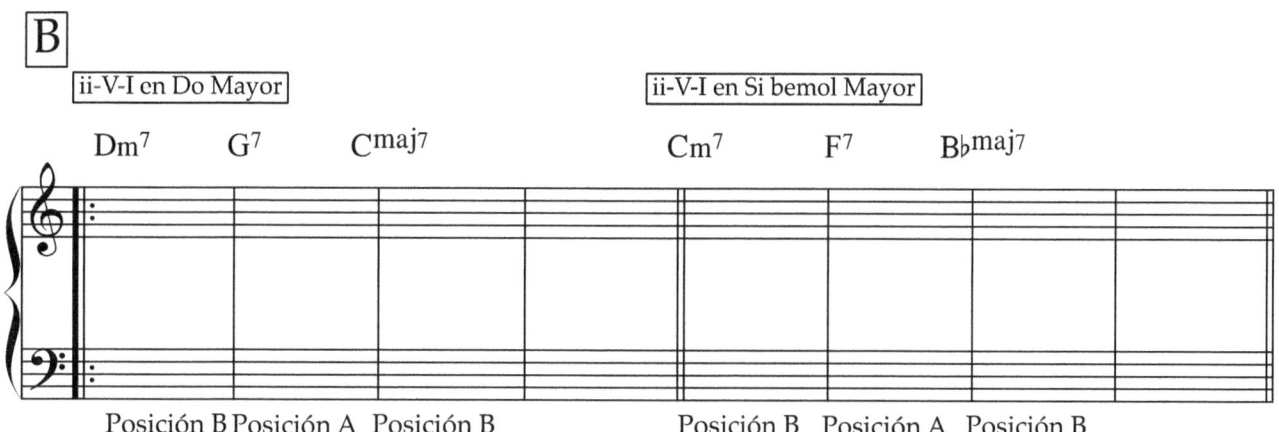

ii-V-I en Do Mayor
Dm7   G7   Cmaj7
Posición B Posición A Posición B

ii-V-I en Si bemol Mayor
Cm7   F7   B♭maj7
Posición B Posición A Posición B

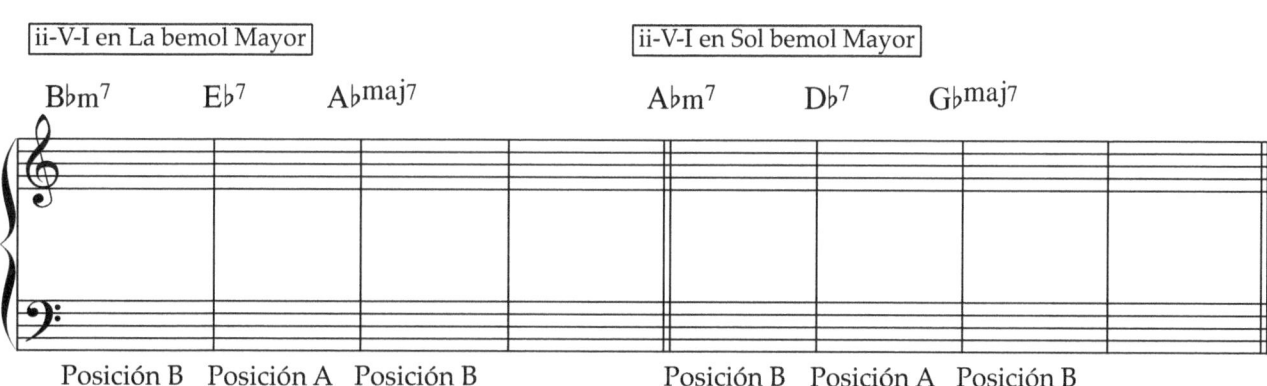

ii-V-I en La bemol Mayor
B♭m7   E♭7   A♭maj7
Posición B Posición A Posición B

ii-V-I en Sol bemol Mayor
A♭m7   D♭7   G♭maj7
Posición B Posición A Posición B

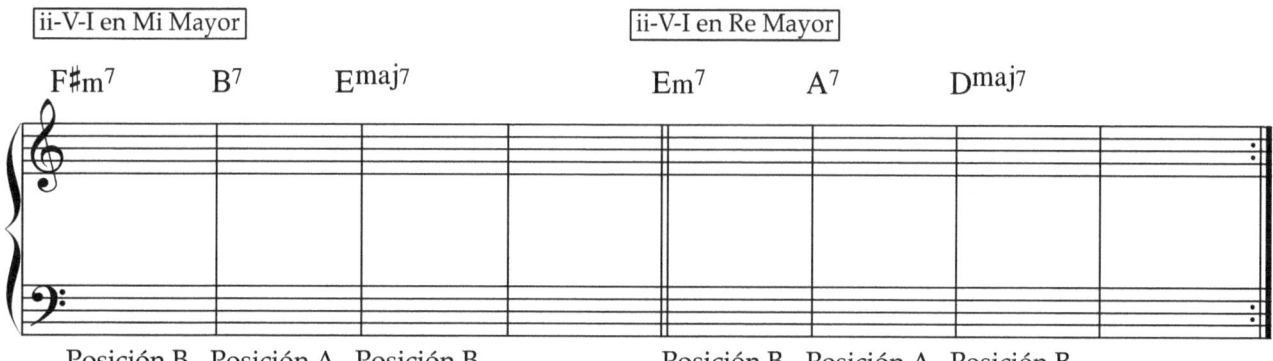

ii-V-I en Mi Mayor
F♯m7   B7   Emaj7
Posición B Posición A Posición B

ii-V-I en Re Mayor
Em7   A7   Dmaj7
Posición B Posición A Posición B

C

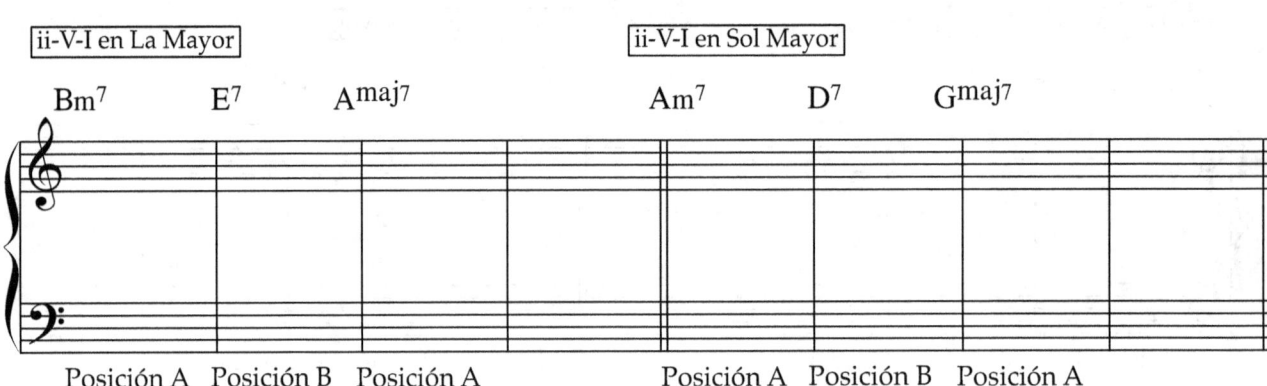

D

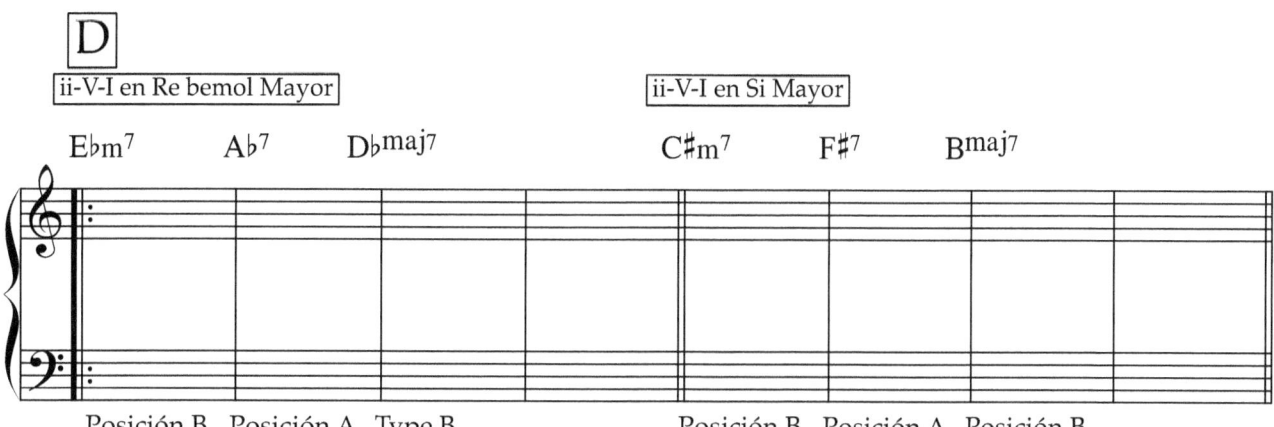

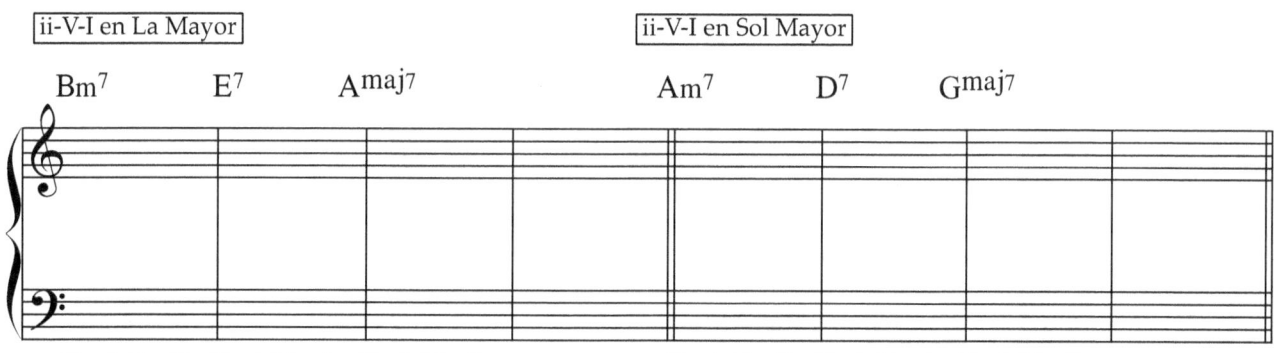

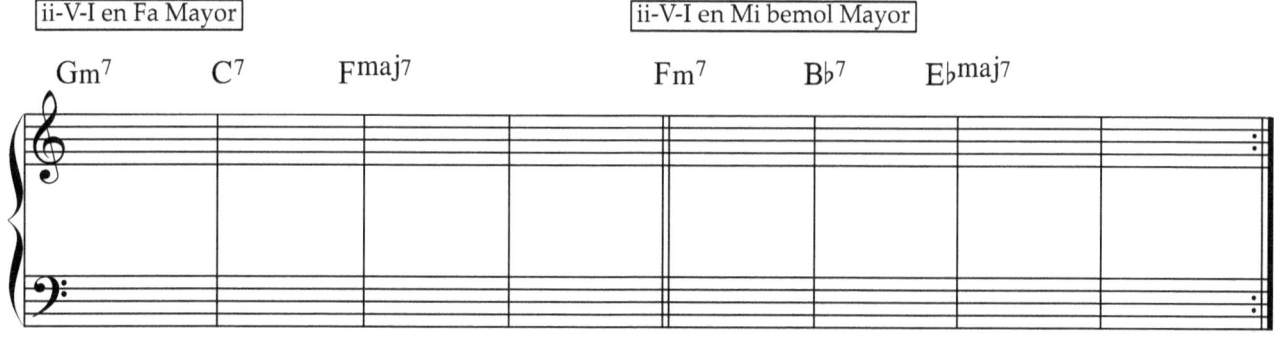

Preguntas Frecuentes

Q: *¿Cuando aplico estos voicings a un tema, debería empezar con la Posición A o B?*

A: ¡Puedes elegir! Normalmente, elijo un *voicing* con la nota más baja en el medio del rango entre Do 3 y Do 4. Recuerda que la armonía occidental tiende a moverse hacia abajo, así que es mejor empezar un poco más alto, en lugar de muy bajo, de manera a darte un poco de espacio antes de alcanzar el rango más bajo.

Q: *¿Qué hago si llego hasta el límite grave del rango o lo sobrepaso?*

A: ¡Posiciónate más arriba! Como una máquina de escribir, vuelve al rango medio o más alto. Puedes saltar simplemente moviéndote una octava o cambiando del *voicing* A a la B o viceversa. Si quieres algo más sofisticado, evita saltar cuando la progresión se encuentra todavía resolviendo una tensión, como por ejemplo de un acorde V al I. Pero cuando llegas al límite grave del rango, no sigas yendo más bajo, mejor salta hacia arriba.

Q: *¿Siempre debería alternar entre la Posición A y B?*

A: ¡No! Dentro de una progresión ii-V-I, crearás una conducción de voces fluida al alternar entre Posición A y B. Generalmente, cuando el bajo se mueve en el círculo de quintas, alternar entre Posición A y B te dará una conducción de voces mucho más fluida.

En otros casos, usar Posición A o B consecutivamente varias veces de seguido podría crear una buena conducción de voces. Generalmente, es mejor quedarse en la misma posición consecutivamente cuando la tónica del acorde se mantiene igual o se mueve por tonos. A medida que trabajes en más *voicings* para los temas, elige el tipo de *voicing* que cree una conducción de voces fluida.

Q: *¿Hay alguna digitación en específico que debería usar para estos voicings?*

A: La digitación no es muy importante para estos *voicings* ya que no estarás haciendo conexiones legato al acompañar. Cuando practico estos *voicings*, trato de minimizar el movimiento al usar el segundo y cuarto dedo así como el pulgar y meñique. Por ahora, trabaja en obtener las notas correctas y no te estreses demasiado por la digitación.

Q: *Estoy tocando un tema que tiene un acorde disminuido. ¿Cómo puedo encontrar un voicing en Posición A/B para un acorde disminuido?*

A: Buena pregunta. Para repasar los acordes de séptima disminuida, los mismos son indicados con un círculo antes del "7", así como C°7. El proceso para crear un *voicing* de séptima disminuida es la misma que para otros tipos de acordes. Toma la tercera y séptima del acorde disminuida en la izquierda. Ten cuidado porque los acordes de séptima disminuida se ven normalmente como sextas. En la derecha, toca la quinta (la séptima disminuida utiliza una quinta disminuida) y en lugar de la novena, toca la tónica para la cuarta nota del *voicing*. Estos son algunos ejemplos:

Abajo, encontrarás *voicings* en Posición A/B escritos para "Evening in Lyon". Una de tus tareas para esta semana será escribir *voicings* para dos temas de la Lista de Temas.

Evening in Lyon

Con *Voicings* en Posición A/B

Jeremy Siskind

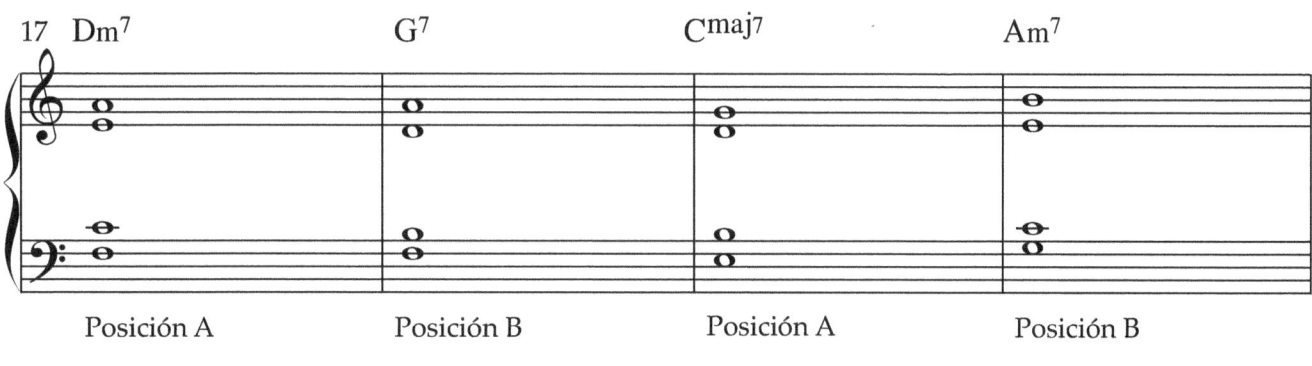

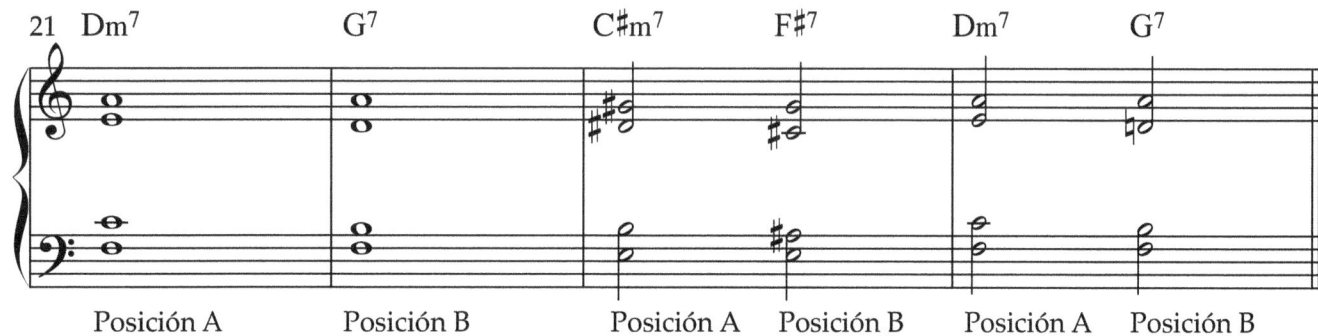

UNIDAD 6 INTRODUCCIÓN A LOS *VOICINGS* EN POSICIÓN A/B

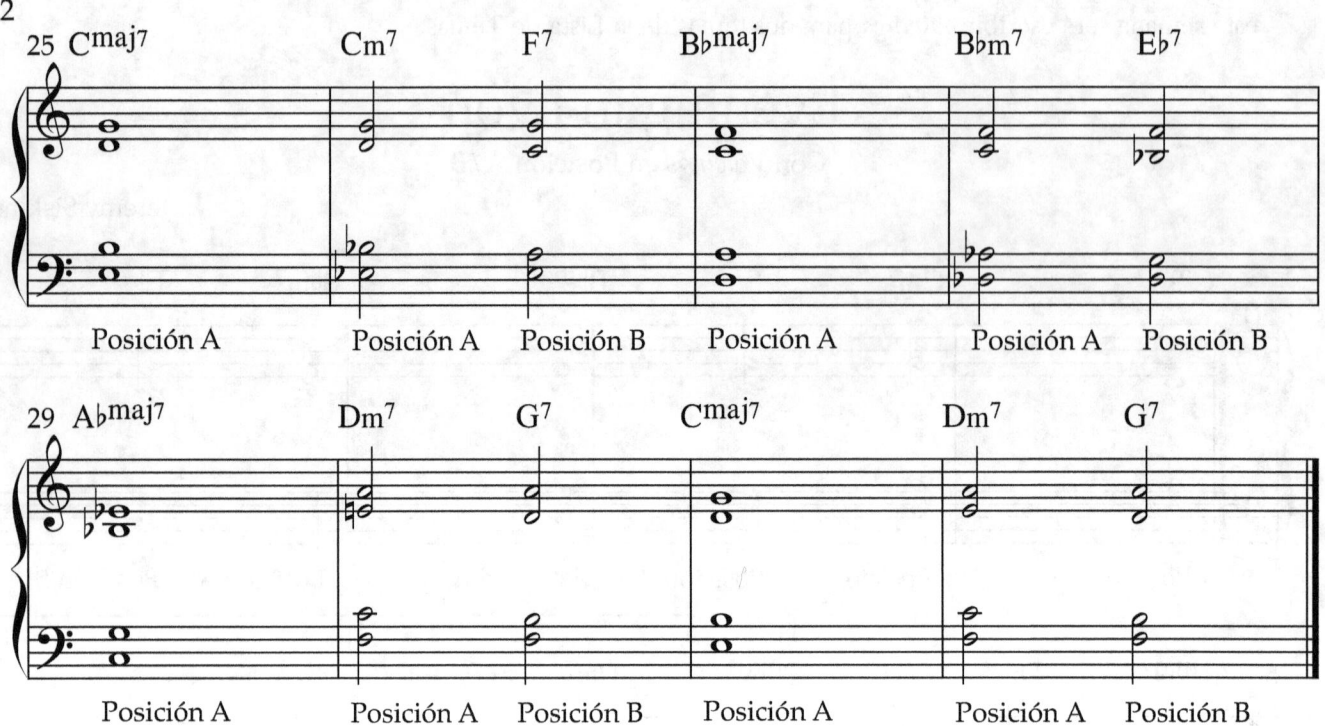

Practicando Entrenamiento Auditivo con "Evening in Lyon"

Entrenar el oído es una parte esencial para ser un buen improvisador. Improvisar sin poder escuchar en tu mente lo que vas a tocar es como tropezarse en un lugar desconocido en la oscuridad. Escuchar la música en tu cabeza antes de tocarla se llama **audición**, y la mejor forma de probar que tan bien estás escuchando una progresión de acordes es **cantando**. Quizás no seas cantante y ni siquiera te guste cantar, pero es una herramienta fundamental para entrenar tu oído. ¡Así que no seas tímido!

Primero, practica cantando las tónicas de los acordes de "Evening in Lyon". No importa que octava o registro cantes las notas, siempre y cuando cantes la tónica de cada acorde. Al comienzo, toca la línea en el piano y luego canta la nota. Luego, esfuérzate en cantar cada nota antes de tocarla en el piano, solo usando el piano para confirmar que has cantado la nota correcta.

Los primeros ocho compases están escritos más abajo. Recuerda, puedes cantarlos en cualquier registro.

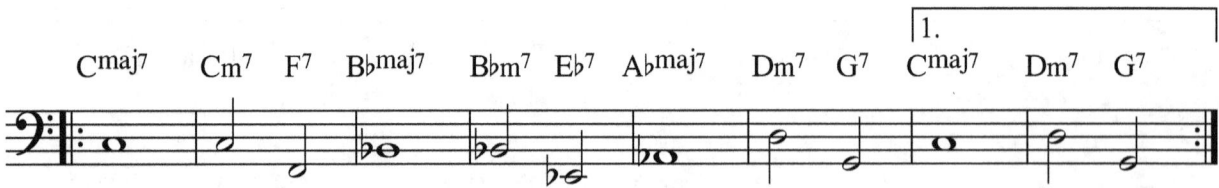

A continuación, practica tocando la tónica pero cantando la tercera del acorde. De nuevo, al comienzo, siéntete libre de ayudarte a ti mismo al tocar las notas antes de cantarlas, pero también esfuérzate en cantarla antes de tocarla. No es importante si vas ascendente o descendentemente de una nota a la siguiente. Solfea de la forma más cómoda para tu voz.

Finalmente, juega con tu creatividad al cantar. Mientras todavía tocas las tónicas, crea conexiones improvisadas entre las terceras de los acordes con el solfeo. Éstas podrían ser escalas asociadas con los acordes, escalas cromáticas, algunas notas repetidas o lo que sea que escuches. Lo importante es caer en la tercera de cada acorde. Tres posibilidades para los primeros cuatro compases se presentan abajo.

Mira cuantas variaciones puedes crear. Házte la pregunta de "¿Qué pasa si?" para crear más y más variaciones. ¿Qué pasa si cada nota es repetida? ¿Qué pasa si el primer gesto melódico salta una octava? ¿Qué pasa si el ritmo principal consiste en tresillos de negras? ¿Qué pasa si hay grupetos o tonos vecinos? Estas terceras conectadas te ayudarán a guiarte en futuras improvisaciones.

ESCUCHA GUIADA 6 –
"Think of One" de Thelonious Monk

Escanea Aquí para Link de Escucha

"Think of One", escrita por Thelonious Monk, es el octavo tema del álbum de Monk *Criss-Cross*, grabado en 1963.

Thelonious Monk (1917-1982) poseía una voz musical particularmente única en la historia del jazz y la música grabada. Un pianista que prosperó en las grietas de la armonía, Monk era capaz de hacer sonar extrañas las melodías más tradicionales y así también hacer sonar atractivas las melodías más extrañas.

A pesar de que Monk estuvo presente en el origen de la era *bebop* y colaboró con los más grandes músicos *bebop*, su música es diferente a la de sus contemporáneos. Monk tomó todas las coloraciones complejas del *bebop* para crear su propio léxico musical que abarcaba intervalos inusuales, ritmos intuitivos y formas no-tradicionales, a la vez sonando moderno y misterioso. A pesar de que muchos oyentes asumen que Monk era simplemente un pianista "descuidado", aquellos que han estudiado su música saben que sus elecciones eran intencionales y que las ejecutaba con gran precisión y un estilo inimitable.

Monk es considerado como uno de los grandes compositores del jazz a pesar de haber escrito alrededor de solo 70 piezas cortas en toda su carrera. Cada tema se siente como un enigma ya que Monk utiliza motivos, empleando intervalos más oscuros, combinando unidades rítmicas y creando melodías con movimientos poco convencionales. Monk fue conocido por escribir la sección del medio del tema, el puente, primero y luego completando las secciones A.

MIEMBROS

Charlie Rouse, saxofón

Thelonious Monk, piano

John Ore, bajo

Frankie Dunlop, batería

Forma

0:00-0:02 Intro (escala de bajo)

0:02-0:48 Melodía (32 compases, AABA)

0:48-2:19 Solo de Saxofón (2 Coros)

2:19- 4:34 Solo de Piano (3 Coros)

4:34-final Melodía

La melodía de "Think of One" es un gran ejemplo de la excentricidad de Monk. La melodía del tema está casi totalmente basada en un Fa repetido. En lugar de las síncopas que normalmente se asocian con el ritmo de jazz, Monk, en la mayor parte, coloca el Fa en el tiempo fuerte. La última frase de la melodía de la sección A es como una ametralladora de cinco semicorcheas, una unidad rítmica inusual para melodías jazz. A pesar de la rareza del ritmo, nótese los intervalos para estas semicorcheas. Las notas están separadas por un **tritono**, una quinta disminuida, una de las más disonantes e incantables intervalos en la música. En el puente (empezando en el minuto 0:25), en lugar de proveer un contraste musical, Monk continúa utilizando las semicorcheas en Fa, jugando alrededor de esa nota hasta que la melodía se siente como que ha se ha dado la vuelta.

Además de la composición, nota el estilo de acompañamiento de Monk, el cual es espaciado y corto detrás del solo angular de Charlie Rouse. En su acompañamiento, Monk referencia constantemente la melodía y deja espacios por largos periodos. Al empezar su solo, la obsesión de Monk con la melodía original continúa y su primer coro es más una variación que una nueva melodía. Su toque en el piano es percusivo. No toca ligeramente o con legato, más bien con un toque pesado y un enfoque desconectado.

La música de Monk es frecuentemente un gusto adquirido para el oyente. La primera vez escuchando la música de Monk puede ser discordante. Su estilo contradice muchas de las expectativas del jazz y no suena muy "lindo", en el sentido tradicional de la palabra. Aún así, Monk representa el jazz. Su estilo exuda una auto-expresión intransigente, complejidad rítmica y una ágil espontaneidad natural. Con una mente abierta y paciencia, aprenderás a apreciar la riqueza de su música.

TAREA UNIDAD 6

1. **Ejercicio de Improvisación 6A – Construyendo vocabulario rítmico**
2. **Ejercicio de Improvisación 6B – Arpegios**
3. *Voicings* **en Posición A/B a dos manos**
    a. Práctica Escrita
    b. Práctica de ii-V-I – cuatro sets, escribe y trata de tocar rápidamente, de memoria
    c. Elige dos temas que ya hayas tocado. Escribe y practica tus *voicings* en Posición A/B. Tu objetivo es poder mirar la partitura y ejecutar tus *voicings* de memoria para que puedas empezar la asociación entre los acordes y los *voicings* sin tener que leer la partitura.
4. **Practica cantando tus ejercicios de entrenamiento auditivo sobre "Evening in Lyon" (¡y otros temas!).**
    a. Canta las tónicas de los acordes
    b. Toca las tónicas, canta las terceras
    c. Crea conexiones improvisadas o pre-planeadas entre las terceras de los acordes
5. **Escucha guiada 6: "Think of One" de Thelonious Monk**
    a. Escucha por lo menos veinte veces
    b. Escucha formas en las que la composición desafía las normas tradicionales del jazz
    c. Presta atención al estilo único de acompañamiento de Monk

Unidad 7
Forma *Blues*

Escanea Aquí para
Unidad 7 Videos

Ejercicio de Improvisación 7 - Escala de *Blues*

La escala de *blues* es un grupo de seis notas que es usado por los músicos de jazz para improvisar sobre diferentes tipos de progresiones. A diferencia de la escala mayor, la escala de *blues* incluye la tónica, tercera menor, cuarta, cuarta aumentada, quinta y séptima menor. Las escalas de *blues* en Do, Fa y Sol están escritas más abajo.

Una aplicación para la escala de *blues* es improvisar sobre una progresión ii-V-I. Al improvisar sobre un ii-V-I, utiliza la escala de *blues* del acorde I para toda la progresión. Por ejemplo, para un ii-V-I en Do mayor, utiliza la escala de *blues* de Do para el Re menor séptima, Sol séptima dominante y Do séptima mayor.

Escucha atentamente cuando improvisas con la escala de *blues*. A pesar de que esta escala está diseñada para crear fricción, normalmente suena mejor resolver a notas menos tensas cuando terminan las frases. En caso de duda, termina las frases en la primera nota de la escala, la tónica del acorde I.

Aprende las escalas de *blues* de Do, Fa, Sol y Si bemol. En la mano izquierda, toca *voicings* simples sobre un ii-V-I, utilizando el ritmo *Charleston*. En la derecha, improvisa utilizando la escala de *blues* apropiada, escuchando atentamente si cada nota suena con tensión o no.

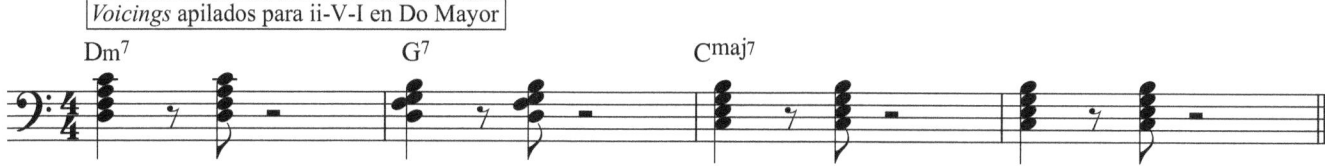

Preguntas Frecuentes

Q: *Espera, creía que debíamos improvisar utilizando la escala mayor del acorde I para el ii-V-I. ¿Qué pasó de eso?*

A: ¡Eso todavía se aplica! Esta es otra opción. Los mejores músicos utilizan varias escalas al improvisar.

Q: *Me han dicho que hay escalas de blues mayor y menor. ¿Es cierto?*

A: ¡Más o menos! No me gustan esos términos, ya que "mayor" y "menor" provienen de la teoría musical occidental y el *blues* no viene de esa tradición. Sin embargo, algunos teóricos llaman a esta escala de *blues* **la escala menor** de *blues*. La misma escala empezando en la segunda nota es a veces llamada la escala **mayor** de *blues*. También he escuchado que la "escala mayor de *blues*" es referida como escala "sweet" y "bright *blues* scale". Comparada con la escala mayor de la tonalidad en la cual estamos, esta escala contiene la tónica, segunda, tercera menor, tercera mayor, quinta y sexta. Para evitar confusiones, este libro se referirá a la escala de *blues* previamente presentada, simplemente como la "escala de *blues*" y la escala "mayor" de *blues*, como la "sweet scale".

Lick 5 de ii-V-I (*Blues*)

Las notas dobles y grupetos son típicas en el estilo *blues*. El *Lick* 5 de ii-V-I te da la oportunidad de practicar estos elementos clásicos del *blues*. A medida que escuchas el *Lick* 5, probablemente notarás que suena como si perteneciera a una tonalidad menor en lugar de Do mayor. Esto es típico del estilo *blues*, el cual combina sonidos mayores y menores.

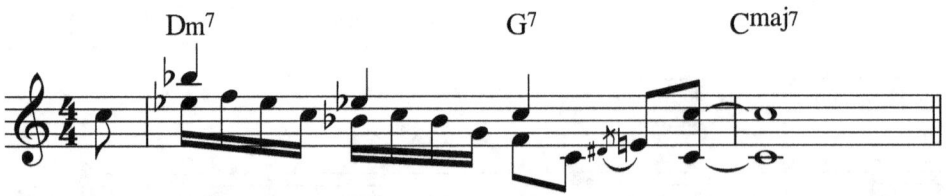

La digitación recomendada para Do mayor se observa más abajo. Practica moviendo los dedos 5 y 2 fluidamente por encima del pulgar sin ningún silencio en el medio.

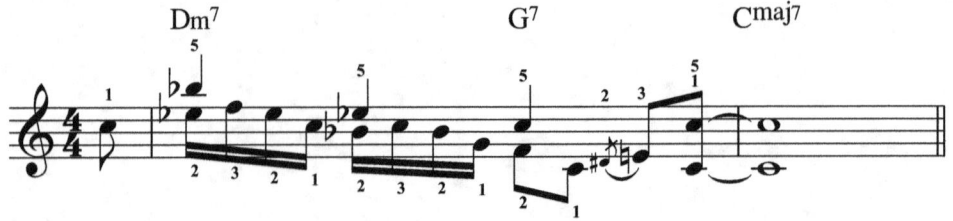

Ejercicio de ii-V-I

Continúa practicando tus *voicings* en Posición A/B a dos manos. En esta unidad, estudiarás los *voicings* de tres maneras:

1. Practica los ii-V-I en todas las tonalidades, yendo hacia arriba en semitonos como el ejemplo de abajo. El ejemplo empieza con *voicings* en Posición A, pero recuerda en empezar también con *voicings* en Posición B.

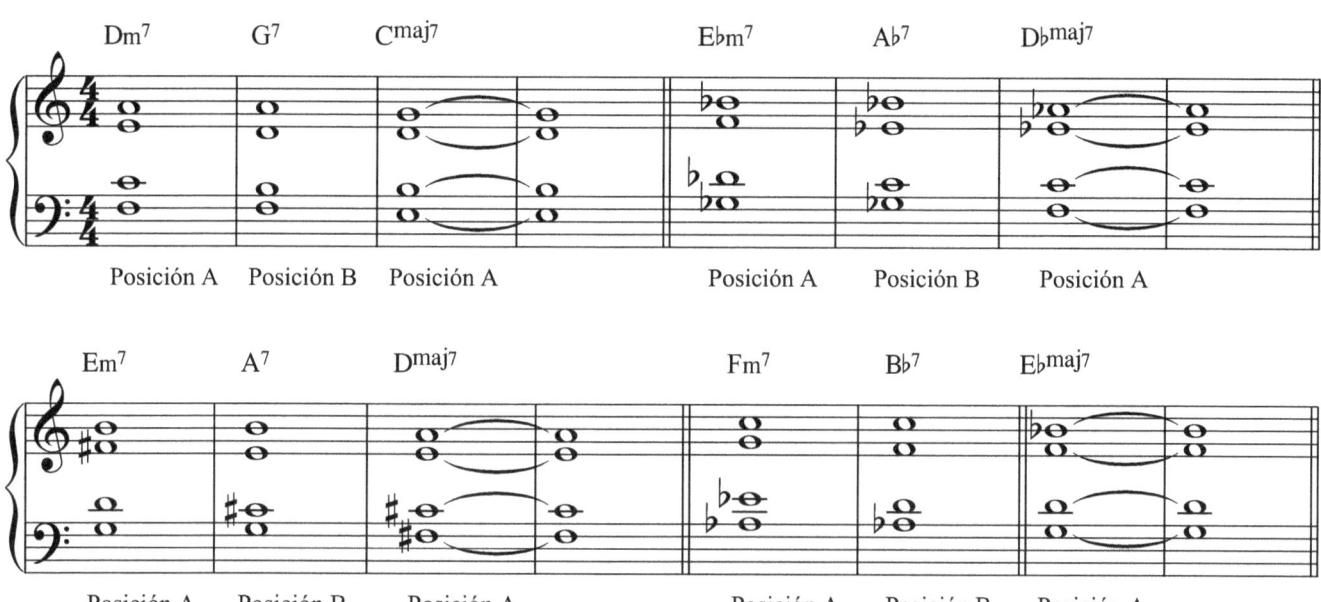

2. Practica las progresiones ii-V sin el acorde I a través del círculo de quintas como se indica más abajo. Practica empezando tanto en Posición A como en Posición B, empezando en Re menor séptima y Mi bemol séptima de manera a prepararte para todas las posibilidades.

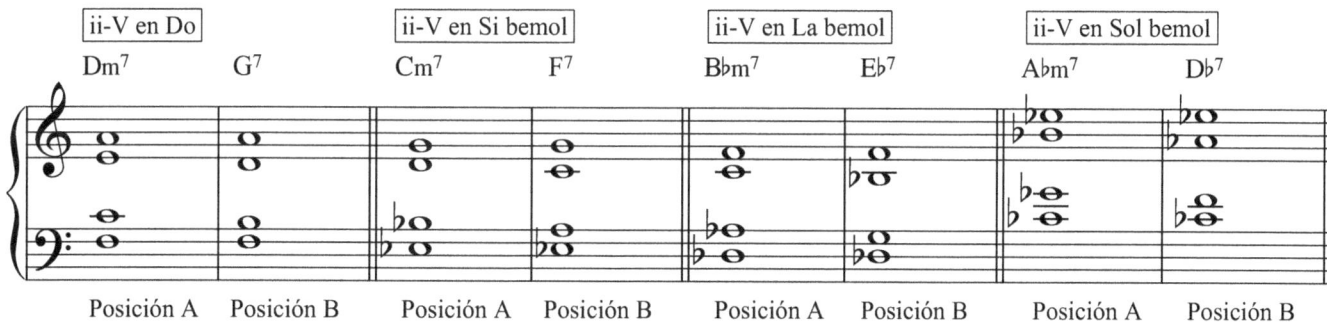

3. Escribe y practica *voicings* para otros dos temas de la Lista de Temas.

Forma *Blues*

La progresión de *blues* es una progresión de acordes de doce compases, que es utilizado en toda clase de estilos musicales incluyendo rock, pop, jazz y por supuesto, el *blues*. Los músicos de jazz tocan muchos temas que utilizan la progresión de *blues*, incluyendo *standards* como "Now's The Time", "Billie's Bounce", "Blue Monk", "Tenor Madness", "Things Ain't What They Used To Be" y muchos más. Como un cuarto de los *standards* de jazz son temas de *blues* o alguna variación. Es importante para los músicos interesados en el jazz, memorizar la progresión de acordes y practicar tocándolas en todas las tonalidades.

El *blues* es tradicionalmente dividido en tres frases de cuatro compases. A pesar de que los diferentes músicos agregan o cambian algunos acordes para colorear la armonía de formas apropiadas al estilo o género, el formato general se mantiene de esta forma:

1. En la primera frase, la armonía se mantiene alrededor del acorde I.

2. La segunda frase empieza con el acorde IV y regresa al acorde I luego de dos compases.

3. La frase final empieza con una cadencia que regresa la música al acorde I. En *un **blues rock***, la cadencia es normalmente V-IV-I. En *un jazz **blues***, la cadencia es usualmente una progresión ii-V-I.

La progresión de *blues* es inusual en el sentido de que utiliza acordes de séptima dominante para la tónica (I) y sub-dominante (IV). En música Occidental, los acordes de séptima dominante son usados casi exclusivamente como sonidos tensos diseñados para resolver de vuelta a la tónica. Sin embargo, el sistema armónico utilizado en la progresión de *blues* desafía las tradiciones de la Armonía Occidental. A medida que tocas el *blues*, encontrarás que dentro del contexto de esta forma, estos acordes de séptima dominante no suenan como si tuvieran que resolver.

El ejemplo de abajo muestra una típica progresión *blues rock* en Fa. Los números romanos para los acordes están escritos debajo del pentagrama.

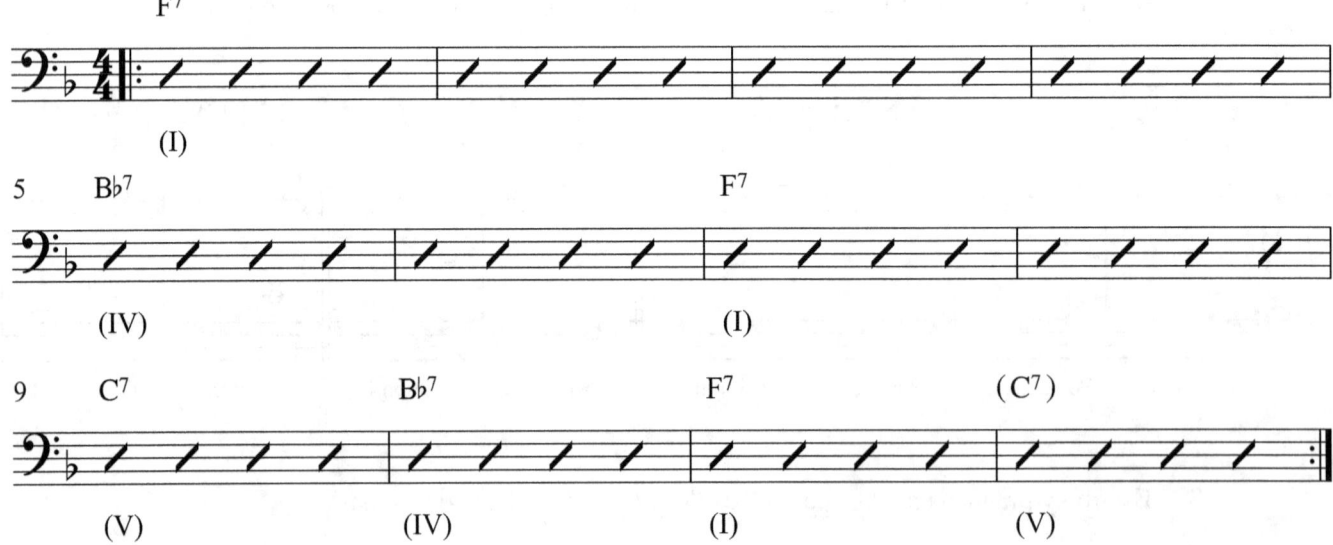

El siguiente ejemplo muestra una típica progresión jazz blues en Fa. Nótese, además del cambio en la cadencia, el jazz blues agrega un movimiento rápido al acorde IV en el segundo compás.

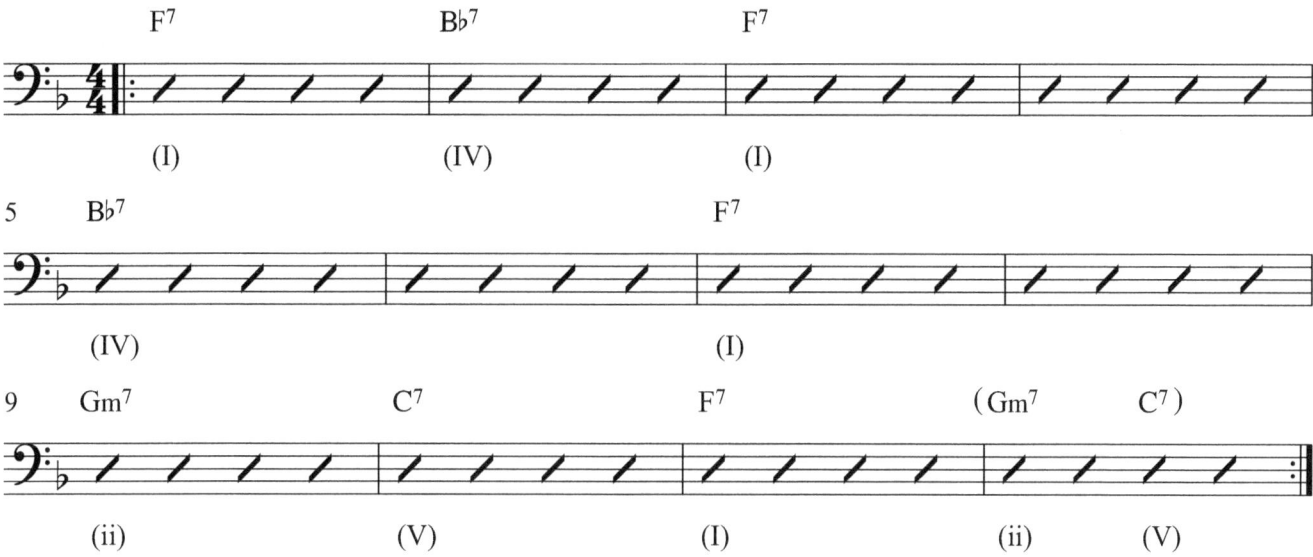

Recuerda que los acordes en paréntesis en el último compás son *turn-arounds*, utilizados para regresar de vuelta al inicio para más repeticiones. Los *turn-arounds* deberían ser tocados todas las veces excepto en la última repetición. A pesar de que un simple acorde V es usado como *turn-around* para el *blues* rock, una progresión ii-V es más típica para el jazz *blues*.

Los músicos de jazz constantemente agregan más acordes a la progresión de *blues*. Si quieres ver una progresión de *blues* con muchos acordes agregados, busca "Blues for Alice" en el *Real Book*. Por ahora, es importante dominar la progresión simple del jazz *blues* presentada más arriba antes de graduarte a variaciones *blues* más complejas.

Para esta unidad, practica el *blues* completando estas tres tareas:

1. Memoriza la forma del jazz *blues* en Do, Fa, Sol y Si bemol.

2. Escribe y practica *voicings* en Posición A/B a dos manos en estas cuatro tonalidades. Compases en blanco son proveídos en la siguiente página.

3. Aprende a tocar las melodías *blues* de "Blue Train" y "Blue Monk" con acordes del *Real Book*. Nota: Por alguna razón, el *Real Book* escribió los acordes de "Blue Monk" sin séptimas. Todos los acordes deberían ser séptimas dominantes.

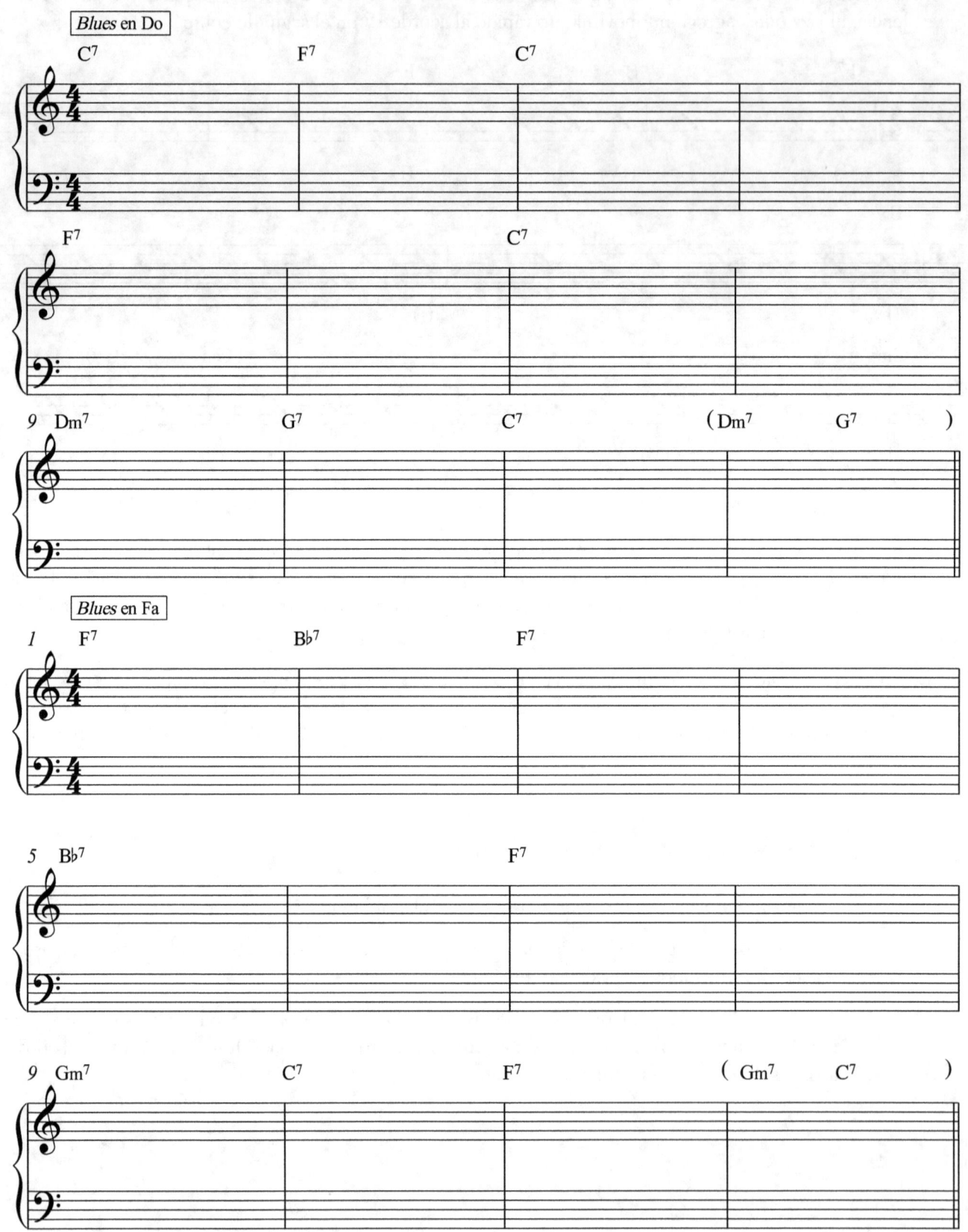

Variaciones de acompañamiento 1

Hasta ahora, sabes como acompañar utilizando los patrones de *Charleston* y *Charleston* a la inversa. En esta unidad, aprenderás algunas variaciones para estos patrones.

1. Agrega un acompañamiento *lead-in* en el cuarto pulso o la "segunda corchea del tercer tiempo".

Después del *Charleston* y *Charleston* a la inversa, puedes agregar un acompañamiento mas en el cuarto pulso o la segunda corchea del tercer tiempo. Coloca un buen acento en cualquier acorde de la segunda corchea del tres para acentuar el sincopado. Este acompañamiento ***lead-in*** es particularmente útil al final de una frase de cuatro compases.

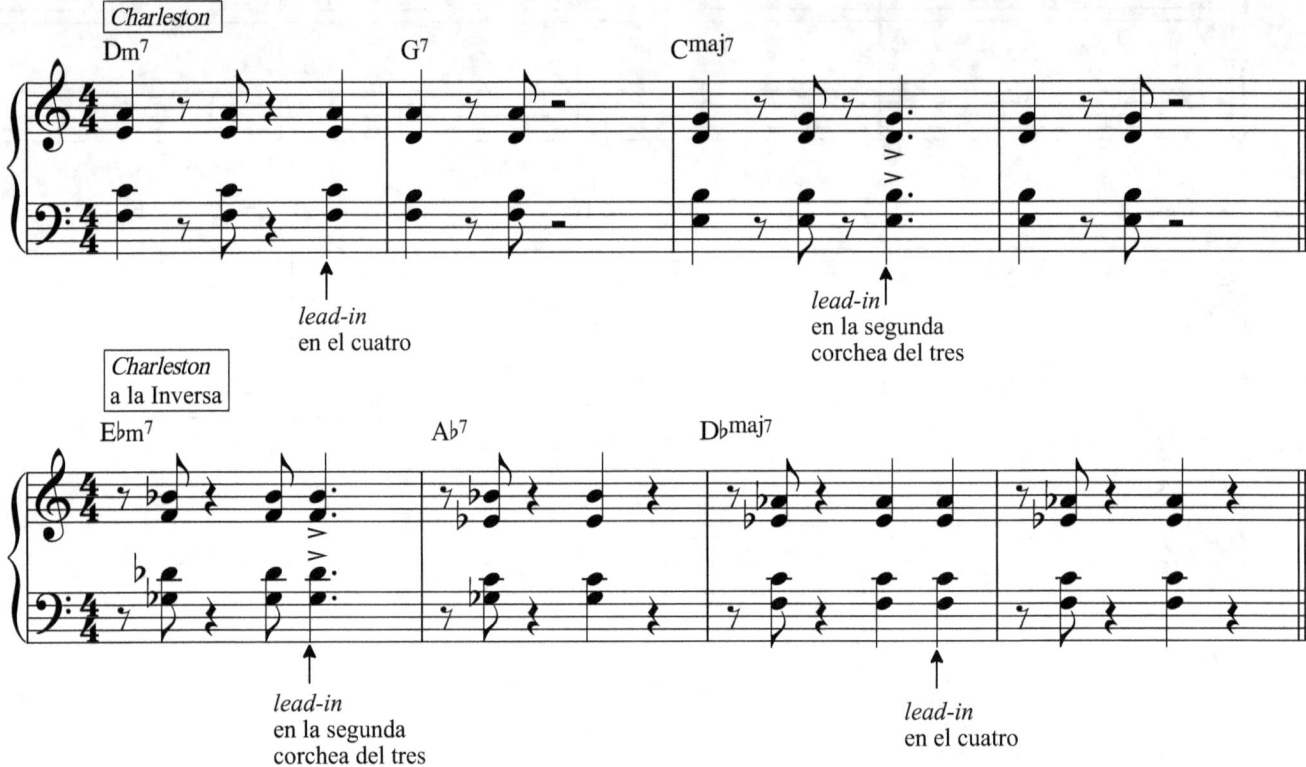

2. Agrega un *push-off*, un grupo de dos corcheas de seguido.

Un **push-off** es el equivalente al ritmo *swing* "doo-DIT", dos corcheas consecutivas sin espacio en el medio, puntuado por un acento percusivo. Más abajo, encontrarás algunas formas de agregar *push-offs* al *Charleston* y *Charleston* a la inversa..

3. Cambia la articulación

En lugar de tocar con una articulación corta en ambos acordes, agrega un compás con una articulación **larga-corta**, desde el segundo acorde del compás.

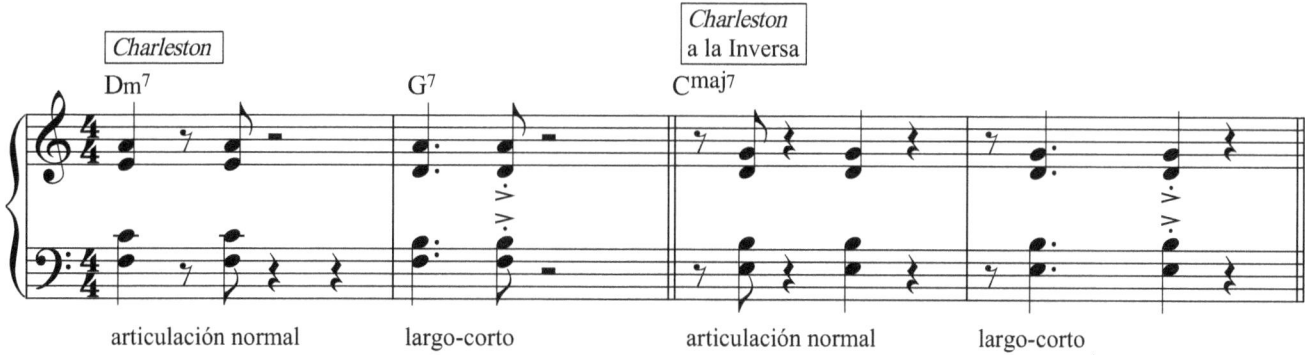

Practica combinando estos estilos de acompañamiento en tus ejercicios ii-V-I y al acompañar sobre una forma *blues*. Un ejemplo de acompañamiento para los ejercicios de ii-V-I se muestra más abajo.

Preguntas Frecuentes

Q: *¿Cuándo utilizo estas variaciones?*

A: No hay tal cosa como bien o mal cuando se trata de acompañar. El acompañamiento es una cuestión de gustos. Típicamente, los pianistas eligen acompañar con menos espacio cuando la melodía o el solista se encuentra menos activo. El acompañamiento también puede ser usado para resaltar el fraseo musical, y los pianistas pueden elegir tocar una variación al final de la frase para señalar que dicha frase está terminando. La mejor forma de aprender sobre los matices del acompañamiento es prestar atención a como los pianistas acompañan en las tareas de la Escucha Guiada.

ESCUCHA GUIADA 7 –
"Pie Eye's Blues" de Duke Ellington

Escanea Aquí para Link de Escucha

"Pie Eye's *Blues*", escrita por Duke Ellington, es el cuarto tema del álbum de Ellington, *Blues in Orbit*, grabado en 1959. El tema es una versión *up-tempo* actualizada de la pieza "Flirtibird", de la banda sonora del filme, *Anatomy of a Murder*.

Duke Ellington, es indiscutiblemente, uno de los músicos más importantes, originales y prolíficos en la historia del jazz. Director de orquesta, compositor, arreglador y pianista, el amplio catálogo de Ellington incluye grandes obras sinfónicas, piezas para su *big band*, canciones populares, bandas sonoras y grabaciones de trío jazz. A pesar de que Ellington fue un excelente pianista, de alguna forma, la *big band* era su instrumento. Una *big band* es un gran ensamble de jazz que usualmente consiste de cinco saxofones, cuatro trombones, cuatro trompetas y una sección rítmica. Un elemento que convierte a Ellington en un compositor tan extraordinario es que en lugar de escribir genéricamente para una sección de instrumentos, escribió específicamente para individuos, para los miembros de su banda. Muchos de estos miembros fueron elegidos por su sonido individual, desde el gemido del saxofonista alto principal Johnny Hodges y el relincho del trombón de "Tricky" Sam Nanton, al suave y delicado sonido del saxo barítono Harry Carney.

MIEMBROS

Duke Ellington, piano, composición
Ray Nance, trompeta
Cat Anderson, trompeta
Shorty Baker, trompeta
Britt Woodman, trombón
Matthew Gee, trombón
Booty Wood, trombón
Jimmy Hamilton, cañas
Johnny Hodges, saxofón alto
Russel Procope, saxofón alto
Paul Gonsalves, saxofón tenor
Harry Carney, saxofón barítono
Jimmy Woode, bajo
Jimmy Johnson, batería

Forma

0:00-0:18	Melodía (*blues*), melodía del piano
0:18-0:35	Melodía 2
0:35-0:50	Melodía 3
0:50-1:40	Solo de Trompeta (tres coros)
1:40-2:42	Solo de Saxo Tenor (cuatro coros)
2:42-3:12	Melodía + Solo de Saxo continúa (dos coros)
3:12-final	Conclusión

En "Pie Eye's *Blues*", una vez que la banda empieza a tocar junta alrededor de 2:42, ya no se escucha demasiado a Ellington tocando el piano. Con aproximadamente quince vientos rellenando la armonía, no hay mucho espacio para que el pianista toque acordes. Al tocar en una *big band*, el pianista debe determinar cuando su aporte es realmente necesitado y cuando está creando demasiado contenido para la música. Al acompañar, una opción que el pianista puede tomar, es mantenerse en silencio. Los músicos de jazz a veces se refieren bromeando a esta situación como ***strolling***, como si uno estuviera caminando en lugar de acompañar.

ESCUCHA GUIADA 7 – (CONTINUACIÓN)

En un formato de *big band*, los **backgrounds**, acordes o melodías que se utilizan como acompañamiento, son normalmente utilizados en lugar del acompañamiento tradicional para los solos. El primer *background* entra en el minuto 2:12, con una línea repetida del trombón acompañando al solo del saxo tenor. Luego de dos coros de volúmen creciente, el *background* del trombón es reemplazado por los saxos tocando la melodía original detrás de la trompeta que se queda alrededor de la tónica, Mi bemol, alterando su sonido utilizando una sordina. Una sordina es un objeto que se coloca en la punta de un instrumento de metal para cambiar el tono. En los coros finales, el piano de Ellington es agregado en una forma pregunta-respuesta con la melodía, llevando a la pieza a un final culminante y cacofónico.

Además de escuchar todas las partes entrelazadas de la *big band*, presta atención a la forma *blues*. "Pie Eye's *Blues*" es una forma tradicional de un *blues* de doce compases. La melodía se toca tres veces al comienzo, lo cual es un poco inusual, pero aquí funciona ya que Ellington da la melodía a un instrumento diferentes todas las veces. Memoriza la melodía y canta la melodía continuamente en tu cabeza inclusive cuando comienzan los solos, notando el inicio de cada coro. Nota que algunos cambios en el arreglo, así como las entradas, *backgrounds*, y nuevos solistas, generalmente pasan al inicio de un coro. A medida que escuchas, trata de escuchar algunos lugares en donde el solista utiliza la escala de *blues*.

TAREA UNIDAD 7

1. **Ejercicio de Improvisación 7** – Improvisa usando la escala de *blues* en las tonalidades de Do, Fa, Sol y Si bemol

2. ***Lick* 5 de ii-V-I** – Recuerda los cuatro elementos para practicar un *lick*:
    a. Aprende el *lick* con buena articulación
    b. Practica coordinación con patrones de acompañamiento
    c. Transporta a las doce tonalidades (o la mayor cantidad posible)
    d. Aplica lo aprendido a temas

3. **Ejercicios de ii-V-I**
    a. Practica los ii-V-I en semitonos ascendentes a través de las doce tonalidades
    b. Practica los ii-V sin el acorde I en el círculo de quintas empezando con Posición A y B
    c. Escribe y practica *voicings* para dos temas más

4. **Forma *Blues***
    a. Memoriza la forma del jazz *blues* en Do, Fa, Sol y Si bemol
    b. Escribe y practica *Voicings* en Posición A/B a dos manos en estas cuatro tonalidades
    c. Aprende a tocar la melodía del *blues* "Blue Train" y "Blue Monk" con los acordes del *Real Book*

5. **Variaciones de acompañamiento** – practica incorporando *lead-ins*, *push-offs* y articulaciones largas-cortas a medida que practiques tus *voicings* para progresiones ii-V-I y la forma *blues*

6. **Escucha Guiada 7: "Pie Eye's *Blues*" de Duke Ellington**
    a. Escucha al menos veinte veces
    b. Sigue la forma *blues* a través de "Pie Eye's *Blues*"
    c. Escucha el uso de diferentes instrumentos en la *big band*

Unidad 8
Tocando el bajo en Dos

Escanea Aquí para Unidad 8 Videos

Ejercicio de Improvisación 8 – Fraseo 1 Pregunta-Respuesta

El fraseo es una parte importante de ser un buen improvisador. Tener una variedad de modelos para guiarte al decidir cuando tocar y no tocar puede ayudarte a descubrir nuevas formas de improvisación. Practicar el fraseo también puede ayudarte a descifrar cuando integrar el acompañamiento de la mano izquierda con la improvisación de tu derecha.

Esta semana, practica dos modelos comunes de fraseo basados en los principios de pregunta y respuesta. En el modelo de **Toca Uno, Descansa Uno**, tu mano derecha toca un compás y luego descansa otro mientras que la izquierda acompaña. Para el modelo **Toca Dos, Descansa Dos**, la derecha toca dos compases antes de descansar por otros dos para el acompañamiento de la mano izquierda.

Cuando practiques estos modelos, deberías ser efectivo, pero sin necesidad de ser preciso. Es totalmente aceptable empezar y terminar tus frases un poco antes o después de lo indicado. Utiliza este ejercicio para practicar variaciones de acompañamiento como se demuestran en el ejemplo de abajo, el cual usa tanto la escala de Mi bemol mayor como la de Mi bemol *blues*.

Practica improvisando sobre los ii-V-I en Mi bemol, La bemol y Re mayor. Puedes usar la escala mayor o de *blues* de la tonalidad para tu improvisación.

Lick 6 de ii-V-I (*Blues*)

El *lick* 6 de ii-V-I está escrito para encajar con el acorde V en una forma larga de ii-V-I, a pesar de que el mismo *lick* puede ser utilizado en cualquier compás de un ii-V-I. Así como los *lick*s previos, este utiliza notas dobles y grupetos.

Mientras que el último *lick* está enfocado en la escala "regular" de *blues*, este *lick* utiliza **la escala mayor de *blues* (*sweet scale*)** de la que ya hablamos en la sección de preguntas frecuentes del capítulo anterior. La escala mayor de *blues* se compone de la tónica, segunda, tercera menor, tercera mayor, quinta y sexta, en comparación con la escala mayor regular.

Nótese que el *Lick* 6 de ii-V-I utiliza la escala mayor de *blues* pero presta la nota Fa de la escala de *blues* regular en el cuarto pulso. Es común combinar estas dos escalas al tocar el *blues*.

Líneas de Bajo en Dos

En el jazz, **las líneas de bajo** son melodías que establecen la tónica del acorde y los tiempos fuertes del compás. Si no hay bajista en un grupo, generalmente queda a cargo del pianista tocar la línea de bajo. Típicamente, se espera que los pianistas toquen las líneas de bajo al acompañar cantantes u otros instrumentistas en un formato de dúo.

Una línea de bajo en dos se compone de blancas. Los bajistas generalmente tocan en dos para tempos más relajados o al comienzo de los temas antes de moverse a un *walking bass* más energético, el cual se compone de negras.

Los bajistas estudian durante toda su vida para tocar líneas de bajo que son melódicamente ricas, variadas y soportan la armonía del tema. Por ahora, empezarás con fórmulas simples que puedes combinar para crear líneas de bajo en dos.

1. Si los acordes cambian cada blanca, toca la tónica de cada acorde

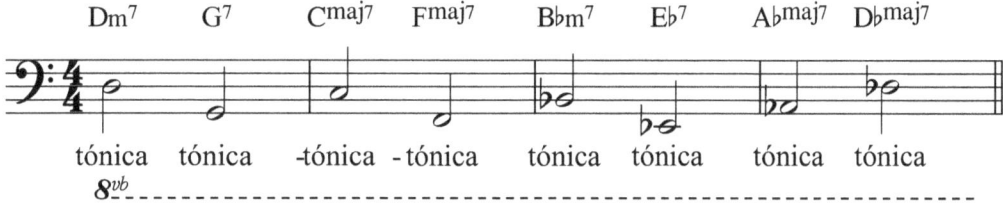

2. Si los acordes cambian cada compás, haz uno de los siguientes:

a. Toca la tónica del acorde en el primer pulso y la quinta en el tercero.

b. Toca la tónica del acorde en el primer tiempo y la tercera en el tercer pulso.

c. Toca la tónica del acorde en el primer tiempo y un tono vecino (ya sea ascendente o descendente) a la siguiente tónica en el tercer pulso.

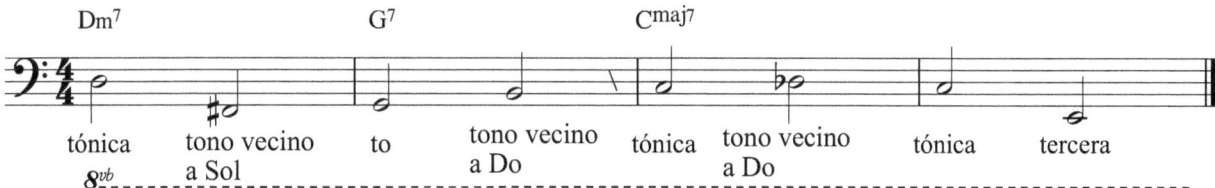

Nótese que las líneas de bajo pueden ascender o descender cuando se mueven del primer al tercer pulso. Debido a los patrones de conducción de voces a través del círculo de quintas, generalmente tiene más sentido alternar entre ascendente y descendente. Las líneas de bajo deberían ser tocadas legato, sin ningún espacio entre las notas.

Nota que tan bajo en el piano se deberían tocar estas líneas (¡Toma los símbolos de 8vb muy seriamente!). Muchos pianistas cometen el error de tocar muy alto las líneas de bajo, pero deberían ser tocadas lo más bajo posible en el instrumento. La cuerda más grave del bajo equivale a un Mi 1 en el piano y las cuerdas se mueven hacia arriba en cuartas a La, Re y Sol. Utiliza estas cuatro notas como guía para determinar aproximadamente que tan grave tocar tu línea de bajo. Desde este punto en adelante, ya no escribiremos "8vb" para cada línea de bajo, pero por favor asume que deberías tocar todas las líneas una octava por debajo de lo escrito.

Practica combinando libremente entre estas tres fórmulas sobre la forma *blues*. Si te apegas a solo una fórmula, tu línea de bajo podrá ser aburrida y predecible. Más abajo, encontrarás una posible versión de una línea de bajo en dos para un *blues* en Mi bemol.

Evita tocar la misma nota dos veces de seguido ya que no es muy satisfactorio melódicamente. Por ejemplo, en el segundo compás, evita tocar la quinta del acorde de La bemol séptima dominante, Mi bemol, en el tercer pulso ya que la siguiente nota, Mi bemol, será la tónica del acorde de Mi bemol séptima dominante. Si debes repetir alguna nota, repítelas pero en octavas diferentes.

Preguntas Frecuentes

Q: *Todas estas fórmulas tienen la tónica en el primer tiempo de cada compás. ¿Hay alguna ocasión en la que pueda tocar otra nota que no sea la tónica en el primer pulso?*

A: ¡Sí! Si quieres tocar algo diferente a la tónica, un buen lugar para empezar es cuando un acorde dura mas de un compás. Por ejemplo, en los compases tres y cuatro del *blues* de la página anterior, sería aceptable tocar el Mi bemol solamente una vez, en el primer tiempo del tercer compás. Dos buenas fórmulas para esta situación son **tónica-segunda-tercera-tónica**, el cual siempre funciona, o utilizar un *walk-up*, una fórmula ascendente de un tono, semitono, semitono, el cual funciona si los acordes se mueven a través del círculo de quintas. .

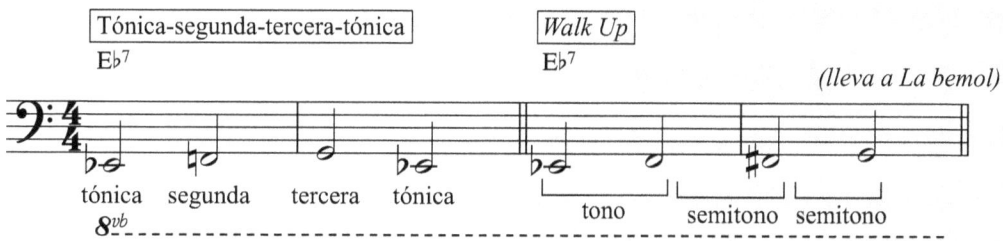

Q: *Sé que dijiste que el Mi es la cuerda más grave del bajo. ¿Tenemos permitido ir más abajo que eso en el piano?*

A: Si, absolutamente. Como pianistas, no hay necesidad de limitar el rango de nuestro instrumento al rango del bajo. Con eso dicho, ir demasiado bajo hasta las tres o cuatro notas más graves del piano probablemente sonará demasiado grave y poco característico del sonido del bajo. Me quedaría hasta el Do más bajo o por encima.

Q: *¿Porqué tocamos legato? ¿Acaso los bajistas no tocan pizzicato, el cual sonaría corto?*

A: Es cierto que los bajistas tocan pizzicato, pero las cuerdas del bajo son tan largas que un simple pulsado de las cuerdas como plectro dura un largo tiempo. A pesar de que los bajistas pulsan las cuerdas, el sonido resultante es legato.

Voicings en Posición A/B a una mano

Por las últimas dos unidades, has estado practicando *voicings* en Posición A/B que requieren dos manos. Estos *voicings* son apropiados cuando otros instrumentos tocan la línea de bajo y la melodía del tema.

En esta unidad, aprenderás una versión de estos *voicings* que es apropiada para tocar solo con una mano. Estos ***voicings* en posición A/B a una mano** pueden ser tocados en la derecha mientras que la izquierda toca una línea de bajo, o pueden ser tocados en la izquierda mientras que la derecha está tocando una melodía o improvisando.

En lugar de cuatro notas, al tocaraa estos *voicings*, solo tocarás tres, la tercera y la séptima más la novena o quinta. Muchas de las reglas referentes a los *voicings* a dos manos que has aprendido todavía se aplican:

- Los *voicings* en Posición A todavía tienen la tercera en el bajo y en Posición B la séptima en el bajo.
- Sin importar que mano utilices para tocar estos *voicings*, mantén la nota más baja del *voicing* entre Do 3 y Do 4.
- Alternar entre Posición A y B creará una conducción de voces fluida para una progresión ii-V-I.

Las fórmulas para los *voicings* son las siguientes:

Posición A	Posición B
9	5
7	3
3	7

Estos son algunos ejemplos para *voicings* en Posición A/B para una variedad de acordes:

Posición A Posición B Posición B Posición A Posición B Posición B Posición A

Escribe los *voicings* indicados en la siguiente página. Presta mucha atención al rango, asegurándote de mantener la nota más baja entre Do 3 y Do 4. A pesar de que eventualmente tocarás estos *voicings* con una mano, se provee una partitura con las dos claves para evitar demasiadas líneas adicionales. Se proveen los primeros tres *voicings*.

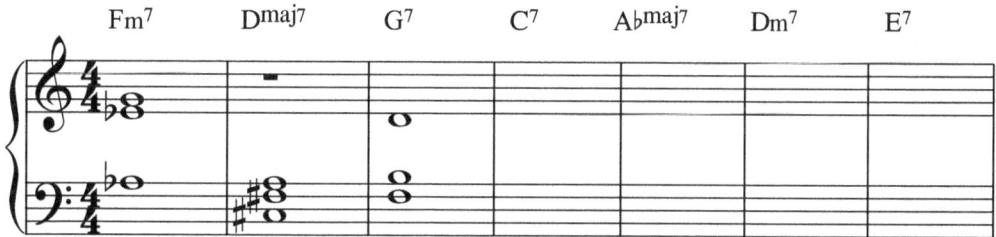

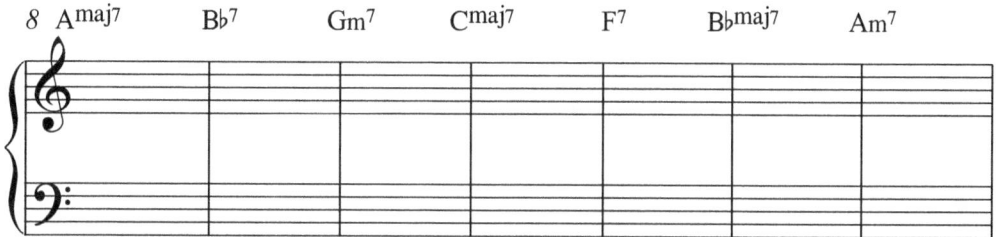

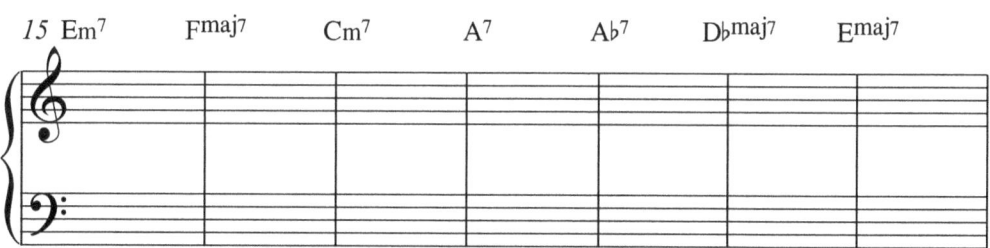

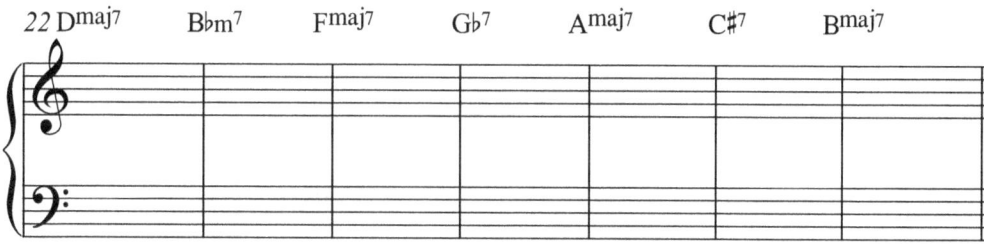

Ejercicio de ii-V-I

Así como con los *voicings* en Posición A/B a dos manos, alternar entre las dos posiciones creará una conducción de voces fluida para los ii-V-I..

Practica el ejercicio de ii-V-I más abajo empezando con los *voicings* en Posición A y B. Toca el *voicing* en la derecha tocando la tónica en la izquierda. Si estás listo, toca una línea de bajo en dos en lugar de solo mantener la tónica.

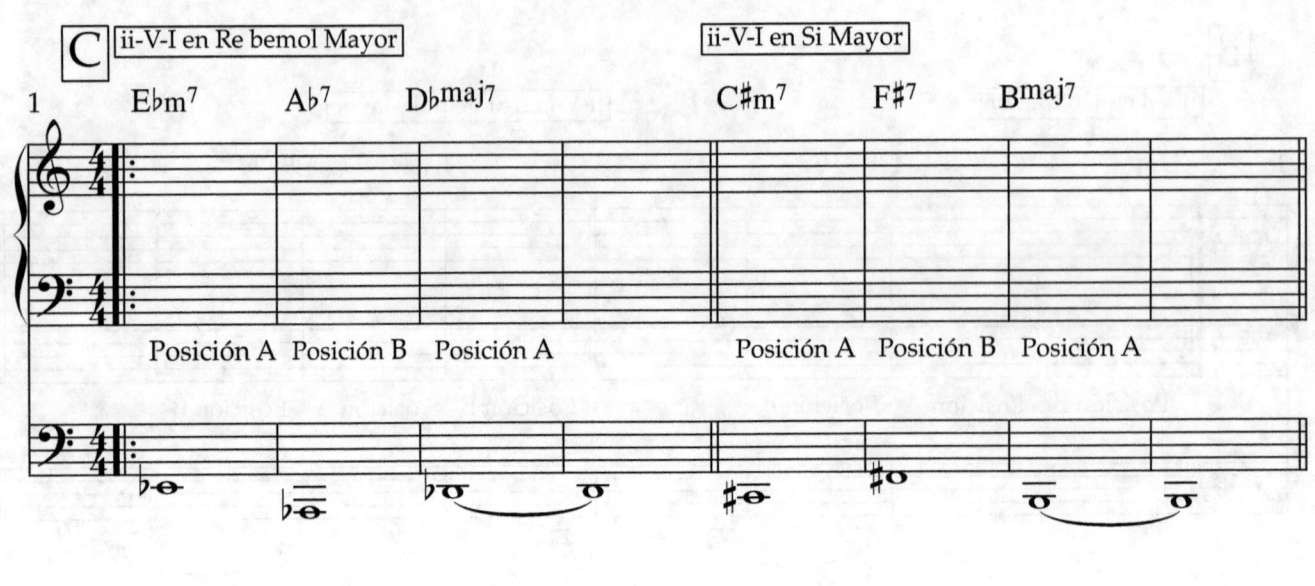
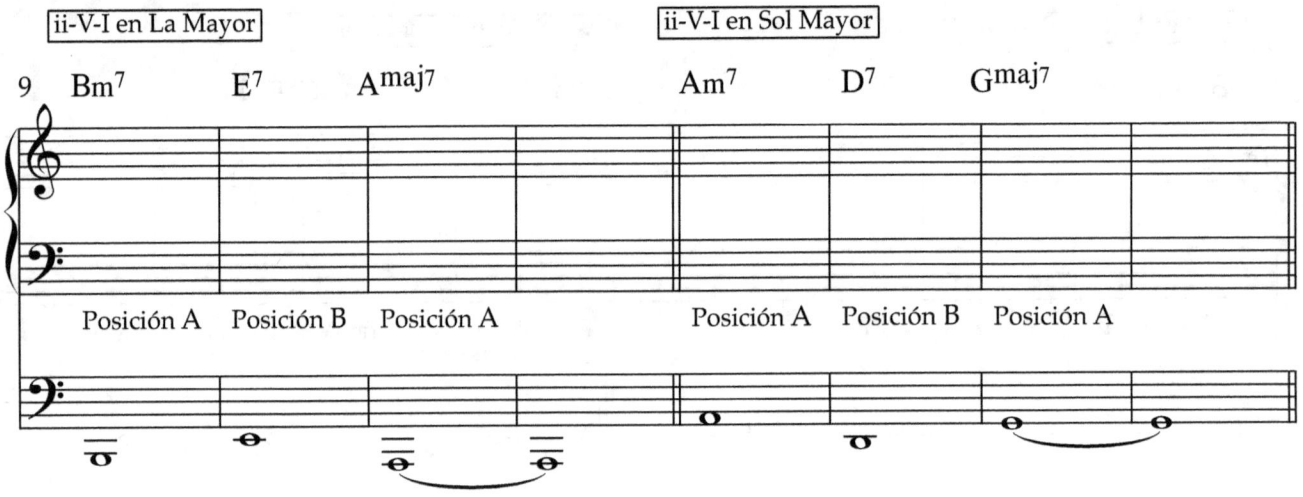
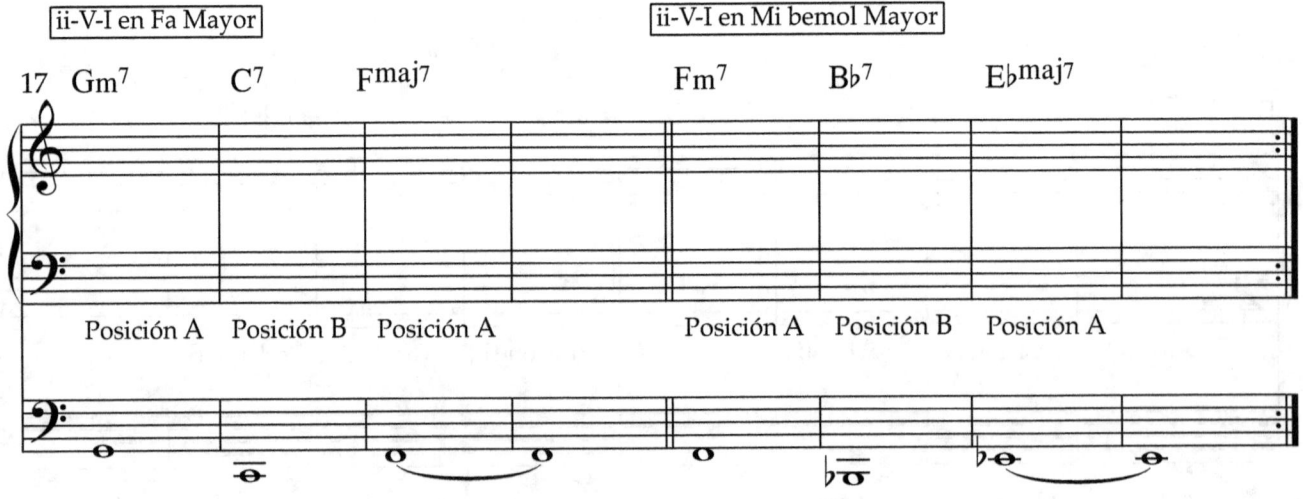

Practica la forma *blues* **en Mi bemol y Si bemol, tocando un línea de bajo en dos en la izquierda y manteniendo o acompañando con** *shell voicings* **en la derecha. Tocar el bajo y los** *shell voicings* **a una mano es una forma de acompañamiento muy efectiva para un cantante o vientista. El ejemplo de abajo provee una posibilidad. Recuerda tocar la línea de bajo una octava más abajo de lo escrito.**

Improvisación de *Blues*

Improvisar sobre el *blues* es todo un arte en sí. Los grandes intérpretes de *blues* combinan influencias y estilos para contar historias complejas sobre una progresión simple de acordes. Esta sección te dará una cuantas sugerencias sobre como empezar.

Una forma *blues* AAB es una parte crucial de la tradición *blues*. Al tocar un *blues* AAB, empieza improvisando una frase melódica simple por cuatro compases. Esta será tu frase "A". Recuerda y repite esta improvisación en el medio por cuatro compases. Luego improvisa una frase contrastante, tu frase "B", por los últimos cuatro compases. Para crear la frase "B" como algo contrastante a la "A", piensa en diferentes aspectos de la música:

- Si tu frase "A" contiene notas largas, utiliza notas cortas en tu frase "B".
- Si tu frase "A" desciende, toca la frase "B" ascendente.
- Si tu frase "A" empieza en un Fa, intenta empezar en algún lugar diferente para la frase "B".

El *blues* AAB no solo crea una improvisación lógica y convincente, pero también provee una gran oportunidad para verificar si realmente te escuchas a ti mismo al tocar. Por razones musicales y prácticas, no trates de rellenar con demasiadas notas todos los cuatro compases de tu improvisación. En cambio, utiliza las frases modelos de Toca Uno, Descansa Uno o Toca Dos, Descansa Dos, dejando un amplio espacio entre tus frases.

Utiliza la escala de *blues* al crear un *blues* AAB. La escala de *blues* es apropiada porque encaja con la forma completa del *blues*, no solo un acorde en particular. Un ejemplo se muestra más abajo.

Además de improvisar utilizando la escala de *blues*, también puedes usar los arpegios de cada acorde. Primero, practica los arpegios 3-5-7-9, así como lo hiciste en el Ejercicio de Improvisación 6B.

Practica algunas variaciones del arpegio 3-5-7-9 sobre la forma *blues*. Las variaciones pueden empezar en una nota diferente, cambiar direcciones, repetir notas, cambiar el ritmo o agregar *lead-ins* con tonos vecinos. Practica estas variaciones y crea otras. Estas son algunas opciones:

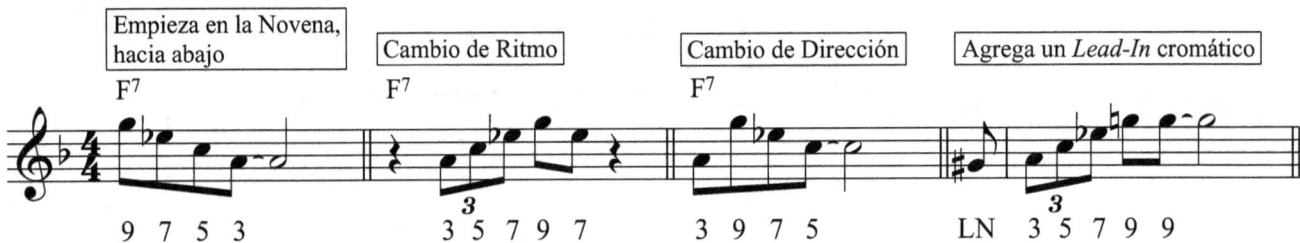

A continuación, invierte algunos de los arpegios para que la conducción de voces vaya fluidamente de un acorde al siguiente. El ejemplo de abajo muestra una forma *blues* con algunos arpegios en inversiones.

Ahora, improvisa algunos solos sobre la forma *blues* usando solo arpegios. La clave para que esto suene musical es crear frases largas, conectando entre los arpegios de diferentes compases. Las notas en la segunda corchea del cuarto tiempo frecuentemente anticipan el arpegio del siguiente compás. Un ejemplo se muestra más abajo:

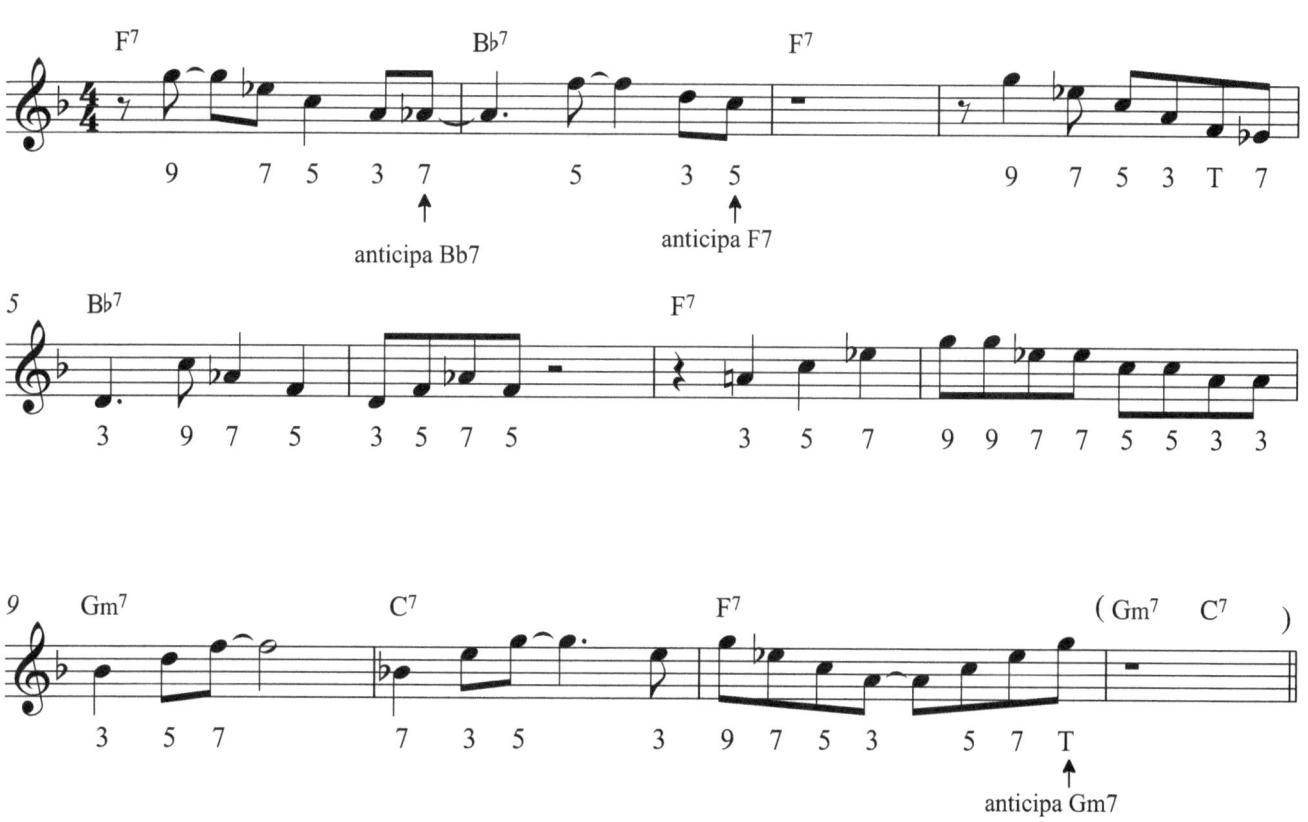

Finalmente, practica combinando arpegios de la escala de *blues* en la misma improvisación. Al comienzo, puedes planear las frases para tener dos frases de cuatro compases basados en arpegios y una frase de cuatro compases basada en la escala de *blues*. Practica utilizando la escala de *blues* en diferentes puntos de la forma *blues*. Practica usando las frases modelos de Toca Uno, Descansa Uno y Toca Dos, Descansa Dos para mantener tu improvisación organizada. En el ejemplo de dos coros más abajo, la improvisación basada en la escala de *blues* está colocada en la frase del medio del primer coro y luego en la frase final del segundo coro.

Preguntas Frecuentes

Q: *Estoy haciendo todo lo que sugeriste y no suena mal... pero tampoco suena como jazz ¿Qué está mal?*

A: Bueno, es difícil decir exactamente sin escucharte tocar, pero los mayores problemas que escucho de los estudiantes en este punto tienen que ver con el ritmo y la articulación. Revisaría los siguientes aspectos:

- ¿Cómo está tu articulación *swing*? ¿Estás enfatizando los tiempos fuertes o acentuando los "doo-VAHs"? Asegúrate de escuchar atentamente en lugar de sentir. En mi experiencia, hasta los estudiantes más inteligentes piensan que están tocando los acentos correctamente pero en realidad están acentuando los tiempos fuertes.
- ¿Dónde estás empezando y terminando tus frases? Recuerda las secciones de Construyendo Vocabulario Rítmico, que en el jazz, empezamos y terminamos la mayoría de las frases en los tiempos débiles en vez de los fuertes. Si estás sonando muy "cuadrado", coloca el comienzo y final de tus frases en los tiempos débiles.
- Revisa tu mano para asegurarte de que estás utilizando una variedad de posiciones y por ende, improvisando melodías con diversas formas e intervalos.
- Incluye apoyaturas, grupetos y notas dobles. Estos simples adornos pueden solidificar el sentido del estilo jazzístico.

Tenemos mucho color para agregar en los siguientes capítulos. Si tienes un oído discernidor, te estarías perdiendo de algunos de estos colores. ¡Sé paciente!

Q: *Algunas de estas notas suenan muy mal sobre algunos acordes. ¿Qué estoy haciendo mal?*

A: Es posible que lo estés haciendo mal, pero algunas disonancias creadas por la escala de *blues* cambian de carácter dependiendo del tempo. Si haces énfasis en este aspecto a un tempo lento mientras está practicando, sonarán muy disonantes. A medida que toques a un tempo medio, encontrarás que dichas disonancias ya no son tan estridentes. Sin embargo, recuerda que inclusive en el *blues*, nos gusta que las disonancias resuelvan, así es que se consciente sobre como y donde terminar tus frases. En caso de duda, termina tu frase en la tónica, el cual siempre sonará resuelto.

Q: *Me han dicho sobre usar escalas pentatónicas al improvisar sobre el blues. ¿Es incorrecto?*

A: ¡No! De hecho, las escalas pentatónicas son versiones de la escala de *blues* y escala de *blues* mayor pero de cinco notas. La escala pentatónica menor es la misma que la escala de *blues* sin la cuarta aumentada. La escala pentatónica mayor es como la escala mayor de *blues* sin la segunda aumentada. El diagrama de abajo muestra la diferencia.

Q: *Me gusta el sonido de la escala mayor de blues. ¿Puedo usarla así como la escala de blues?*

A: ¡De hecho, no! La mayor diferencia es, mientras que la progresión de *blues* se mueve hacia el acorde IV, tienes que cambiar de tonalidad e improvisar con la escala mayor de *blues* basada en el acorde IV.

ESCUCHA GUIADA 8 –
"D. & E." de Oscar Peterson

Escanea Aquí para Link de Escucha

"D. & E.", una pieza escrita por el pianista John Lewis, es el octavo tema del álbum *We Get Requests* de Oscar Peterson.

Oscar Peterson (1925-2007) fue un virtuoso e influyente pianista de jazz canadiense. Conocido por su toque ligero, una técnica increíblemente rápida y con una inclinación hacia el *blues*, Peterson ha lanzado mas de 200 álbumes, desde suites orquestales a piezas para piano solo. Su trío de larga data, consistía en el bajista Ray Brown y el baterista Ed Thigpen. Mientras que los dos músicos son excelentes, **Ray Brown (1926-2002)** merece una mención especial como uno de los mejores y más influyentes bajistas de la historia, habiendo tocado con una amplia variedad de músicos, desde Peterson y John Lewis (quien escribió este tema), a grandes del *bebop* como Bud Powell y Dizzy Gillespie. También lideró sus propios tríos, los cuales vieron surgir las carreras de muchos de los mejores pianistas de la segunda mitad del siglo veinte, incluidos Benny Green, Geoffrey Keezer y Larry Fuller.

MIEMBROS

Oscar Peterson, piano

Ray Brown, bajo

Ed Thigpen, batería

Forma

0:00-0:49	Melodía (*blues*, dos veces)
0:49-3:32	Solo de Piano (7 coros)
3:32-4:18	Coro "Shout" (dos veces)
4:18-final	Melodía (dos veces)

"D. & E." es un buen tema para apreciar una buena interpretación del bajo, incluyendo el bajo en dos, así también para estudiar la combinación de improvisación basada en la escala de *blues* con arpegios.

Enfocándonos primero en el bajo. Brown improvisa respuestas a las "llamadas" de Peterson en el primer coro, toca una línea de bajo que consiste mayoritariamente de notas largas en el segundo coro, para luego asentarse en una línea de bajo en dos al inicio del solo de piano en el minuto 0:49. Nota las variaciones y la personalidad que Brown pone en sus líneas. Cada compás es un tanto diferente. Utiliza muchos ataques de corcheas a las notas de los tiempos fuertes y hasta toca fills cortos cuando Peterson descansa. ¡Es realmente ingenioso! Nota que Brown pasa a un *feel* de *walking bass* en el tercer coro del solo, alrededor del minuto 1:40, justo cuando Thigpen cambia de tocar con escobillas para tocar con los palillos. Es una costumbre común cambiar simultáneamente a un *feel* de cuatro en el bajo y palillos en la batería para incrementar la energía y cambiar el *feel* en el medio de un solo largo.

Escucha todas las apoyaturas, notas dobles, y grupetos que utiliza Peterson. A través de su solo, puedes escucharlo usar tanto la escala mayor de *blues* como la regular. Concéntrate en el coro que empieza en el minuto 2:23. Peterson empieza repitiendo la tercera menor, la nota más distintiva de la escala de *blues*. Luego se expande hacia el resto de esa escala ascendente y descendentemente en tresillos antes de que la escala explote en una jubilosa frase de notas dobles y grupetos. Luego, empezando en el minuto 2:38, Peterson toca arpegios, claramente esbozando los acordes.

Finalmente, nótese **el coro *shout***. El coro *shout*, un término asociado usualmente con las *big bands*, indica el momento culminante de la pieza, el cual usualmente incluye *fills* extendidos de batería. Aquí, el trío de Peterson imita a una *big band* con Peterson cumpliendo el rol de los metales al tocar grandes acordes en bloque y Thigpen proveyendo los *fills* de batería. Para la repetición del coro *shout*, Peterson toca la misma figura pero mueve la mano derecha una octava arriba para proveer de una textura diferente, tal vez simulando una instrumentación distinta.

TAREA UNIDAD 8

1. **Ejercicio de Improvisación – practica el Toca Uno, Descansa Uno y Toca Dos, Descansa Dos al improvisar sobre un ii-V-I en Mi bemol, La bemol y Re mayor.**
2. **Aprende el *Lick* 6 de ii-V-I en todas las tonalidades y aplícalos a temas**
3. **Practica tocando una línea de bajo en dos por al menos tres temas diferentes del *Real Book***
4. **Practica tus *Voicings* en Posición A/B en una mano**
    a. Completa la práctica escrita
    b. Practica el ejercicio de ii-V-I (toca una línea de bajo en dos en la izquierda si estás listo).
    c. Practica acompañando sobre una forma *blues* en Mi bemol y Si bemol al tocar una línea de bajo en dos en la izquierda
5. **Practica improvisando sobre una forma *blues* de las siguientes maneras:**
    a. Practica improvisando un *blues* AAB con la escala de blues
    b. Practica arpegios
        i. 3-5-7-9
        ii. Variaciones de 3-5-7-9
        iii. Inversiones para mejor conducción de voces
        iv. Improvisar usando arpegios
    c. Practica combinando la escala de *blues* con otras escalas y arpegios
6. **Escucha Guiada 8: "D. and E." de Oscar Peterson**
    a. Escucha "D. and E" por lo menos veinte veces
    b. Enfócate en la línea de bajo en dos de Ray Brown
    c. Estudia la combinación de escalas de *blues*, otras escalas y arpegios que utiliza Peterson

Unidad 9
Blues for Sammie

Escanea Aquí para Unidad 9 Videos

Ejercicio de Improvisación 9 – Fraseo 2 "Pregunta-Respuesta"

Esta semana, continúa practicando el fraseo de Toca Uno, Descansa Uno y Toca Dos, Descansa Dos con las dos variaciones de abajo. Acompaña en la izquierda usando *voicings* en Posición A/B a una mano.

1. **Practica empezando tus frases en diferentes puntos de la progresión ii-V-I**
    a. Para el Toca Uno, Descansa Uno, acompaña en la izquierda en los compases uno y tres e improvisa en la derecha en los compases dos y cuatro.
    b. Para el Toca Dos, Descansa Dos, empieza tu frase de dos compases en el segundo, tercer y cuarto compás de la frase de cuatro compases.

Practica improvisando sobre progresiones ii-V-I en Sol, La y Si bemol. En tus improvisaciones, siéntete libre de utilizar la escala mayor del acorde I, arpegios 3-5-7-9 y la escala de *blues* de la tonalidad central.

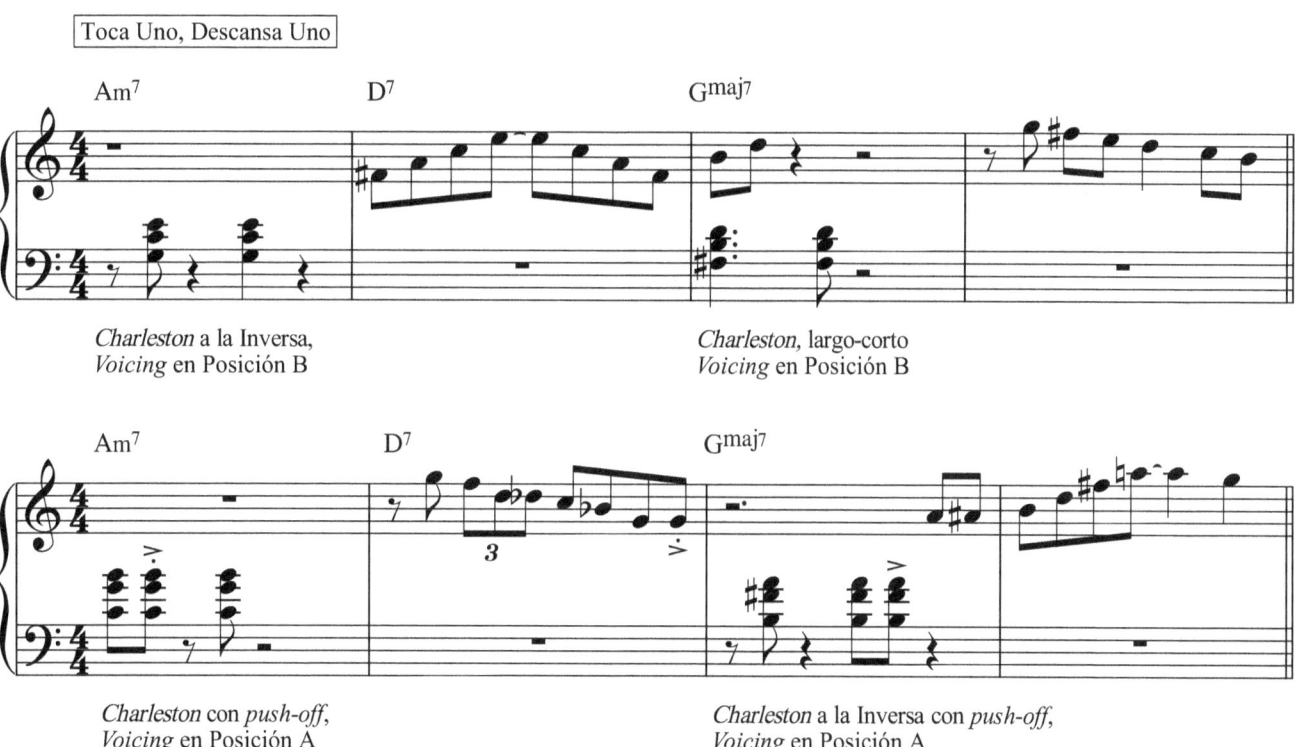

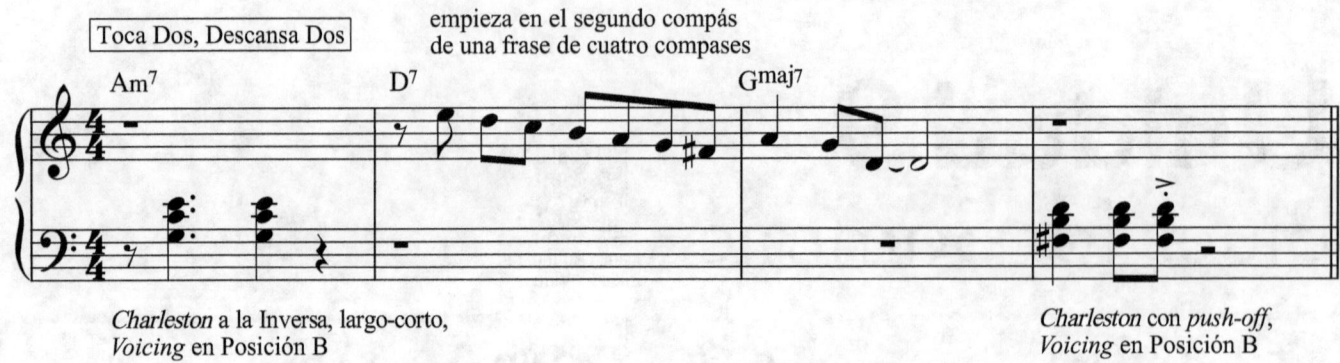

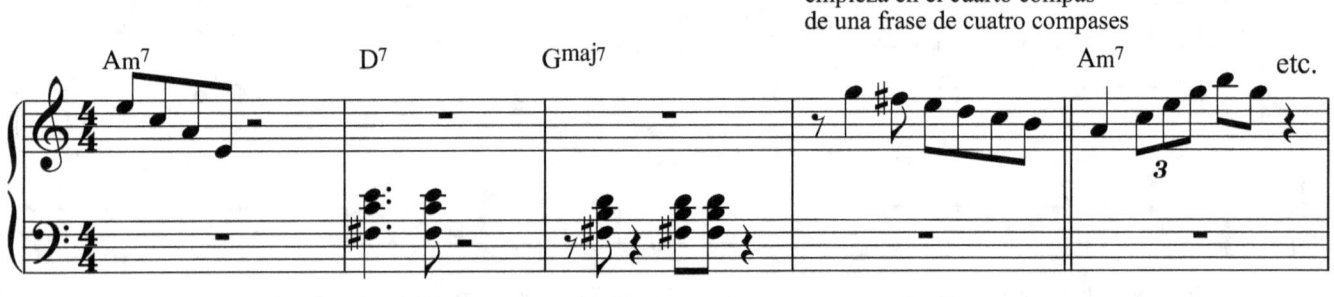

134   FUNDAMENTOS DEL JAZZ PIANO

2. **Practica creando frases de ocho compases combinando el Toca Uno, Descansa Uno con el Toca Dos, Descansa Dos. Estas son algunas ideas:**

    a. Toca cuatro compases de Toca Uno, Descansa Uno (dos veces en total), luego cuatro compases de Toca Dos, Descansa Dos (una vez).

    b. Empieza con dos compases de Toca Uno, Descansa Uno (una vez), toca cuatro compases de Toca Dos, Descansa Dos (una vez) y luego termina con Toca Uno, Descansa Uno (una vez).

    c. Empieza con cuatro compases de Toca Dos, Descansa Dos (una vez), luego toca cuatro compases de Toca Uno, Descansa Uno (dos veces en total)

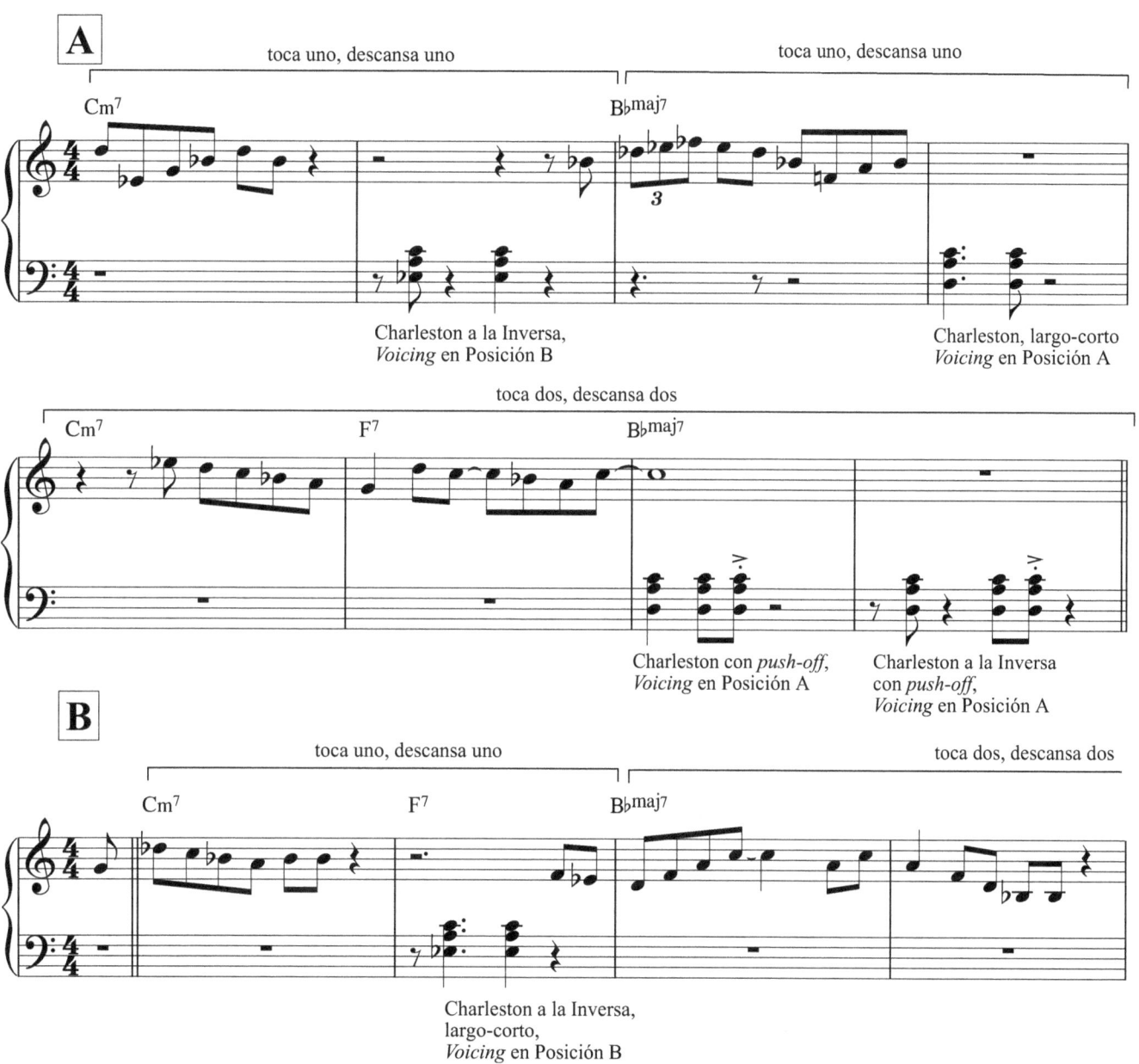

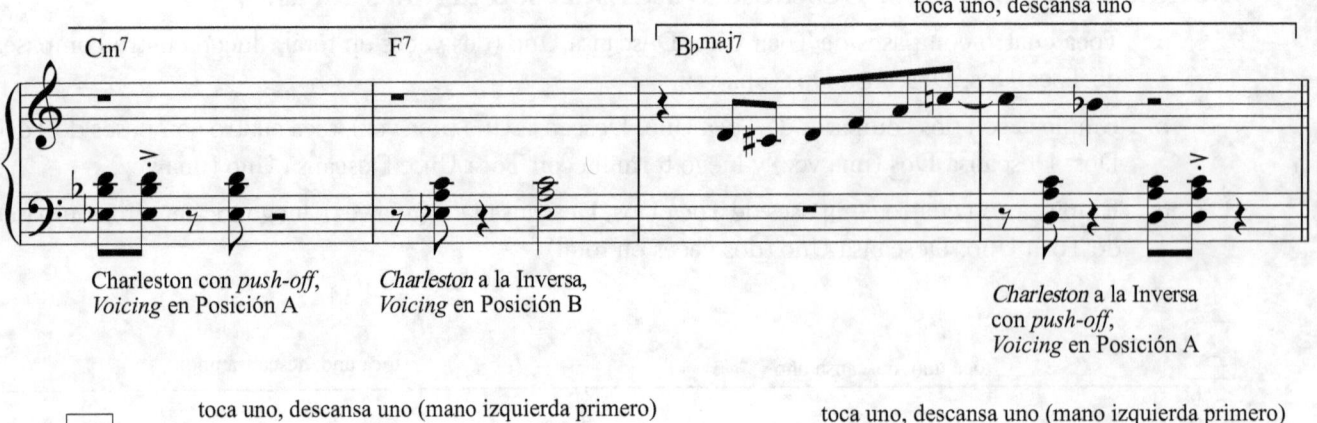

Lick 7 de ii-V-I

El *lick* 7 de ii-V-I es de forma corta diseñado para solidificar el trabajo que has hecho con los arpegios en la última unidad. Recuerda que los arpegios 3-5-7-9 pueden ser tocados en inversiones de manera a crear una conducción de voces fluida y posiciones de la mano más convenientes.

Aquí, la trecena (sexta) sustituye a la quinta para el acorde dominante. Como aprenderás luego, sustituir la **trecena** por la quinta es una práctica común que agrega más color a un acorde de séptima dominante.

Lo más complicado de este *lick* es la digitación. A pesar de que puede ser tentador usar el pulgar dos veces de seguido, intenta practicando cruzar encima del pulgar con el segundo dedo para conectar con un legato fluido. La digitación para tres tonalidades se da a continuación. Evita usar el mismo dedo dos veces de seguido a medida que practicas la digitación para los otros tonos.

Ejercicio de Coordinación 5

Practica tocando tus escalas al acompañar con *voicings* en Posición A/B a una mano en todas las tonalidades, como se muestra abajo. Esta es una gran oportunidad para practicar agregando *lead-ins* a tu acompañamiento.

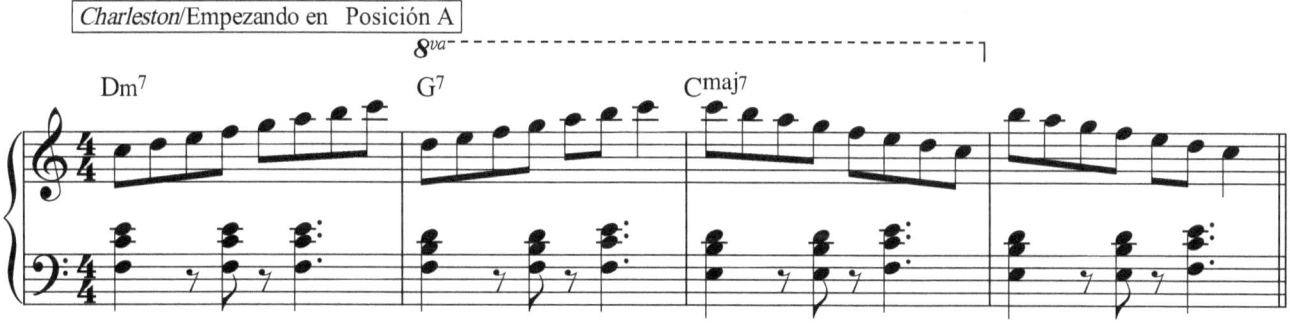

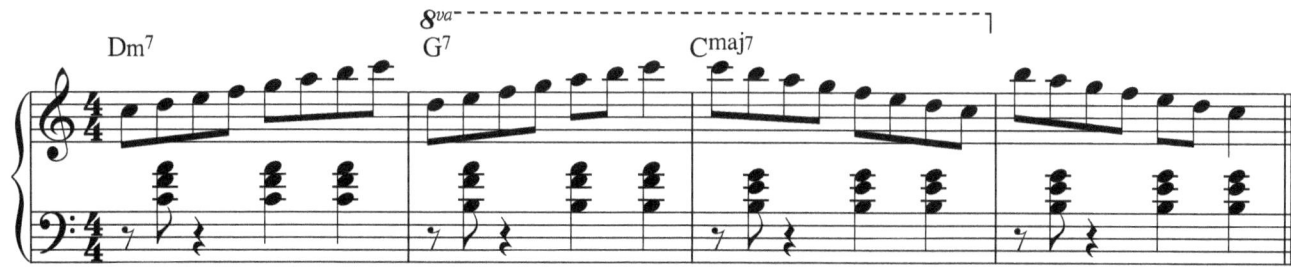

Aprendiendo un Tema *Blues*

Así como en la Unidad 5, en esta unidad estaremos trabajando a través de los pasos para aprender un tema. Estarás aprendiendo un tema *blues* original llamado "*Blues* for Sammie" (llamado de esa forma por el perro labrador del autor). Nota que "Blues for Sammie" agrega unos cuantos acordes a la forma *blues* que ya has aprendido, incluyendo una progresión ii-V-I en el compás cuatro y un acorde de séptima dominante en el compás 8.

Nota que "*Blues* for Sammie" es un *blues* AAB con una ligera alteración. Dado que el La en el primer tiempo del primer compás no es parte de la escala de *blues*, necesita ser cambiado a un La bemol en el primer tiempo del compás cinco para encajar con el acorde de Si bemol séptima dominante.

Preguntas Frecuentes

Q: ¿Los temas de blues son considerados contrafacts?

A: ¡Buena pregunta! A pesar de que los temas de *blues* concuerdan con la definición técnica de un *contrafact*, ya que comprenden nuevas melodías escritas sobre una progresión de acordes pre-establecidas, en realidad no pensamos en ellas como *contrafacts* ya que no hay una fuente original de los acordes. En cambio, el *blues* es considerado una progresión estándar de acordes.

Los pasos que deberías tomar al aprender este tema están listados abajo. Muchos de los pasos serán familiares de la Unidad 5:

1. Aprende la melodía en la derecha con buena articulación *swing* al mantener las tónicas en la izquierda.

2. Practica personalizando la melodía con apoyaturas, notas fantasma, notas dobles, repetidas y grupetos. Abajo, encontrarás una posible ornamentación.

Blues for Sammie — Jeremy Siskind

3. Toca la melodía en la derecha (con alguna personalización) con un bajo en dos en la izquierda. Un manuscrito ha sido proveído para que puedas escribir tu línea de bajo, de ser necesario.

Blues for Sammie

Jeremy Siskind

4. Practica *voicings* en Posición A/B a dos manos, escribiéndolos en la partitura en blanco de ser necesario. Practica utilizando el acompañamiento *Charleston*, *Charleston* a la inversa y variaciones.

Blues for Sammie

Jeremy Siskind

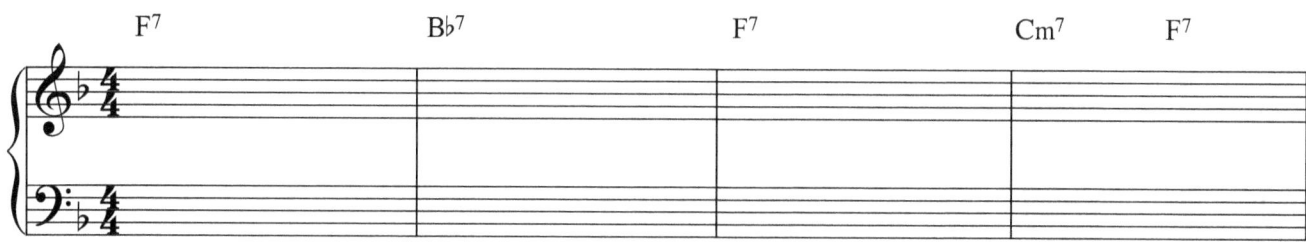

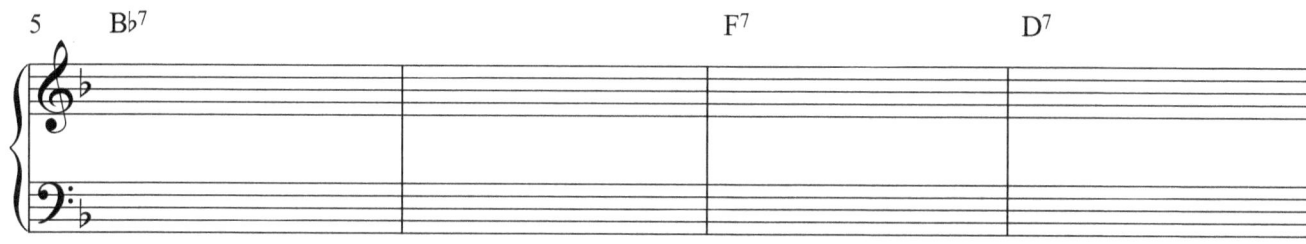

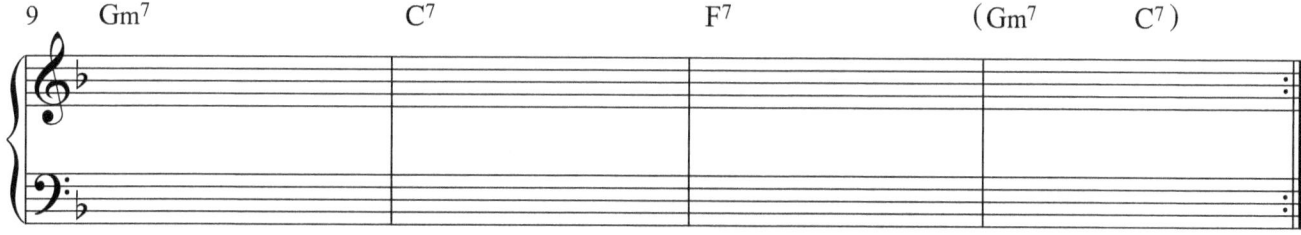

5. Averigua que *voicings* en Posición A/B a una mano puedes usar, escribiéndolos en la partitura en blanco de ser necesario. Nota que aunque los *voicings* serán tocados con una mano solamente, se ha proveído partitura en blanco con las dos claves ya que los *voicings* tienden a expandirse a través de las dos claves.

Blues for Sammie

Jeremy Siskind

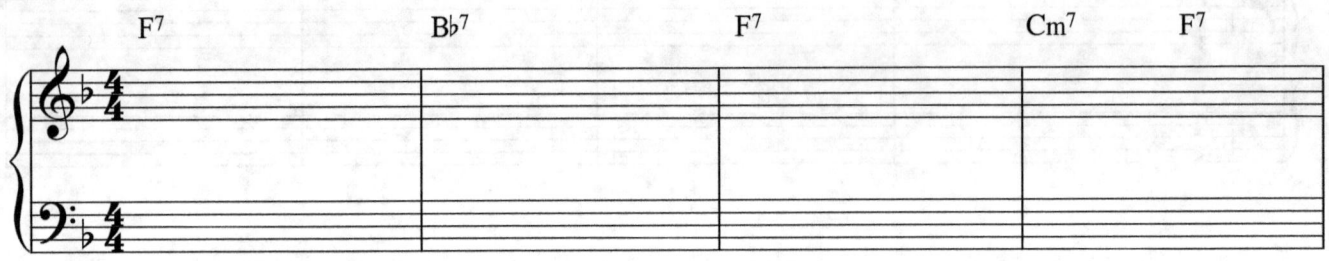

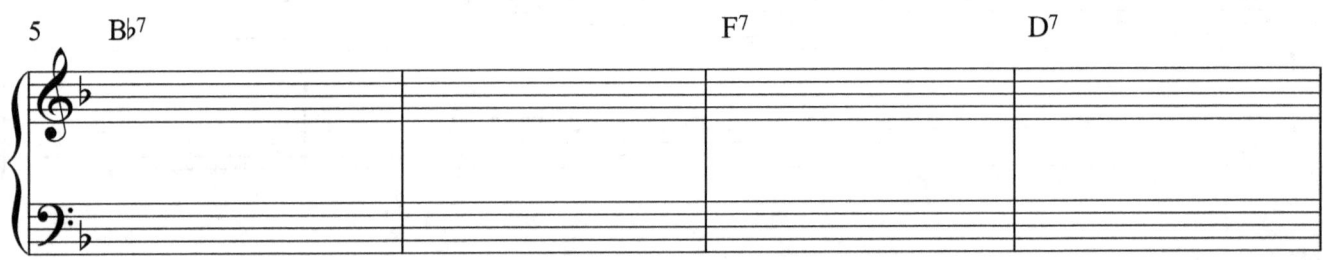

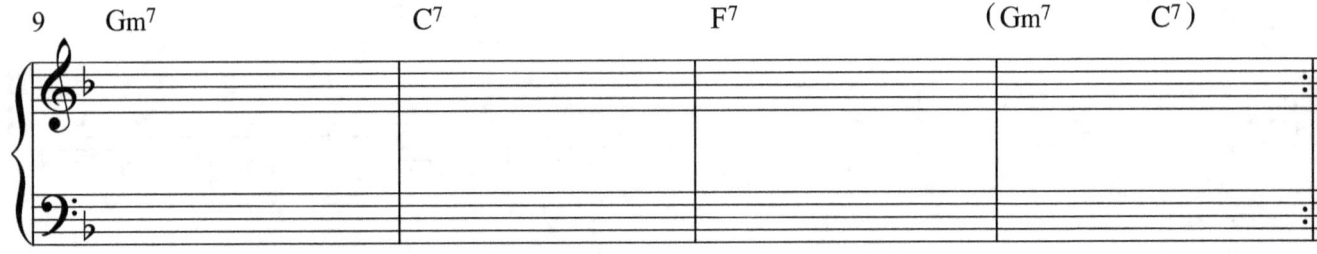

6. Practica acompañando con *voicings* a una mano en la derecha y tocando una línea de bajo en dos en la izquierda. Se provee partitura en blanco. Si puedes hacer esto sin necesidad de escribir en el bajo, ¡Eso sería genial!

7. Mantén los *voicings* en el mismo lugar en el piano, con la nota más grave entre Do 3 y Do 4 inclusive al tocarlas con la derecha. Estás dejando espacio para la melodía.

Blues for Sammie

Jeremy Siskind

8. Practica acompañando con *voicings* a una mano en la izquierda y tocando la melodía en la derecha. Se provee partitura en blanco. Esfuérzate en mantener las dos manos en el rango correcto.

   Mantén los *voicings* en el mismo registro con la nota más grave entre Do 3 y Do 4, independientemente de que mano se encuentra acompañando. Si tienes problemas con la superposición de las manos, mira la sección de Preguntas Frecuentes en la página siguiente.

Blues for Sammie

Jeremy Siskind

Preguntas Frecuentes

Q: *¡Ayuda! Mis manos chocan entre si. ¿Debería mover la melodía una octava hacia arriba?*

A: No. Generalmente no cambiamos la octava de la melodía ya que queremos mantener las melodías en el rango en que puedan ser interpretados por un cantante, por un saxofonista o trompetista.

Si tus manos están chocando entre si, tienes unas cuantas opciones, las cuales están listadas en orden de soluciones fáciles a más complejas.

1. *Elige inteligentemente los ritmos de tu acompañamiento.* Está bien si tus manos se superponen un poco siempre y cuando no se encuentren tocando simultáneamente. Siéntete cómodo con que los pulgares compartan un poco de territorio y pónte estratégico con el acompañamiento. Por ejemplo, en el compás tres, utilizar un *Charleston* a la inversa en lugar de solo un *Charleston* permite atenerte a un *voicing* en Posición A en la izquierda.

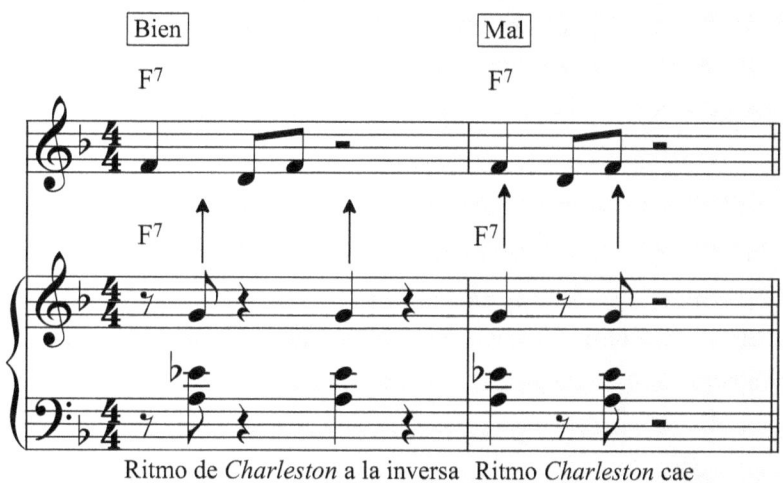

2. *Cambia tu voicing de Posición A a B o viceversa.* A pesar de que mantener una buena conducción de voces es la prioridad, a veces es necesario cambiar el tipo de *voicing* para que funcione en el piano. Cambia tu *voicing* a una forma más baja de ser posible, para evitar una superposición.

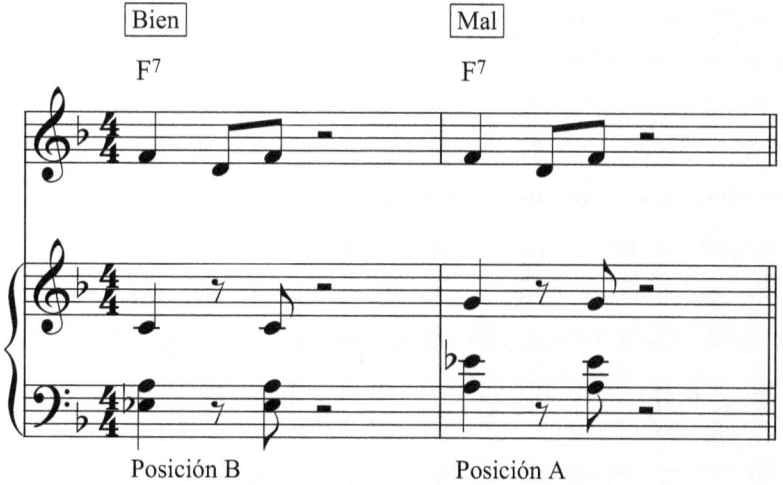

3. *Omite la nota más alta.* A pesar de que es bueno tener una tercera nota en el *voicing*, recuerda que la nota de arriba no es esencial, está proveyendo un color opcional. Mientras que la tercera y séptima estén presentes, el *voicing* funcionará.

sin la nota de arriba   con la nota de arriba

4. *Omite algunos acordes del acompañamiento.* Los dos patrones de acompañamiento que has aprendido tienen dos acordes por compás, pero no es requerimiento tocar los dos por compás. Uno por compás está bien. De ser necesario, deja afuera uno de los acordes y toca solo uno por compás.

5. *Toca la tónica y la séptima.* Si todo lo demás falla, los pianistas pueden mover su izquierda a una posición más baja y acompañar utilizando solo la tónica y la séptima en lugar de *voicings* en Posición A/B. La tónica y la séptima deben ser tocadas en un rango más grave para evitar una superposición con la melodía.

tónica y séptima

Improvisando sobre "Blues for Sammie"

Desde la Unidad 8, ya estás familiarizado con ejercicios de preparación para improvisar sobre una forma *blues*. Practica estos ejercicios con "*Blues* for Sammie". Recuerda, estos ejercicios incluyen:

1. Crear un *blues* AAB utilizando la escala de *blues*.

2. Practicar arpegios 3-5-7-9, colocar algunos arpegios en inversiones para crear una conducción de voces fluida.

3. Practicar combinando intencionalmente arpegios con la escala de *blues*.

4. Incorporar *lick*s de ii-V-I y *lick*s de *blues* en los lugares apropiados.

Recuerda que para los acordes de séptima dominante, puedes improvisar usando el modo mixolidio, el cual es una escala mayor con la séptima menor. Los acordes de séptima menor utilizan el modo dórico, el cual es una escala mayor con la tercera y séptima menor.

Practica estos tres ejercicios de escalas, los cuales son similares a aquellos que practicaste en "Evening in Lyon". En el primer ejercicio, practica cada modo de forma ascendente. En el segundo, de forma descendente. En el último, practica cada modo empezando en el tercer grado. Recuerda usar el primero, segundo, tercero y quinto de cada modo cuando los acordes cambian dos veces por compás.

UNIDAD 9 BLUES FOR SAMMIE

Practica todos estos ejercicios en la mano derecha con el acompañamiento en la izquierda utilizando *voicings* en Posición A/B y con la izquierda tocando una línea de bajo en dos. Luego de dominar estos ejercicios, practica improvisando sobre "Blues for Sammie" usando las notas de estas escalas. Luego, combina un enfoque más escalar con los arpegios y escalas de *blues* que ya has practicado.

Preguntas Frecuentes

Q: *El modo mixolidio para el Re séptima dominante suena raro. ¿Por qué?*

A: ¡Buen oído! Es cierto que el modo mixolidio suena un poco raro. Abróchate los cinturones para una explicación un tanto *geek*. Si no estás interesado, puedes saltear esta sección. No es crucial para tu desarrollo ahora mismo.

La razón por la que el Re mixolidio suena un poco raro es porque el Re séptima dominante está actuando como el V del ii. El acorde de hecho es prestado de la tonalidad de Sol menor. A pesar de que todavía no hemos estudiado armonía menor, probablemente sepas que el Sol menor necesita de un Si bemol y dependiendo de que escala menor elijas, un Mi bemol. Estas dos notas harán que el modo suene más apropiado para la tonalidad. La armonía menor será estudiada en el siguiente nivel de esta serie de libros.

Poniendo Todo Junto

Practica cambiando entre estos diferentes elementos de formas que te prepararán para una aplicación de estos conceptos en el mundo real. Practica los siguiente ejercicios con un metrónomo o *play-along*, sin pausa entre los coros. Probablemente tengas que practicar las transiciones entre coros individualmente, para dominar la aplicación de estos elementos.

1. Acompañando en un formato de dúo

Si estás acompañando a un vocalista o vientista, queda a tu cargo tocar la línea de bajo por todo el tema. Tu mano izquierda tocará una línea de bajo y tu derecha acompañará mientras que el otro músico canta o toca.

- Acompaña en la derecha mientras que la izquierda toca el bajo en dos (cuatro coros)
- Improvisa en la derecha mientras que la izquierda toca en el bajo en dos (cuatro compases)
- Acompaña en la derecha mientras que la izquierda toca el bajo en dos (dos coros)

2. Liderando un trío

Un típico trío de jazz consiste en piano, bajo y batería. Si estás liderando un trío, no te tienes que preocupar por tocar una línea de bajo. Ahora, deberías practicar tocando la melodía e improvisando en la derecha mientras que la izquierda acompaña. Practica el acompañamiento a dos manos como si estuvieras acompañando un solo de bajo. Practica un *blues* en Fa con un *play-along* para que puedas escuchar el bajo.

- Toca la melodía en la derecha mientras que la izquierda acompaña (dos coros)
- Improvisa en la derecha mientras que la izquierda acompaña (cuatro coros)
- Acompañamiento a dos manos (dos coros)
- Toca la melodía en la derecha mientras que la izquierda acompaña (dos coros)

3. Tocando en un cuarteto

En un cuarteto, los pianistas frecuentemente acompañan a dos manos ya que el bajo tiene cubierto la línea de bajo y el cuarto instrumento cumple el rol melódico. Practica un *blues* en Fa con el *play-along* para que puedas escuchar el bajo.

- Acompañamiento a dos manos (cuatro coros)
- Improvisa en la derecha mientras que la izquierda acompaña (cuatro coros)
- Acompañamiento a dos manos (dos coros)

ESCUCHA GUIADA 9 –
"Now's the Time" de Charlie Parker

Escanea Aquí para Link de Escucha

"Now's the Time" es una melodía *blues* de Charlie Parker. La misma grabación se puede encontrar en numerosas compilaciones de álbumes, incluyendo el primer tema del álbum *The Essential Charlie Parker*.

Charlie Parker (1920-1955) apodado "Bird", fue un saxofonista alto y el inventor principal del estilo *bebop*. Recuerda de la Unidad 3 que el *bebop* es un estilo musical complejo que saltó a la fama en la década del 40 y 50. El *bebop* es conocido por sus melodías complicadas, suntuosas armonías, tempos rápidos y virtuosas improvisaciones extendidas. El *bebop* se ha vuelto el lenguaje primario en el cual se basan los estilos modernos de jazz. Parker compuso numerosas piezas que se han convertido en *standards*, muchos de ellos *contrafacts*, incluyendo "Blues for Alice", "Donna Lee", "Anthropology", "Scrapple from the Apple", "Confirmation", "Billie's Bounce" y este tema, "Now's the Time", cuya melodía fue famosamente reutilizada luego en un *hit pop* llamado "The Hucklebuck".

MIEMBROS

Charlie Parker, saxofón alto

Sadik Hakim, piano

Curley Russell, bajo

Max Roach, batería

Forma

0:00-0:05	Introducción
0:05-0:35	Melodía (*Blues*, Dos Veces)
0:35-1:48	Solo de Saxofón (Cinco Coros)
1:48-2:15	Solo de Piano (Dos Coros)
2:15-2:29	Bajo Solo (Un Coro)
2:29-2:43	Solo de Batería (Un Coro)
2:43-final	Melodía (*Blues*, Una Vez)

Primero, nota lo mucho que Parker varia la melodía desde la primera exposición a la segunda. Canta la melodía por la primera exposición y ve si puedes recordarlo. Luego, escucha la segunda exposición de la melodía, comenzando en el minuto 0:20. Parker toca los primeros compases, luego se aleja de la melodía con una frase completamente diferente. Es común para los músicos de jazz alterar la melodía cuando se toca dos veces de seguido.

El toque de Parker es un gran estudio de combinaciones de estilos *blues*. En algunos puntos de su improvisación, las complejidades y el virtuosismo del estilo *bebop* son prominentes. Otras veces, Parker recuerda al oyente que el creció con la tradición *blues* de Kansas City y toca "como en casa" o *licks* de un *dirty blues*. Escucha el tercer coro de Parker, empezando el minuto 1:03. Su primer *lick* es puro *blues*, que incluye un *pitch bend* del tercer grado de la escala que imita una inflexión vocal. Luego, a medida que se acerca a la cadencia (1:10-1:14), toca una prolongada línea escalar con notas coloridas, típico de la improvisación *bebop*.

También vale la pena escuchar la batería de Max Roach. Roach es uno de los padrinos del estilo *bebop* en la batería y el mismo baterista que co-lideró la banda con Clifford Brown en "Joy Spring" de la Unidad 2. Los bateristas de *bebop* eran conocidos por **tirar bombas**, incluyendo acentos largos y cortos en lugares inesperados al acompañar a los solistas. Escucha la forma en que Roach utiliza el bombo y la caja agresivamente para energizar y catalizar la banda.

TAREA UNIDAD 9

1. **Ejercicio de Improvisación 9 . practica las variaciones de fraseo para el Toca Uno, Descansa Uno y Toca Dos, Descansa Dos en Sol, La y Si bemol.**
2. **Practica el *Lick* 7 ii-V-I en las doce tonalidades, prestando especial atención a la digitación.**
3. **Practica el Ejercicio de Coordinación 5 en las doce tonalidades.**
4. **Aprende *Blues* for Sammie de las siguientes maneras:**
    a. Tocando la melodía en la derecha y manteniendo las tónicas en la izquierda.
    b. Personalizando la melodía con apoyaturas, notas fantasma, notas dobles, repetidas y grupetos.
    c. Tocando la melodía (con un poco de personalización) con un bajo en dos en la izquierda.
    d. Acompañando con *voicings* en Posición A/B a dos manos.
    e. Acompañando con *voicings* en Posición A/B a una mano.
    f. Acompañando con *voicings* a una mano en la derecha y manteniendo una línea de bajo en dos en la izquierda.
    g. Acompañando con *voicings* a una mano en la izquierda y tocando la melodía en la derecha.
5. **Practica improvisando sobre un *blues* en Fa:**
    a. Creando un *blues* AAB usando la escala de *blues*.
    b. Practicando arpegios 3-5-7-9, invirtiéndolos para crear una conducción de voces fluida.
    c. Combinar intencionalmente arpegios y escala de *blues*.
    d. Incorporando tus *licks* de ii-V-I y *licks* de *blues* en los lugares apropiados.
    e. Practicando el modo mixolidio y dórico ascendentes y descendentes, y empezando en el tercer grado de la escala.
6. **Practica juntando estos elementos de las tres maneras discutidas:**
    a. Acompañando en un formato de dúo
    b. Liderando un trío
    c. Tocando en un cuarteto
7. **Escucha Guiada 9: "Now's the Time" de Charlie Parker**
    a. Escucha "Now's the Time" por lo menos veinte veces.
    b. Presta atención a las variaciones que Charlie Parker realiza a la melodía y su combinación *blues* con estilos *bebop*.
    c. Escucha el estilo de la batería de Max Roach, especialmente la forma en que "tira bombas".

Unidad 10
Introduciendo Dominantes Alterados

Ejercicio de Improvisación 10 – Toca lo que cantas

El ejercicio de improvisación de esta semana se enfoca en conectar lo que escuchas en tu cabeza con lo que tocas al improvisar. ¡No saltees esta sección! Involucrar a tu oído es una parte crucial de tu crecimiento como improvisador.

Primero, practica de forma estática. Mientras mantienes una quinta en el bajo, canta una frase corta y luego toca una frase similar a la que cantaste. No es necesario tener oído absoluto para hacer esto. Si las notas no encajan perfectamente, no hay problema. Por ahora, lo más importante es igualar la forma y el ritmo de tu frase cantada y entrenarte a ti mismo para escuchar a tu oído interior. A medida que creces como músico, querrás entrenar tu oído para que sea más y más exacto de manera a igualar lo que cantes y lo que toques.

Practica cantando y tocando sobre una forma corta de ii-V-I. En un *feel* de *swing*, canta una frase de dos compases sobre la progresión manteniendo las notas del bajo. Luego, toca una frase similar de dos compases. Practica en Do, Fa y Mi bemol.

A continuación, practica estos ejercicios con un cronómetro, aproximadamente diez minutos por sesión. Activar tu oído interior requiere de formar un hábito. Debes dedicarle tiempo, aún sin notar un progreso inmediato..

Lick 8 de ii-V-I

El *lick* 8 es una forma corta de ii-V-I, variación del *Lick* 7 diseñado para encajar con el tema de la semana, el dominante alterado. Utilizando la misma forma que el *Lick* 7, este *lick* agrega tonos alterados en el acorde V para más color y tiene un final ligeramente más colorido que el *Lick* 7, ten cuidado con la digitación, y evita usar el mismo dedo dos veces de seguido. Probablemente tengas que mantener el pulgar por debajo de la mano para una digitación más fluida.

Ejercicio de Coordinación 6

Como pianista de jazz, es importante poder tocar una variedad de melodías sobre una línea de bajo constante. Así como practicaste el ejercicio de "Acompañando en un formato dúo" en la unidad anterior, habrás notado que es difícil tocar una línea de bajo en la izquierda e improvisar con la derecha.

El ejercicio de abajo te indica tocar la escala mayor como una **hemiola**, un patrón rítmico que no encaja perfectamente en la métrica, sobre una línea de bajo en dos. La escala es presentada alternando corcheas y negras, formando un patrón de un tiempo y medio que se repite. A medida que practiques en las doce tonalidades, subdivide los tresillos y mantén el metrónomo en el segundo y cuarto pulso para asegurarte de que tu *feel* de *swing* sea sólido.

Dominantes Alterados 1

Los acordes dominantes alterados son una fuente crucial de color en el jazz. Los acordes dominantes alterados son creados al ascender o descender por un semitono los tonos de color de un acorde de séptima dominante. Los tonos ascendidos o descendidos a veces se indican en los símbolos de acorde, pero los músicos también pueden alterar los acordes dominantes sin indicación.

Hay cuatro alteraciones primarias, algunas de las cuales poseen equivalentes enarmónicos:

1. La **novena menor** es creada al descender la novena de un acorde por un semitono. La novena menor es la alteración más común ya que conduce cromáticamente a un ii-V-I e incluye notas nativas a la tonalidad paralela menor de la tónica. Escucha el sonido de la novena menor al tocar las tónicas de los acordes, manteniendo el pedal y tocando los *voicings* de abajo.

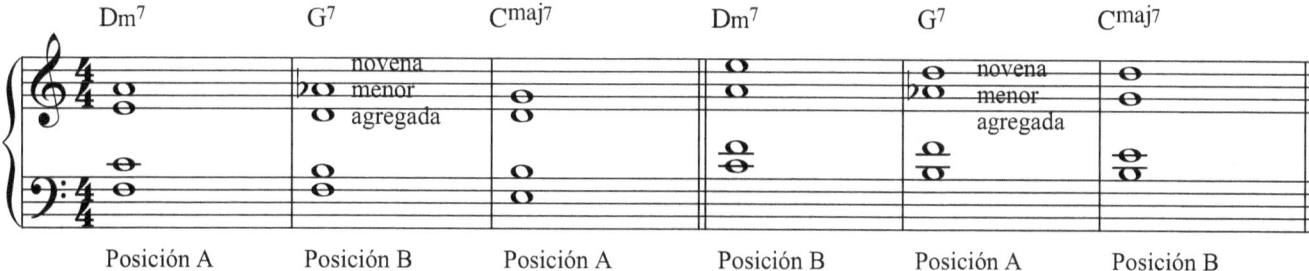

2. La **novena aumentada** es creada al ascender un semitono la novena del acorde. Debido a que la novena aumentada es enarmónicamente equivalente a la tercera menor, frecuentemente es confundida por esa nota. Si un acorde contiene tanto la tercera mayor y menor, es probablemente un acorde de séptima dominante con la novena aumentada. La novena aumentada tiene un sonido *blues* y es comúnmente utilizada en piezas *funk*, como "I Feel Good" de James Brown. Escucha el sonido de la novena aumentada en una progresión ii-V-I al tocar las tónicas de los acordes, manteniendo el pedal y tocando los *voicings* de abajo.

Ahora, toca los siguientes compases de "I *Feel* Good" unas cuantas veces para que puedas escuchar el típico *voicing* para un acorde de séptima dominante con la novena aumentada que se utiliza en un tema *funk*. El *voicing* de tres notas solo contiene la tercera, séptima y novena aumentada.

3. La **quinta aumentada** y **trecena menor** son enarmónicamente la misma nota. Así como la novena menor, esta nota conduce cromáticamente en un ii-V-I. Un acorde con una quinta aumentada también es referida como un **acorde aumentado**. Los acordes aumentados son indicados con un símbolo "+". Escucha el sonido de la quinta aumentada/trecena menor en una progresión ii-V-I al tocar las tónicas de los acordes, manteniendo el pedal y tocando los *voicings*. Para el ejemplo, el tono alterado es llamado una trecena menor ya que es parte de una línea descendente (para más información, lee las Preguntas Frecuentes en la siguiente página)

4. La **quinta disminuida** u **oncena aumentada** son enarmónicamente la misma nota. Un acorde de séptima dominante con la oncena aumentada es un sonido típico usado al final de una pieza y es escuchado en temas como "Take the A Train" de Duke Ellington. Escucha el sonido de la quinta disminuida/oncena aumentada en una progresión de ii-V-I al tocar las tónicas de los acordes, manteniendo el pedal y tocando los *voicings*. En el ejemplo de abajo, el tono alterado es nombrado como una oncena aumentada ya que es parte de una línea descendente (para más información, lee las Preguntas Frecuentes de la siguiente página)..

Escoge tres temas que ya hayas tocado y elige tonos alterados para todos los acordes dominantes. Practica tocando los *voicings* en Posición A/B, a una y dos manos, incorporando los tonos alterados.

Preguntas Frecuentes

Q: ¿Cómo sé si llamar a la nota una trecena menor o quinta aumentada? ¿Cuál es la diferencia?

A: La respuesta a esta pregunta es compleja y muy "nerd". No es esencial entender esto ahora mismo, si va a ser estresante, ¡saltea esta explicación! La primera diferencia es simplemente donde la nota asciende o desciende. En cualquier tipo de música, los aumentados tienden a ascender, los disminuidos y menores tienden a descender. Segundo, los acordes con una extensión superior alterada todavía contienen la quinta natural. Por ejemplo, un acorde con una oncena aumentada todavía tiene la quinta natural, mientras que un acorde con la quinta disminuida no tiene una quinta natural. Tercero, el contexto puede determinar si cierto acorde es o no apropiado. Si un acorde dominante se dirige hacia un Do menor, nombrar a la nota como una trecena menor (Mi bemol) en lugar de quinta aumentada (Re sostenido) tiene mas sentido ya que Mi bemol es la tercera en Do menor.

Q: Los voicings que aprendimos no tienen la oncena o trecena. ¿Qué hago con esas notas?

A: En los *voicings*, trátalos como una quinta aumentada o quinta disminuida. En otras palabras, reemplaza la quinta con la oncena aumentada o trecena menor.

Q: Espera, ¿Así que puedo alterar cualquier acorde dominante? ¿Hay limitaciones?

A: Esencialmente, si. Por favor, no esperes una invitación para alterar acordes dominantes.

Hay, sin embargo, algunas limitaciones. ¡Recuerda alterar solo los acordes dominantes! No trates de alterar acordes de séptima mayor o menor. Sé considerado de la melodía. Evita agregar un tono alterado que caiga un semitono por encima o debajo de una nota prominente de la melodía (una que se sostiene o cae en un tiempo fuerte). El tempo es otro factor. En un tempo más rápido, la mayoría de las alteraciones pasarán inadvertidas. En un tempo más lento, es importante estar muy consciente de acomodar las notas en la melodía así como ajustar tus alteraciones a los acordes tocados por los solistas. Escuchar estos tonos y ajustar los acordes correctamente lleva mucha práctica y experiencia.

En el segundo compás de abajo, no uses una quinta disminuida/oncena aumentada o quinta aumentada/trecena menor en el acorde de Sol séptima dominante porque chocará con el Re en la melodía. En el compás cuatro, no alteres la novena del acorde de Fa séptima dominante ya que chocará con el Sol en la melodía.

Q: En mis voicings en Posición A/B a una mano, estoy tocando solo la quinta o la novena. ¿Cómo agrego una alteración?

A: ¡Buena pregunta! Por ahora, trabaja con lo que tienes. Si estás tocando la quinta, trata de encontrar un *voicing* con una quinta alterada. Si eso no funciona, puedes meter una alteración en el medio del *voicing*. Luego, aprenderás *voicings* de cuatro notas a una mano para que puedas incluir las alteraciones que quieras.

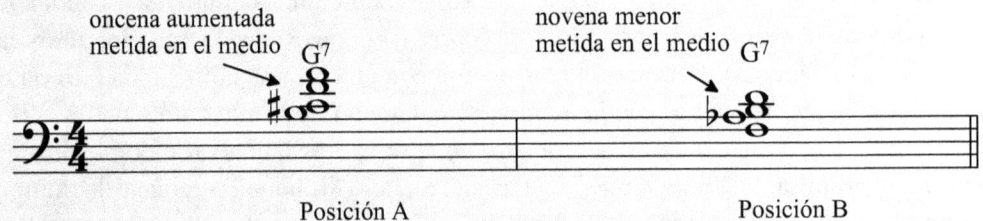

Q: He visto algunas piezas con alteraciones en acordes de séptima mayor y menor. ¿Son incorrectas?

A: No, no son incorrectas. Hay maneras de ensombrecer acordes de séptima mayor y menor, pero no pueden ser alteradas tan libremente como los acordes de séptima dominante. Por ahora, sigue las direcciones proporcionadas por los símbolos de acordes para mayor y menor, pero siéntete libre de agregar tus propias alteraciones para acordes de séptima dominante.

Práctica Escrita

Escribe *voicings* en Posición A/B de cuatro notas a dos manos para los acordes dominantes alterados.

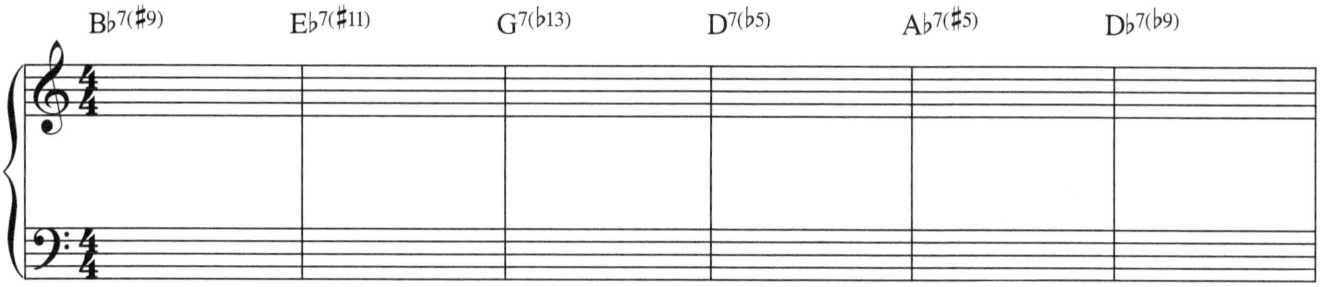

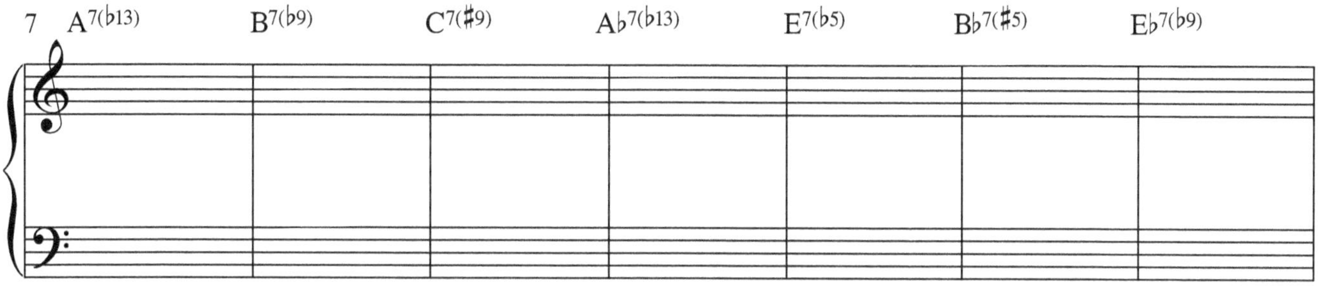

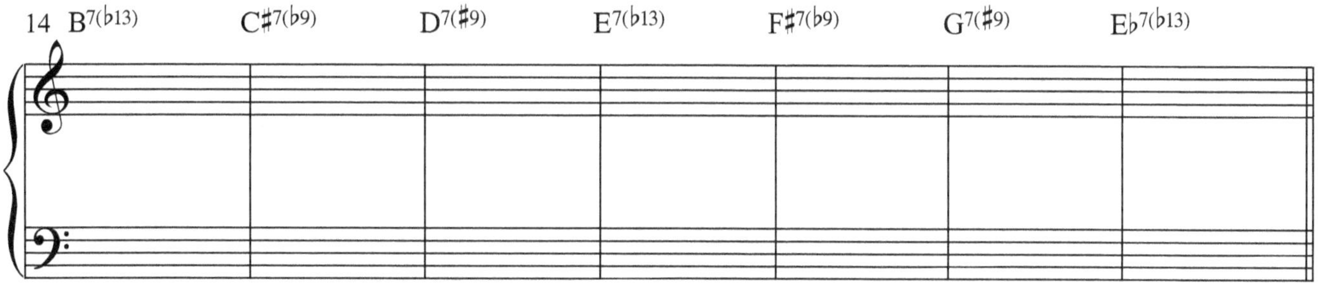

Bb7(#9)   Eb7(#11)   G7(b13)   D7(b5)   Ab7(#5)   Db7(b9)

7 A7(b13)   B7(b9)   C7(#9)   Ab7(b13)   E7(b5)   Bb7(#5)   Eb7(b9)

14 B7(b13)   C#7(b9)   D7(#9)   E7(b13)   F#7(b9)   G7(#9)   Eb7(b13)

Práctica de ii-V-I

Practica *voicings* en Posición A/B a dos manos sobre todas las tonalidades, primero con novena menor, luego con quinta aumentada/trecena menor. Se proveen las primeras tonalidades más abajo.

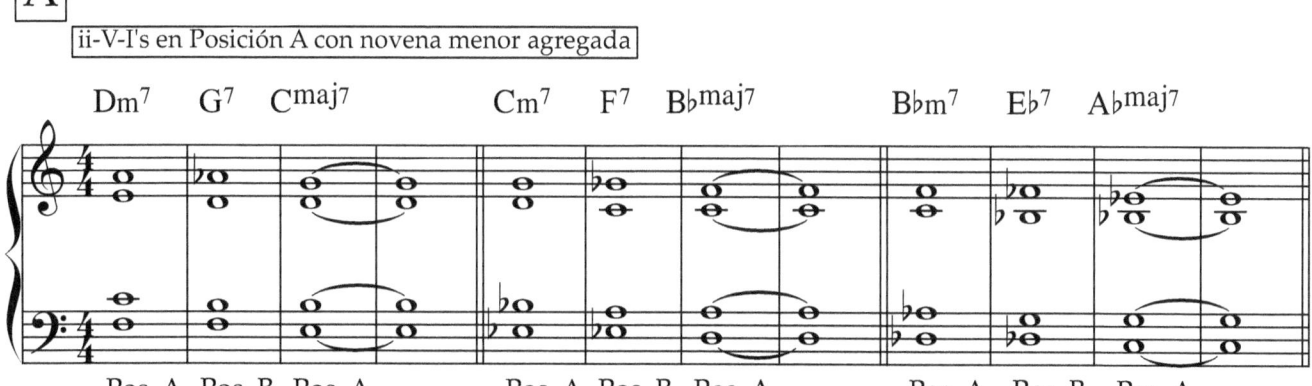

A — ii-V-I's en Posición A con novena menor agregada

Dm7 G7 Cmaj7   Cm7 F7 Bbmaj7   Bbm7 Eb7 Abmaj7

Pos. A Pos. B Pos. A   Pos. A Pos. B Pos. A   Pos. A Pos. B Pos. A

UNIDAD 10 INTRODUCIENDO DOMINANTES ALTERADOS

ii-V-I's en Posición B con novena menor agregada

ii-V-I's en Posición A con quinta aumentada/trecena menor agregada

ii-V-I's en Posición B con quinta aumentada/trecena menor agregada

Bossa Nova y Samba

Además de tocar en estilos *swing*, los músicos de jazz tocan normalmente en estilos brasileros, como bossa nova y samba. Estilísticamente, estos dos géneros son muy similares, pero **la *bossa nova* es** una versión lenta o de tempo medio y la samba una versión rápida.

Los estilos brasileros son diferentes a los estilos *swing* de muchas formas. Primero, la música brasilera debería ser tocada con corcheas continuas en lugar de tocarlas con *swing*. Sin embargo, la mayoría de los músicos ponen énfasis en los tiempos débiles en lugar de los tiempos fuertes al tocar en estilos brasileros. Aún con las corcheas continuas, la *bossa nova* y *samba* todavía se siente un poco de *swing*.

Segundo, acompañar ritmos y estilos son diferentes. Tres patrones de acompañamiento para *bossa nova* se muestran a continuación.

1. Ritmo *bossa nova* simple

Esta es tu opción más fácil al tocar *bossa nova*.

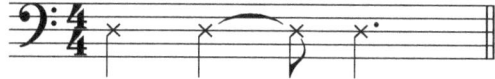

2. Tiempos débiles

Es común tocar ligeramente en todos los tiempos débiles en la *bossa nova y samba*. Provee a la música una sensación de impulso hacia adelante al anticipar cada acorde. Empieza tu ritmo de acompañamiento en la segunda corchea del cuarto tiempo, no del primero. A algunos pianistas les gusta acentuar ligeramente en los acordes que anticipan los tiempos fuertes, la segunda corchea del cuarto tiempo y del segundo. Al enfatizar estos dos acordes, utiliza un movimiento de arriba hacia abajo, haciendo caer tu peso en la segunda corchea del cuarto y segundo y tocando la segunda corchea del primero y tercero con un movimiento hacia arriba, levantándolo.

cambiar aquí

UNIDAD 10 INTRODUCIENDO DOMINANTES ALTERADOS

3. El patrón *partido alto*

El patrón *partido alto* ("parte media") es un patrón de acompañamiento de dos compases que traza sus orígenes a la percusión brasilera. A pesar de que deberías empezar a practicarlo literalmente, es común escuchar a guitarristas y pianistas acompañar usando variaciones de este patrón.

Ya que el patrón *partido alto* es de dos compases, tendrás que cambiar de acordes en el medio del patrón (no trates de cambiar la duración del ritmo armónico para encajar con el patrón). El ejemplo de abajo muestra que deberías cambiar los acordes en la segunda corchea del cuarto tiempo en el primer compás del patrón cuando la armonía rítmica cambia una vez por compás.

Estudia el ejemplo de abajo, el cual muestra como tocar el patrón *partido alto* cuando la armonía rítmica cambia dos veces por compás. Nota como el segundo acorde (La séptima dominante) se toca solo una vez, mientras que los otros acordes se tocan dos veces.

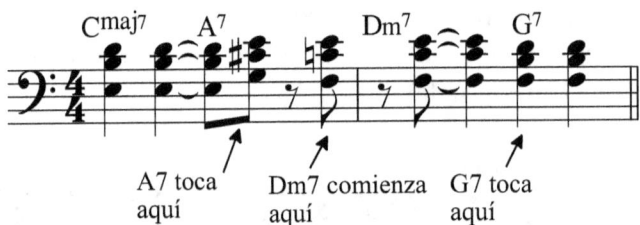

Debido a que la música brasilera generalmente se basa en tocar con la guitarra y no con el piano, el acompañamiento debe ser ligero y aéreo en lugar de percusivo. Toca con un movimiento hacia arriba desde la muñeca y el brazo en lugar de golpear las teclas hacia abajo. Mientras que el acompañamiento *swing* es típicamente staccato, para imitar la percusión de la caja, el acompañamiento de la *bossa nova* se puede mantener por más tiempo para simular las cuerdas vibrantes de la guitarra. Sin embargo, el pedal debería ser evitado. Al contrario de la música *swing*, el acompañamiento de *bossa nova* y *samba* generalmente mantienen el mismo ritmo por toda una sección. Ya que la música brasilera se basa en *grooves* repetitivos, se espera una repetición de patrones rítmicos.

Las líneas de bajo para la música brasilera son similares a las líneas de bajo en dos del *swing* con ligeras diferencias estilísticas. La primera diferencia tiene que ver con el énfasis. Mientras que en la música *swing*, los bajistas generalmente tocan las dos notas del compás de igual forma, en música brasilera, es común poner más énfasis en el tercer pulso y no en el primero, dando a la música una sensación de **backbeat**. Segundo, los bajistas de *bossa nova* comúnmente agregan **saltos de ritmo**, corcheas que anticipan los tiempos fuertes, a sus respectivas blancas. El ejemplo de abajo muestra una línea de bajo y un acompañamiento *partido alto* en un estilo *bossa nova*.

Aprende "Garota de Ipanema" y "Desafinado", practicando los tres patrones de acompañamiento con los *play-along*s, usando *voicings* en Posición A/B a dos manos. Luego, practica tocando los patrones de acompañamiento en la derecha mientras tocas una línea de bajo brasilera en la derecha.

Preguntas Frecuentes

Q: *¿Qué pasa si hay un guitarrista en el ensamble mientras toco bossa nova?*

A: ¡Buena pregunta! En la mayoría de estilos musicales, los guitarristas y pianistas evitan acompañar al mismo tiempo ya que múltiples instrumentos acompañando simultáneamente hará que la música suene muy desordenada. Los pianistas y guitarristas usualmente se turnan para acompañar.

En la música brasilera, dado que la guitarra es el instrumento principal, los pianistas normalmente permiten a los guitarristas ser el instrumento acompañante principal. Cuando los guitarristas acompañan, los pianistas pueden tocar **fills**, improvisaciones cortas metidas en el medio de frases de la melodía.

Los pianistas también pueden tocar **tonos guía**, melodías creadas diatónicamente por conexiones entre las terceras y séptimas de los acordes. Las líneas de guía usualmente se tocan en octavas en el registro superior del piano. El diagrama de abajo muestra dos líneas de guía posibles para una progresión ii-V-I en Do mayor, uno empezando en la tercera y otra empezando en la séptima.

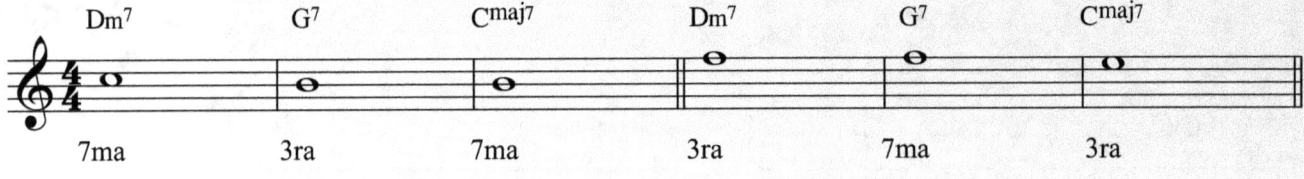

Esta es una línea de guía para una progresión más larga. En este ejemplo, todas las terceras son usadas ya que crean una melodía diatónica lo más fluida posible. El pianista debería tocar las líneas de guía como se indican, utilizando las dos manos, cambiando el ritmo y agregando notas de paso, grupetos o apoyaturas a su criterio.

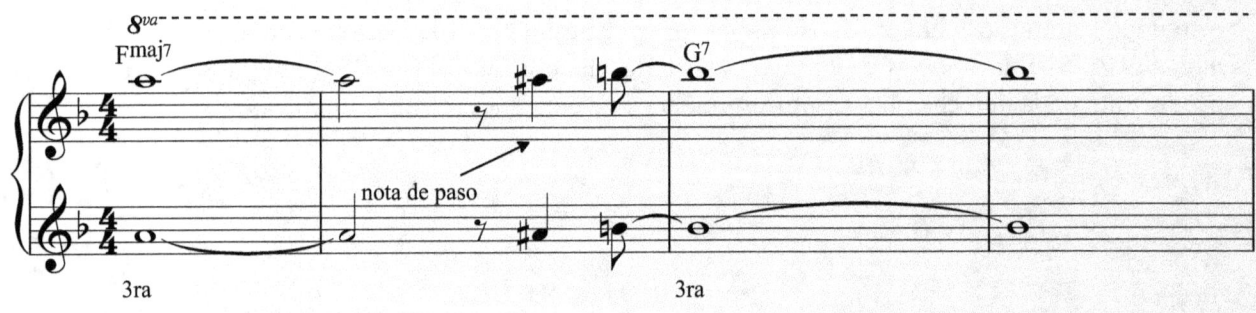

ESCUCHA GUIADA 10 –
"Corcovado" de Stan Getz & João Gilberto

Escanea Aquí para Link de Escucha

"Corcovado" es el quinto tema del álbum *Getz/Gilberto* de Stan Getz y João Gilberto, grabado en 1964.

Getz/Gilberto es un clásico moderno, aclamado por la crítica y con un gran éxito comercial, que casi sin ayuda inició una manía por la *bossa nova* en los Estados Unidads. Además del saxofonista tenor **Stan Getz (1927-1991)**, ya muy conocido por su tono entrecortado y un gran sentido del *swing*, y el guitarrista/vocalista **João Gilberto (1931-2019)**, brillante intérprete de la *bossa nova*, que canta casi suspirando y estira las frases a través de los compases, este álbum también llevó a la fama en Estados Unidads al compositor-pianista **Antônio Carlos Jobim (1927-1994)**. Jobim es conocido como el compositor de *bossa nova* más influyente y muchos de sus temas se han vuelto *standards* de jazz, incluyendo "Garota de Ipanema", "Wave", "Desafinado", "Insensatez", "If You Never Come to Me", "Dindi" y muchos más. El tema "Corcovado" incluye la encantadora voz de la esposa de Gilberto, **Astrud Gilberto (1940-)**, ¡quien nunca cantó profesionalmente antes de esta grabación!

MIEMBROS

Stan Getz, saxofón tenor

João Gilberto, guitarra/voz

Astrud Gilberto, voz

Antônio Carlos Jobim, piano/composición

Sebastião Neto, bajo

Milton Banana, batería

Forma

0:00- 0:30 Primera parte de la melodía, Inglés

0:30-1:05 Solo de Saxofón (Medio Coro)

1:05-1:32 Solo de Piano (Medio Coro)

1:32-2:08 Segunda mitad de la melodía, Portugués

2:08-final Outro de Saxofón

En esta grabación, uno nunca realmente escucha la melodía completa de "Corcovado" interpretado de principio a fin. Cada coro se divide en dos. Astrud Gilberto canta la primera mitad de la melodía en inglés al comienzo, luego Stan Getz termina el coro con una variación. Para el segundo coro, Jobim toca un solo sobre la primera mitad antes que João Gilberto cante la segunda mitad de la melodía en portugués.

Nota lo increíblemente ligero que es todo. Las melodías del piano, el acompañamiento de la guitarra, los *fills* del saxofón y las dos melodías vocales son interpretadas con un tono aéreo sin sonidos ásperos en ningún lugar. Inclusive pareciese que el baterista apenas toca el instrumento. El tema de "Quiet Night of Quiet Stars" es típica de la *bossa nova*. Las canciones *bossa nova* son estereotípicamente íntimas, relajadas, rellenas de naturaleza y playas, y hechas para ser interpretadas en forma de susurros en lugar de gritos. Nota como Jobim realmente no acompaña en el piano. Aún durante su solo, deja el acompañamiento a Gilberto mientras que toca melodías de una sola nota.

Nota el patrón de acompañamiento de Gilberto en la guitarra. Toca una variación del patrón básico de *bossa nova*. Presta atención a las corcheas. Escucha las corcheas repetidas que el baterista toca en el *hi-hat*. A pesar de que no están en *swing*, las corcheas son tocadas con un patrón percusivo que da una sensación sincopada. Ahora, escucha el fraseo de Getz y Jobim en sus solos. De nuevo, las corcheas son sincopadas pero no con *swing*. Sus acentos crean una sensación de ritmo ondulante. Estudia la línea de corcheas que toca Jobim en el minuto 1:27. Puedes escuchar que coloca los acentos en las notas sincopadas para dar a la frase un levantamiento rítmico y solidificar el *groove*.

TAREA UNIDAD 10

1. **Ejercicio de Improvisación 10 – Toca lo que cantas**
   a. Sobre un bajo estático
   b. Sobre una forma corta de ii-V-I

2. *Lick* **8 de ii-V-I**

3. **Ejercicio de Coordinación 6**

4. **Práctica de Dominantes Alterados**
   a. Completa la práctica escrita
   b. Escoge tres temas que ya has tocado y decide donde agrear tonos alterados para todos los acordes dominantes. Practica tocar los *voicings* en Posición A/B, a una mano y dos manos, incorporando los tonos alterados.
   c. Ejercicio de ii-V-I

5. **Aprende "Garota de Ipanema" y "Desafinado", practicando cada uno de los tres estilos de acompañamiento de la *bossa nova***
   a. Practica *voicings* a dos manos
   b. Practica acompañando en la mano derecha y tocando una línea de bajo en la izquierda

6. **Escucha Guiada 10: "Corcovado" de Stan Getz y João Gilberto**
   a. Escucha "Corcovado" por lo menos veinte veces.
   b. Presta especial atención a las dinámicas y la sensación de corchea en el estilo *bossa nova*.
   c. Escucha el acompañamiento de guitarra de João Gilberto y el piano de Antonio Carlos Jobim.

Unidad 11
Más Dominantes Alterados

Ejercicio de Improvisación 11 – Tonos Vecinos y *Enclosure* Cromático

Los tonos vecinos son notas a un tono de distancia de la nota del acorde que adorna ese tono. Los músicos de jazz tienden a usar primordialmente **tonos vecinos cromáticos**, tonos vecinos a un semitono de distancia de la nota del acorde. También has aprendido sobre **el *enclosure* cromático**, cuando el músico apunta hacia una nota en específico tocando tonos vecinos a un semitono de distancia, ascendente o descendente.

En general, los tonos vecinos son relativamente tocados en tiempos débiles comparados a las notas del acorde al cual apuntan. Mientras que es posible acentuar tonos vecinos que caen en los tiempos fuertes, es relativamente poco común.

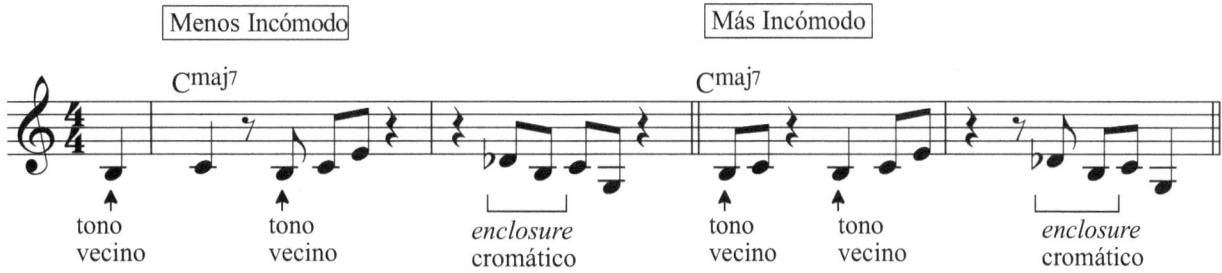

Practica improvisando de forma estática en las tonalidades de Do, Mi bemol y Sol mayor, utilizando tonos vecinos cromáticos y *enclosures* cromáticos. Empieza practicando con tonos vecinos apuntando a la tónica, luego practica con tonos vecinos apuntando a la tercera y quinta del acorde.

El ejemplo de abajo muestra una breve improvisación utilizando tonos vecinos cromáticos y *enclosures*.

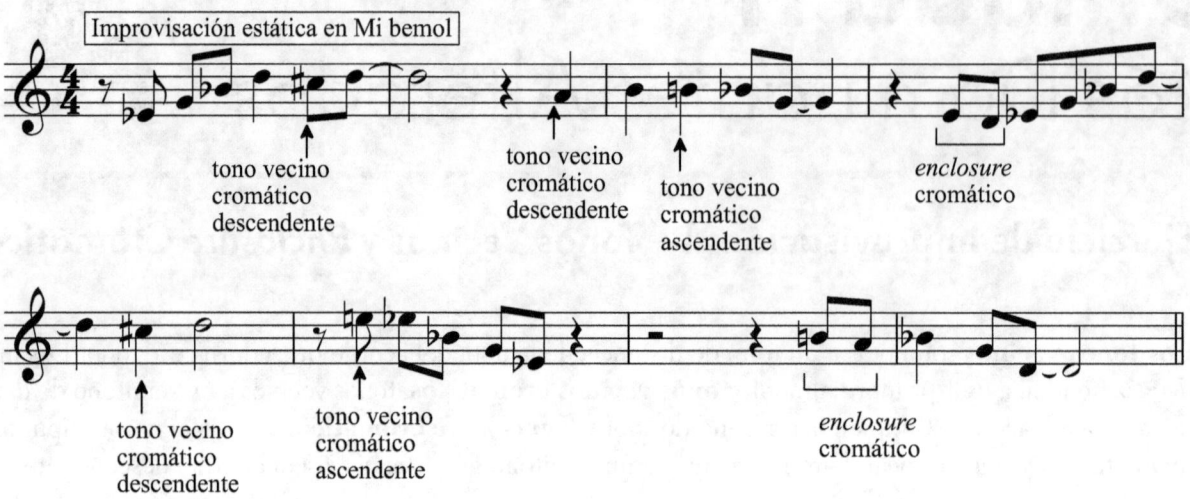

Preguntas Frecuentes

Q: ¿Qué es exactamente una nota del acorde?

A: Esa es, de hecho, una pregunta muy difícil de responder. En el jazz, puedes argumentar que cada nota de la escala es una nota del acorde ya que los acordes pueden tener extensiones superiores hasta la trecena. Para tu práctica, piensa en las notas hasta la novena, la tónica, la tercera, quinta, séptima y novena como notas del acorde.

Q: ¿Los enclosures cromáticos alguna vez empiezan abajo y luego van por arriba de la nota?

A: Si, pero es poco común. Limítate a practicar la versión que empieza con la nota superior primero.

Q: En la sección de grupetos, ¡dijiste que los tonos vecinos superiores son generalmente diatónicos mientras que los inferiores son cromáticos! ¿Estás diciendo que esto no es verdad?

A: ¡Buena memoria! Es cierto, pero practica utilizando tonos vecinos cromáticos por ahora. Hay dos razones:

1. Probablemente es muy complejo pensar en tonos vecinos cromáticos versus diatónicos cuando estás en el medio de una improvisación.

2. Practicar tonos vecinos diatónicos superiores no agrega nada nuevo a tu improvisación porque ya te encuentras usando notas de la escala al improvisar.

Lick 9 de ii-V-I

El *lick* 9 de ii-V-I provee más práctica sobre acordes dominantes alterados. Utiliza la novena menor y oncena aumentada en un arpegio sobre el acorde V.

Además de los tonos alterados, este *lick* también utiliza el *enclosure* cromático para conducir hacia el tiempo fuerte del segundo compás. Irónicamente, ya que el *enclosure* cromático está rodeando un tono alterado, ambas notas son de hecho, diatónicas en la tonalidad de Do mayor.

Dominantes Alterados 2

Los tonos alterados para acordes dominantes son frecuentemente combinados para producir dominantes alterados más complejos y coloridos. Los cuatro tonos alterados pueden ser combinados entre si, incluyendo la novena menor y aumentada y la quinta disminuida y aumentada.

El ejemplo de abajo muestra cinco posibilidades para acordes de séptima dominante con múltiples tonos alterados. Nota que los *voicings* pueden consistir de hasta seis notas. Invierte un tiempo experimentando con diferentes combinaciones de tonos alterados para el acorde V de una progresión ii-V-I y encuentra sonidos que te llamen la atención.

Con todas las opciones posibles, no es sorpresa que los músicos de jazz han ideado varias maneras de codificar y simplificar acordes dominantes con múltiples tonos alterados.

La sustitución por tritono es un concepto importante de la armonía jazz que provee un atajo al usar múltiples tonos alterados. La regla de la sustitución por tritono establece que los músicos pueden tratar a dos acordes dominantes, con las tónicas a un tritono de distancia, como intercambiables. En otras palabras, si se escribe un acorde de Sol séptima dominante, puedes tocar en su lugar, un acorde de Re bemol séptima dominante. Si se escribe un acorde de Fa séptima dominante, puedes tocar un Si séptima dominante. Nota que en vez de alternar entre *voicings* en Posición A/B, al usar la sustitución por tritonos, deberías limitarte a una sola posición durante todo el ii-V-I. La sustitución por tritono solo se aplica a acordes dominantes.

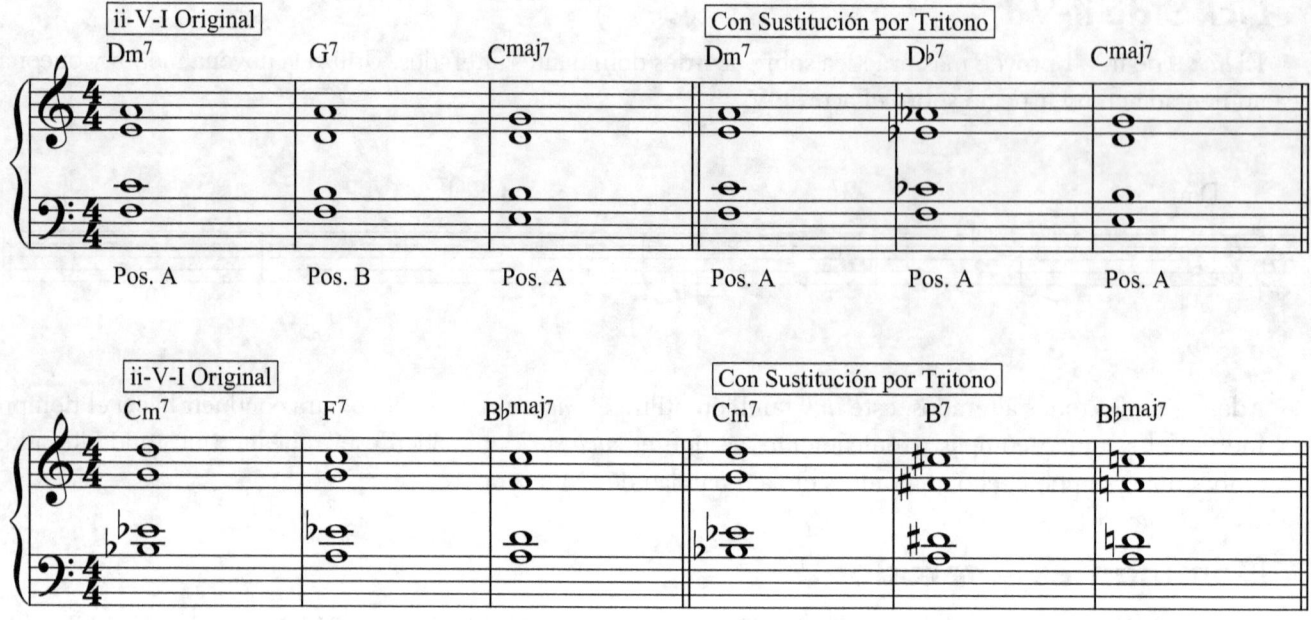

Hay tres razones por las que la sustitución por tritono funciona:

1. Crea una línea de bajo cromática descendente. Las armonías con líneas de bajo que se mueven por tonos o semitonos normalmente funcionan ya que crean resoluciones naturales. Líneas de bajo que se mueven por tonos o semitonos son muy efectivos y comunes en la mayoría de estilos musicales.

2. Los acordes tienen los mismos tonos esenciales, solo al revés. En el ejemplo de Do mayor de arriba, nótese que tanto los acordes de Sol séptima y Re bemol séptima contienen Fa y Si (enarmónicamente Do bemol) como la tercera y séptima. Para el Sol séptima, Fa es la séptima y Si la tercera; para el Re bemol séptima, Fa es la tercera y Do bemol es la séptima.

3. Los tonos de color se convierten en tonos alterados y vice versa. La nueva quinta y novena del Re bemol séptima dominante son la novena menor y trecena menor del acorde original. Por lo tanto, aún si el bajista se encuentra tocando Sol, el acorde sonará simplemente como un Sol séptima dominante con alteraciones.

Ahora, mira de vuelta el *Lick* 9 de ii-V-I de esta unidad. Nota que el acorde de Re bemol séptima está delineado melódicamente contra el Sol séptima dominante. Delinear el acorde puede ser visto desde dos perspectivas. Por un lado, delinea un acorde de Sol séptima dominante con una novena menor y quinta disminuida. Por el otro lado, delinea la tónica, tercera, quinta y séptima de la sustitución por tritono del Sol séptima dominante.

Los músicos también pueden utilizar el atajo "alt" en un símbolo de acorde para denotar **un acorde alterado**, un acorde con múltiples alteraciones. El símbolo de acorde para un acorde alterado ("alt") podría lucir así "C7alt". El acorde alterado técnicamente proviene de la llamada **escala alterada** (también conocida como **disminuido-tonal** o la **super locria**) el cual es el séptimo modo de la escala menor melódica. Como se muestra en el ejemplo de abajo, deberías usar la escala menor melódica de la tonalidad un semitono arriba de la tónica del acorde *alt*. La escala de Sol alterado, escrita abajo, deriva de La bemol menor melódica.

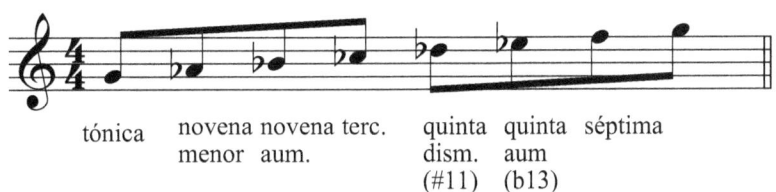

La escala alterada es una escala muy inusual, pero a la vez muy útil. ¡Es inusual ya que la tercera del acorde está en la cuarta posición de la escala! Pero es útil ya que las notas de la escala tocan los cuatro tonos alterados más la tercera y séptima del acorde dominante.

Al tocar un acorde "alt", los pianistas deberían elegir solo notas de esta escala, evitando la quinta justa y novena mayor. El pianista puede elegir tocar todos los tonos alterados o solo destacar tonos específicos alterados y omitir otras. Más abajo hay múltiples *voicings* posibles para un acorde "alt". Muchos son similares a los *voicings* presentados anteriormente.

Preguntas Frecuentes

Q: ¿Cualquier miembro de la banda puede elegir tocar la sustitución por tritono? ¿Acaso eso no creará un caos?

A: Si, ¡cualquiera puede elegir tocar la sustitución por tritono! No, no creará un caos. Mira el diagrama de la siguiente página. Encontrarás que cuando un miembro de la banda utiliza la sustitución por tritono pero otros no, da la vuelta tonos coloridos "normales" y vice versa. Eso significa que el bajista, el instrumento acompañante y el solista pueden elegir libremente entre tocar el acorde original o la sustitución por tritono.

- El ejemplo A, el bajista toca la sustitución por tritono pero no el pianista. El pianista toca un acorde de séptima dominante sin alteraciones. Este acorde sonará como un Re bemol séptima con la novena menor y trecena menor.

- En el ejemplo B, el bajista toca la sustitución por tritono pero no el pianista. El pianista toca un acorde séptima dominante con alteraciones. El acorde sonará como un Re bemol séptima sin alterar.

- En el ejemplo C, el pianista toca la sustitución por tritono pero no el bajista. El pianista toca un acorde de séptima dominante sin alteraciones. El acorde suena como un Sol séptima dominante con la novena menor y trecena menor.

- En el ejemplo D, el pianista toca la sustitución por tritono pero no el bajista. El pianista toca el acorde de séptima dominante con alteraciones. El acorde sonará como un Sol séptima dominante sin alterar.

Como puedes ver, sin importar la combinación, ¡utilizar la sustitución por tritono mantendrá el sonido apropiado de un acorde dominante!

Q: *El acorde "alt" no tiene sentido. ¿Cómo puedo elegir qué notas están en el acorde?*

A: De hecho, en el jazz, siempre estás eligiendo que notas están en el acorde. A veces elegimos tocar la novena, la oncena o trecena, mientras que otras veces omitimos estos tonos. El acorde "alt" no es diferente, solo utiliza una escala mucho menos familiar.

Ejercicios de ii-V-I

Practica tus progresiones ii-V-I con sustituciones por tritonos reemplazando los acordes originales. Practica primero con *voicings* en Posición A/B a dos manos. Estos *voicings* serán idénticos a un Sol séptima dominante con la novena menor y trecena menor. Observarás que la conducción de voces más fluido para esta progresión es creado al usar tres *voicings* consecutivos de la misma posición en lugar de alternar entre *voicings* en Posición A y B.

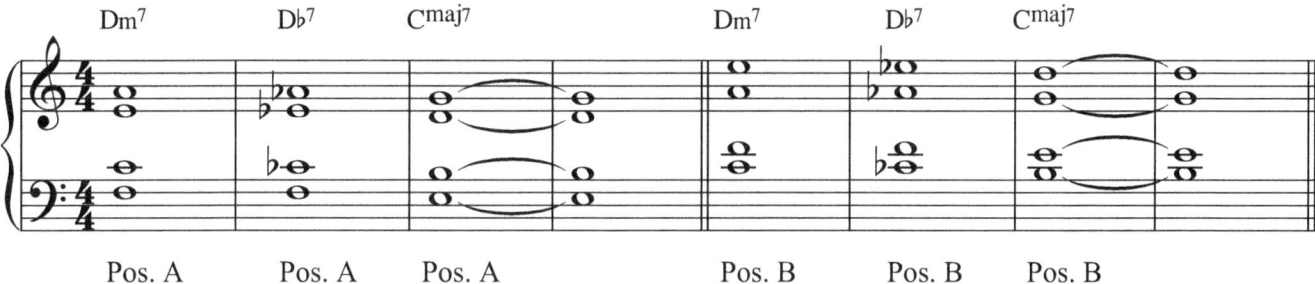

Segundo, practica tocando una línea de bajo en dos en la izquierda y acompañando con un patrón de tu elección con *voicings* en Posición A/B en la derecha.

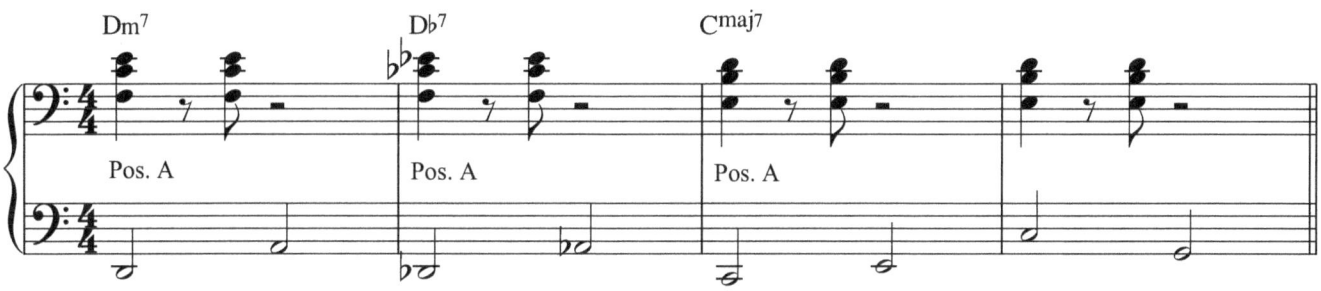

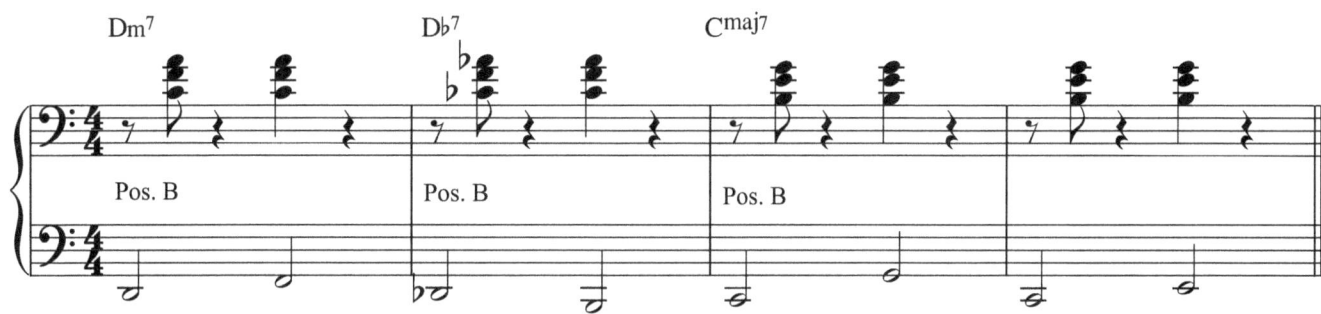

Al usar múltiples tonos alterados, normalmente suena mejor resolver cada nota por tonos o semitonos, creando un acorde de tónica de cinco notas. Practica estas fórmulas para resolver acordes dominantes alterados con trecena menor, novena menor y novena aumentada. Nota que el acorde I utiliza la trecena, el grado equivalente a la sexta.

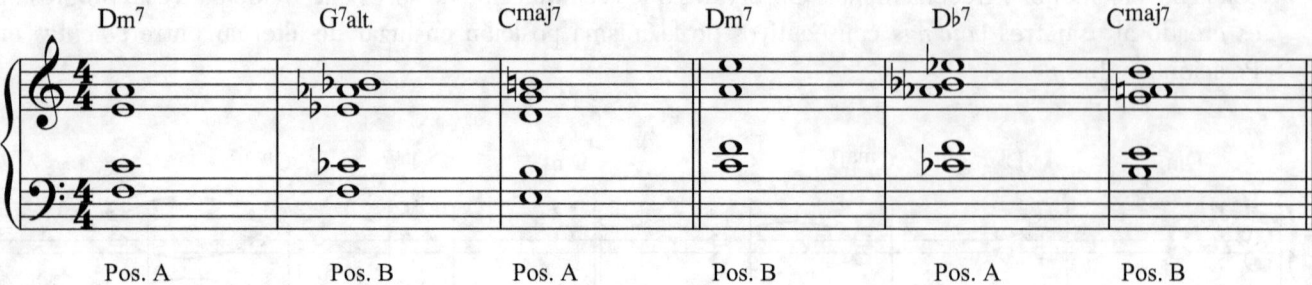

Practica ambos ejercicios en todas las tonalidades descendiendo por semitonos. Empieza con una progresión ii-V-I en Do mayor, luego un ii-V-I en Si mayor, Si bemol mayor, etc.

Variaciones de acompañamiento 2

Hasta ahora, has estado acompañando con los patrones de *Charleston* y *Charleston* a la inversa, agregando *lead-ins*, *push-offs* y variaciones largas-cortas. En la sección de abajo, aprenderás más formas para variar tu acompañamiento.

1. **Toca los patrones de *Charleston* y *Charleston* a la inversa en la segunda parte del compás, empezando en el tercer tiempo o la segunda corchea del tercer tiempo.**

   Para el *Charleston*, los dos acordes ahora caerán en el tercer tiempo y en la segunda corchea del cuarto. Recuerda que los acordes en la segunda corchea del cuarto anticipa el acorde del siguiente compás. Para el *Charleston* a la inversa, los dos acordes caen en la segunda corchea del tercer tiempo y el primer tiempo del siguiente compás.

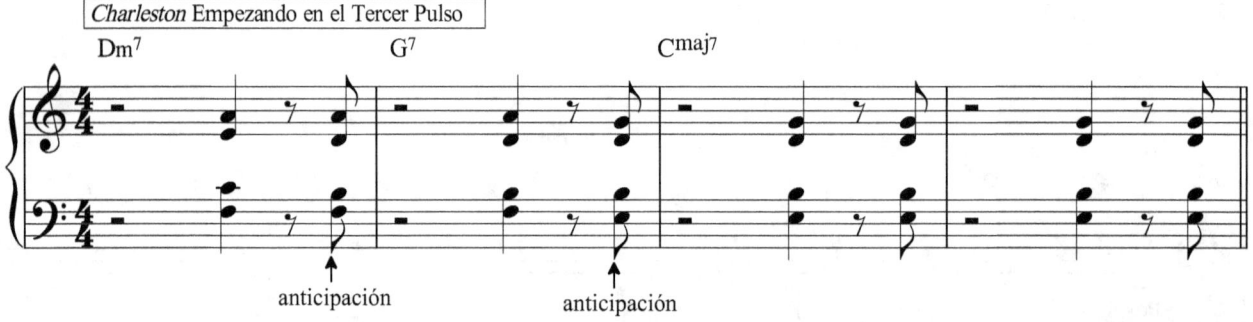

2. Omite un acorde del acompañamiento.

Utilizando patrones de acompañamiento familiares, omite uno de los acordes y toca solo uno por compás. Típicamente, los pianistas elegirán tocar en el tiempo débil en lugar del tiempo fuerte ya que eso crea más energía rítmica.

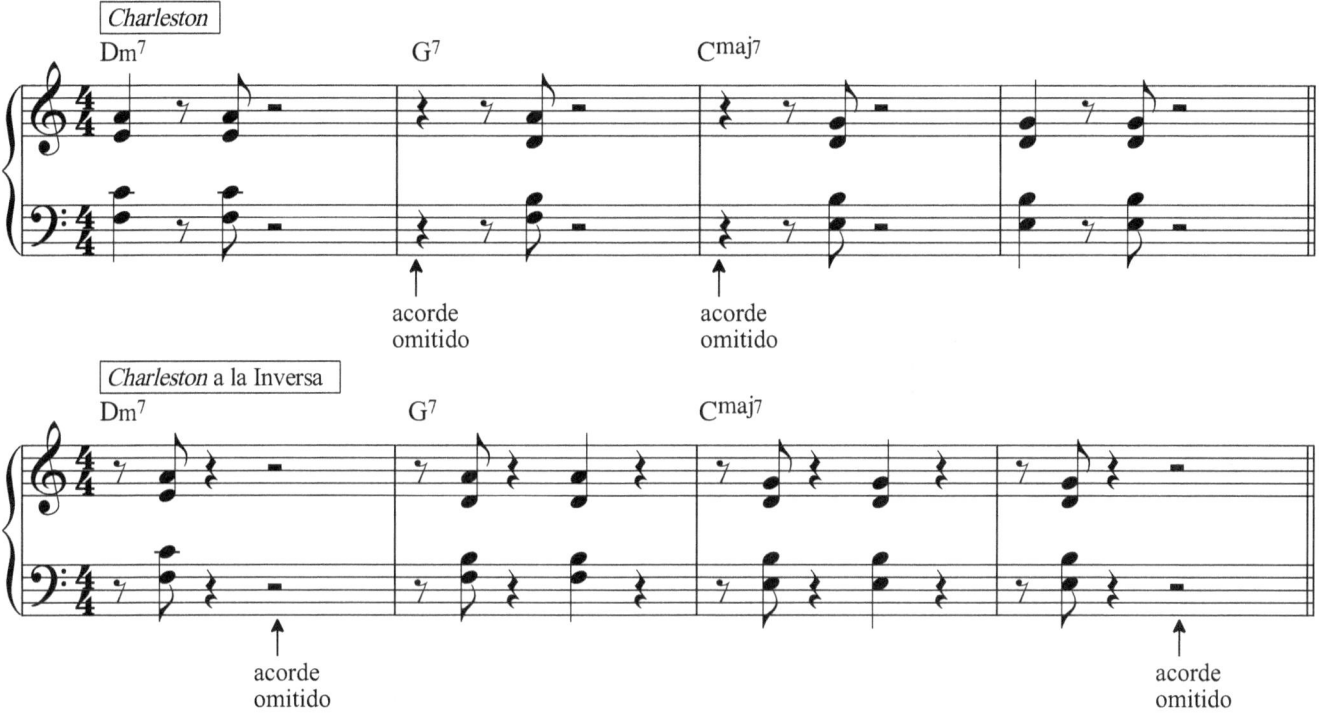

3. Utiliza un *sidestep* para crear movimiento armónico

El *sidestepping* es la técnica de desplazar un acorde por un semitono para luego resolverlo al acorde correcto. Los *sidesteps* son normalmente colocados en pulsos relativamente débiles y resueltos a un tiempo fuerte (ver Preguntas Frecuentes en la página 175). Los acordes pueden ser movidos tanto por un semitono descendente o ascendente para crear un *sidestep* desde abajo o arriba, respectivamente.

Un *sidestep* también puede ser usado para conducir a un acorde que todavía no ha sido presentado. En el segundo compás en la siguiente página, el acorde en la segunda corchea del tercer tiempo es un *sidestep* desde abajo que conduce al Do séptima mayor. Nótese también el **sidestep doble** en el compás seis, en el cual el acorde de Do séptima mayor en el primer tiempo es desplazado por semitonos dos veces antes de llegar al acorde correcto en el primer tiempo. El ejemplo de la siguiente página muestra lugares típicos en donde utilizar un *sidestep*.

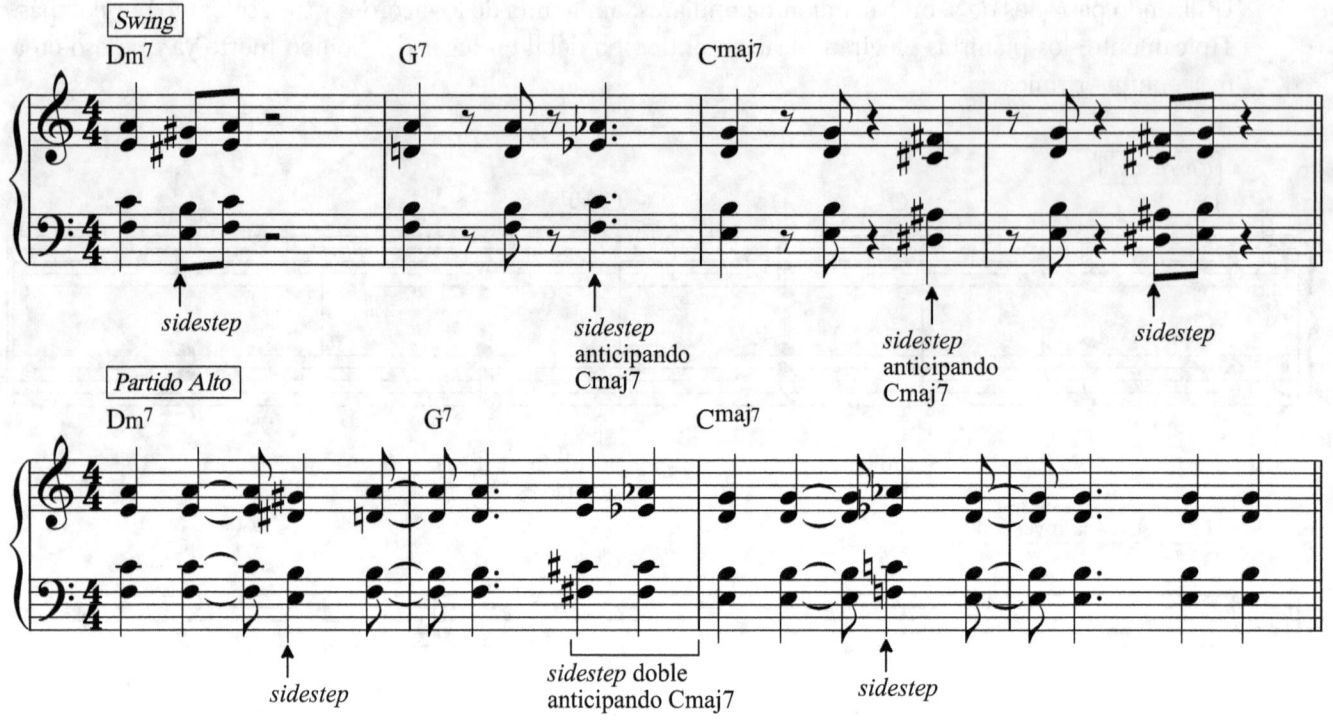

4. Utiliza el patrón de acompañamiento cuatro-cuatro para acompañar en tres cuartos.

Debido a que la gran mayoría de la música jazz se toca en cuatro cuartos, todos los patrones de acompañamiento que has aprendido hasta ahora han estado en cuatro cuartos. Sin embargo, es importante saber como acompañar para temas *swing* en tres cuartos, los cuales son a veces llamados **valses de jazz**. Al tocar en tres cuartos, empieza con el equivalente del *Charleston* y *Charleston* a la inversa en tres cuartos. Los patrones empiezan igual pero omiten un pulso al final, como se muestra a continuación.

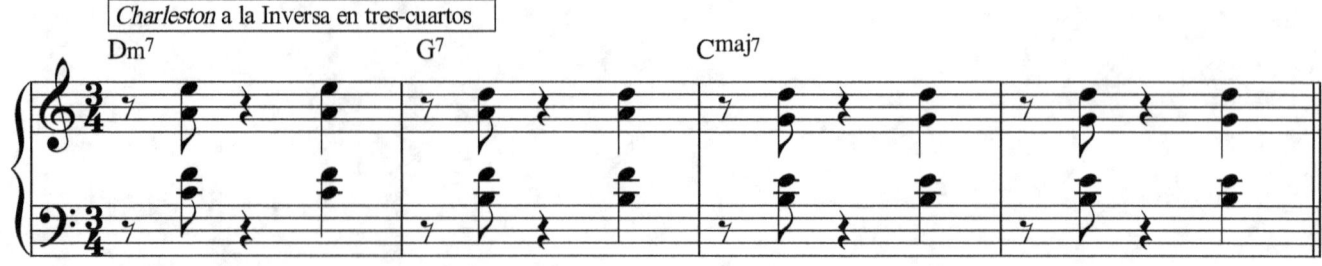

Preguntas Frecuentes

Q: ¿Cómo se si un pulso es más débil o más fuerte que otro?

A: Esta es una pregunta complicada. Los tiempos fuertes en un compás de cuatro cuartos son generalmente el primero y tercero. Sin embargo, en el jazz, frecuentemente anticipamos estos tiempos fuertes en la segunda corchea del cuarto tiempo y la segunda corchea del segundo, respectivamente, para crear tiempos fuertes sustitutos. Puedes notar cuando una nota actúa como anticipación si no hay ninguna nota en el tiempo fuerte después de otra nota en la segunda corchea del segundo tiempo o del cuarto tiempo. Los dos tiempos fuertes y sus anticipaciones son las más sólidas en el compás. Después de eso, los tiempos (1,2,3,4) son más fuertes que los tiempos débiles.

Q: ¿Acaso el sidestep no creará una disonancia? ¡Los acordes que se usan como sidesteps contienen notas incorrectas!

A: Si, pero la disonancia es parte de la música. ¡Un aspecto muy importante! Como un tono vecino cromático, los *sidesteps* crean tensiones momentáneas que son resueltas rápidamente. Funcionan mejor a tempos medios o rápidos. A pesar de que está bien practicar lentamente, esto te puede convencer de que las disonancias son más problemáticas de lo que realmente son a un tempo regular. Confía en el proceso y trabaja en estos acordes. Agregan un color necesario.

Q: *El Charleston a la inversa empezando en la segunda corchea del tercer tiempo termina en el primer tiempo, que es donde empieza el Charleston. ¿Puedo combinar estos dos patrones para crear un patrón de acompañamiento de dos compases?*

A: Si, absolutamente, ¡por favor hazlo! ¡Me encanta! El ejemplo de abajo muestra los patrones de acompañamiento combinados.

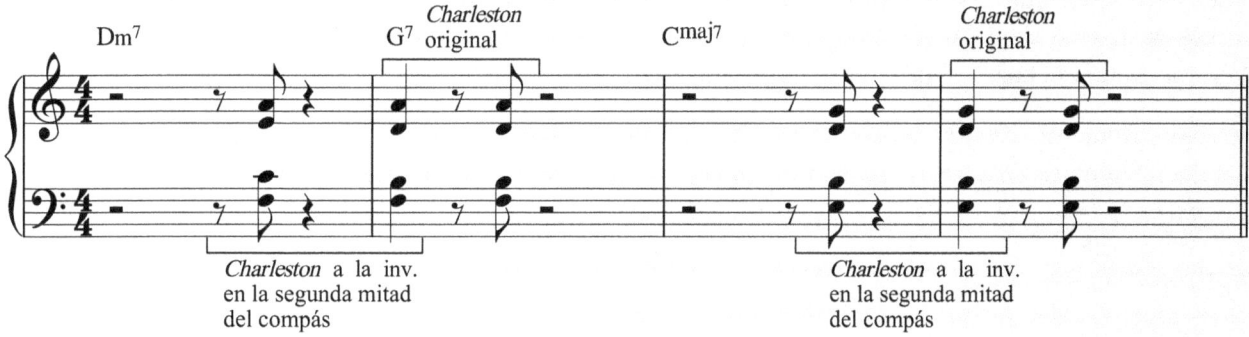

Mientras que estamos combinando patrones de acompañamiento, el *Charleston* a la inversa original termina en el tercer tiempo, que es donde el patrón de *Charleston* empieza si lo mueves a la segunda mitad del compás. ¡Estos funcionan muy bien combinándolos! El ejemplo de abajo muestra el resultado.

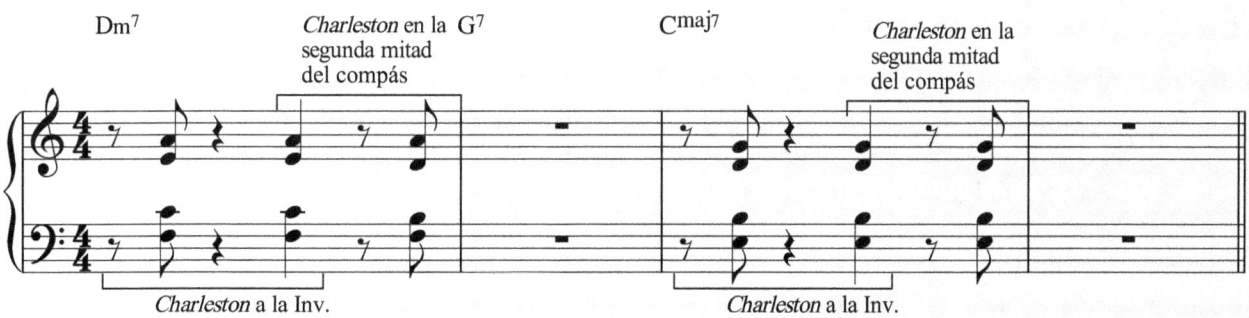

ESCUCHA GUIADA 11 –
"Remember" de Hank Mobley

Escanea Aquí para Link de Escucha

"Remember", es una canción escrita por Irving Berlin y es el primer tema del álbum *Soul Station* de Hank Mobley, grabada en 1960.

MIEMBROS

Hank Mobley, saxofón tenor

Wynton Kelly, piano

Paul Chambers, bajo

Art Blakey, batería

Forma

0:00-0:42	Melodía (Forma AABA)
0:42-3:05	Solo de Saxofón (3 Coros)
3:05-4:37	Solo de Piano (2 Coros)
4:37-4:59	Solo de Bajo (Medio Coro)
4:59-5:19	Melodía (Medio Coro – Puente y Ultima A)
5:19-final	Final

Hank Mobley (1930-1986) fue un saxofonista tenor de *hardbop* conocido por su tono robusto y habilidad de crear melodías memorables. Mobley empezó con *Jazz Messengers*, un increíble grupo e históricamente muy importante, inicialmente fundado por el pianista Horace Silver, pero liderado por el baterista **Art Blakey (1919-1990)** por varias décadas, quien es el baterista de este álbum. Blakey llevó al grupo a ser uno de los principales "centros de entrenamiento" para jóvenes músicos de jazz. Ex alumnos de los *Jazz Messengers* incluyen a Lee Morgan, Wynton Marsalis, Benny Golson, Keith Jarrett, Benny Green, Terence Blanchard, Wayne Shorter y muchos otros músicos influyentes. Además de Mobley y Blakey, dos músicos que ya has conocido de la Escucha Guiada 1, el pianista Wynton Kelly y el bajista Paul Chambers, quienes son conocidos por haber tocado en el ensamble de Miles Davis.

El tema "Remember" es interesante ya que muestra como los músicos de jazz pueden adaptar una canción popular a una interpretación de *swing*. La pieza original, escrita por el compositor Irving Berlin, es un tema lento, un vals trágico en Si bemol mayor, el cual lo puedes oír si escuchas la primera mitad de *The Irving Berlin Songbook*, en la versión de Ella Fitzgerald. Mobley y su grupo toman ese vals lento y lo transforman en una pieza *swing* a tempo medio en cuatro cuartos.

El solo de Mobley es uno de los mejores del repertorio jazz. No se basa en una técnica rápida o sustituciones complejas para crear su solo, en vez de eso, improvisa melodías líricas y memorables. También desarrolla motivos, particularmente formando secuencias que descienden cromáticamente con los cambios de acordes. Puedes escuchar estas secuencias cromáticas desde el inicio de su solo (0:45-0:50), brevemente en la segunda A (0:58-0:59), en el minuto 1:20-1:22, con dos frases al comienzo de su segundo coro (1:31-1:33 y 1:35-1:37), en el minuto 1:44-1:49, y de nuevo cuando comienza el tercer coro, en el minuto 2:18-2:23.

Detrás de Mobley, la sección rítmica tiene un *swing* con intensidad y sin esfuerzo. Escucha el acompañamiento de Kelly. A medida que Mobley toca la melodía repetitiva, Kelly toca acordes sueltos como respuesta, generalmente en la segunda corchea del segundo tiempo. Frecuentemente utiliza *push-offs*, emparejando tres o más corcheas juntas como acordes del acompañamiento (escucha en el minuto 0:09, 0:19, 0:25, 0:30 y varios otros lugares). Escucha la forma en que el acompañamiento de Kelly encaja como un rompecabezas dentro de la presentación del tema de Mobley y como complementa su solo. Además de proveer intensidad en la forma en la que marca el tiempo, Blakey es conocido entre los bateristas por algo llamado **press roll**, un *roll* de batería formado por una serie de golpes dobles que intensifica la energía conduciendo a una sección. Puedes escuchar los *press rolls* de Blakey que conducen al puente durante la melodía (0:21) y durante el coro final del solo de Mobley (2:41)

TAREA UNIDAD 11

1. **Ejercicio de Improvisación 11 – practica utilizando tonos vecinos y *enclosures* cromáticos**
2. ***Lick* 9 de ii-V-I – practica en las doce tonalidades y aplícalos a temas**
3. **Ejercicios de ii-V-I para Dominantes Alterados 2**
    a. *Voicings* a dos manos con sustituciones cromáticas
    b. *Voicing* a una mano en la derecha con el bajo en dos en la izquierda, con sustituciones por tritonos
    c. Practica resolviendo acordes con múltiples tonos alterados
4. **Escoge dos piezas de la lista del *Real Book* y practica:**
    a. Tocando el *Charleston/Charleston* a la inversa en la segunda mitad del compás.
    b. Omitiendo el primer acorde del acompañamiento.
    c. *Sidestepping*
5. **Aprende "Alice in Wonderland" y "A Child is Born" del *Real Book* y practica el acompañamiento en tres cuartos usando los dos patrones presentados previamente**
6. **Escucha Guiada 11: "Remember" de Hank Mobley**
    a. Escucha "Remember" por lo menos veinte veces.
    b. Presta atención a como Hank Mobley toca solos melódicos incluyendo secuencias.
    c. Escucha como Wynton Kelly utiliza múltiples *push-offs* al acompañar.

Unidad 12
Improvisando con Dominantes Alterados

Improvisando con Dominantes Alterados

En el último capítulo, introducimos la escala alterada, una colección de notas que incluyen los cuatro tonos alterados, así como también la tercera mayor del acorde y la séptima dominante. Recuerda que puedes encontrar la escala alterada tocando las notas de la escala menor melódica de la tonalidad un semitono arriba de la tónica.

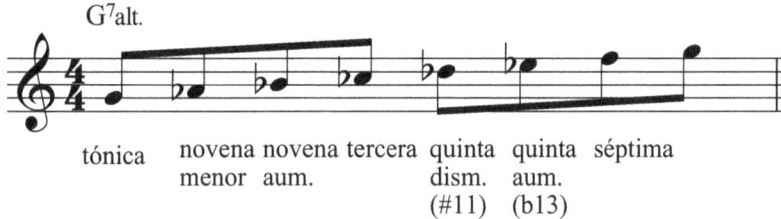

En esta unidad, estarás explorando la escala alterada para el acorde dominante en las tonalidades de Do, Fa, Si bemol, Mi bemol y Sol, usando un bajo estático en dos partes. Para empezar, toca solo la tónica y la quinta del acorde dominante en la izquierda y practica improvisando con la escala alterada fuera de tiempo. Luego, resuelve a la tónica e improvisa fuera de tiempo con la escala mayor. Debido a que hay muchas notas muy tensas en la escala alterada, es crucial escuchar como cada nota quiere resolver y como resolverlas apropiadamente.

Una improvisación de prueba se provee más abajo.

Lick 10 de ii-V-I

El *Lick* 10 de ii-V-I utiliza la escala alterada de Sol sobre el acorde V del ii-V-I. Escucha el color creado al usar los cuatro tonos alterados. Estudiando el *Lick* 10, encontrarás dos *enclosures* cromáticos, una nota fantasma y un grupeto. Con optimismo, este *lick* te ayudará a entender como puedes juntar diferentes elementos de este libro para crear un amplio vocabulario jazz.

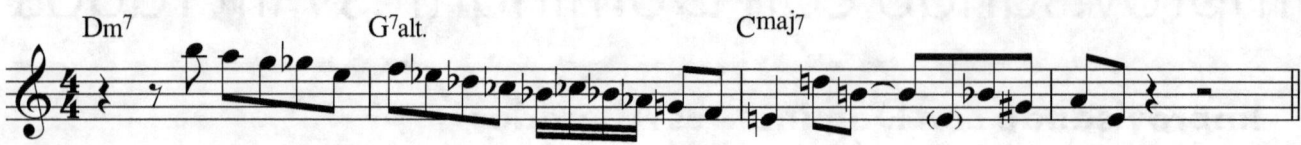

Improvisando sobre Dominantes Alterados

Al improvisar sobre acordes dominantes alterados, no es posible simplemente usar el modo mixolidio (la escala mayor con la séptima menor). Los acordes dominantes alterados utilizan diferentes escalas dependiendo de sus alteraciones. Todas estas escalas deberían ser basadas en la tónica del acorde dominante. En otras palabras, para un acorde de Sol séptima dominante, utiliza la escala empezando en Sol.

1. Para acordes de séptima dominante con la novena alterada (menor, aumentada o ambas), utiliza **la escala octatónica semitono/tono**. Esta escala contiene ocho notas alternando semitonos y tonos, empezando con un semitono. La escala octatónica es a veces referida como **la escala disminuida** o escala **disminuida semitono/tono**. Los símbolos de acorde específicos han sido inventados para los ejemplos de abajo, pero estas escalas pueden ir con cualquier acorde de séptima dominante con la novena alterada.

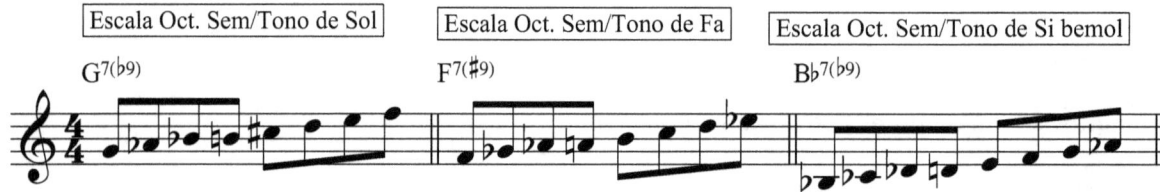

Nota que la escala octatónica semitono/tono incluye la tónica, novena menor, novena aumentada, tercera mayor y séptima dominante, todas las notas más importantes para improvisar sobre un acorde de séptima dominante con la novena alterada.

2. Para los acordes de séptima dominante con la quinta alterada (disminuida, aumentada o ambas), utiliza la escala hexatonal. La **escala hexatonal (escala tonal)** es una escala hexatónica (seis notas) que se compone de tonos. Acordes específicos han sido inventados para los ejemplos de abajo, pero estas escalas pueden ir con cualquier acorde de séptima dominante con la quinta alterada.

3. Para los acordes de séptima dominante con la oncena aumentada, utiliza **la escala lidia dominante**. Esta es una escala mayor con la cuarta aumentada y la séptima menor. A veces también es llamada **escala lidia mixolidia**.

4. Para acordes de séptima dominante con la trecena menor, utiliza la escala **mixolidia sexta menor**. Esta es una escala mayor con la sexta y séptima menor.

5. Para un acorde con la novena alterada (aumentada, menor o ambas) más otra nota alterada, utiliza **la escala alterada**. Aprendiste la escala alterada en la última unidad. Esta escala es el séptimo modo de la escala menor melódica. Acordes específicos han sido inventados para los ejemplos de abajo, pero estas escalas pueden ir con cualquier acorde de séptima dominante con la novena y otro tono alterados, o cualquier acorde dominante con un símbolo "alt".

Utiliza el cuadro de abajo para repasar las escalas de esta unidad:

TONOS ALTERADOS)	ESCALAS	COMO SE FORMA
Novena (m, aum, ambas))	Octatónica Sem/Tono	Alternar Sem/tono empezando con semitono
Quinta (dism, aum, ambas)	Escala Hexatonal	Exclusivamente tonos desde la tónica
Oncena aumentada	Lidia Dominante	Escala mayor, cuarta aumentada y séptima menor
Trecena menor	Mixolidia Sexta menor	Escala mayor, sexta y séptima menor
Novena más otro tono alterado	Escala alterada	Escala menor melódica basada en la nota un semitono arriba de la tónica

Practica escribiendo las escalas correctas para los acordes dominantes alterados de abajo y luego escribe el símbolo apropiado para las escalas. Probablemente haya varias posibilidades para los símbolos de acordes.

182 FUNDAMENTOS DEL JAZZ PIANO

Preguntas Frecuentes

Q: *¿Estoy acostumbrado a escalas de siete notas que tienen una nota por cada grado? ¿Cómo sé a qué grado designo dos notas para la escala octatónica y que grado omitir para la escala hexatonal?*

A: Buenas noticias – realmente no importa que grados incluyes o excluyes al escribir escalas que no son de siete notas. Escríbelas de la forma más fácil.

Q: *Cuando un acorde tiene una alteración, ¿Porqué no puedo tomar la escala mixolidia y alterar solo esa nota? Para un acorde con novena menor, ¿Porqué no puedo tomar el modo mixolidio regular y descender el segundo grado?*

A: No exactamente. Las alteraciones simples sirven para crear algunas escalas, como la lidia dominante y mixolidia sexta menor. Para otras escalas, alterar una sola nota crea intervalos indeseados entre las notas circundantes. A pesar de que las escalas combinan con los acordes, no serán muy útiles al crear melodías.

Q: *¡Hay demasiadas escalas! ¿Cómo se supone que voy a recordar todo esto?*

A: ¡Lo sé! Entiendo que este último capítulo es un poco abrumador con las escalas. No podemos negar que esto llevará una práctica exhaustiva de manera a recordar estas escalas y su relación con los acordes. Pero hay buenas noticias – la escala octatónica semitono-tono y la hexatonal son **escalas simétricas**, lo cual significa que están formadas sobre patrones interválicos repetitivos. El hecho de que son escalas simétricas, significa que el mismo grupo de notas son utilizadas para diferentes escalas. Por ejemplo, mira las escalas hexatonales de Sol, La, Si, Do#, Re#/Mib y Fa más abajo:

¿Notas algo? Todas las escalas consisten en el mismo grupo de notas, empezando en diferentes lugares. La escala hexatonal repite cada tono y solamente hay dos grupos de notas que componen todas las escalas hexatonales. Similarmente, la escala octatónica semitono-tono repite cada tres semitonos (¡cada tercera menor!). Hay solamente tres grupos de notas que componen las escalas octatónicas semitono-tono.

Q: *Okey, entiendo que hay una escala octatónica semitono-tono. ¿Eso significa que hay también una escala octatónica tono-semitono?*

A: Iba a esperar para introducir esa escala, pero ya que preguntaste, te diré de ella. **La escala octatónica tono-semitono** alterna entre semitonos y tonos empezando con un tono. ¡Se forma una escala diferente! Los músicos utilizan esta escala para acordes de séptima disminuidos.

Q: *Mencionaste anteriormente que la escala alterada a veces es llamada "disminuida-tonal". ¿Porqué es eso?*

A: ¡Ahora tienes las herramientas para entender esto! Las primeras cuatro notas de la escala alterada son las mismas que la escala octatónica semitono-tono, también conocida como la escala disminuida. Las últimas cuatro notas de la escala alterada son las mismas que las últimas cuatro de la escala hexatonal.

Q: *¿La mano derecha e izquierda tienen que coincidir?*

A: ¡Ahora estoy emocionado! Normalmente, los pianistas prefieren hacer coincidir las dos manos. Sin embargo, existen algunos músicos que conscientemente crean contrastes entre las manos, no coincidiendo los acordes de manera a crear capas de color con un poco de disonancia. Primeramente, trataría de hacer coincidir las dos manos, pero luego trata de experimentar creando contrastes entre las manos y escucha si te gusta lo que tocas.

Practicando Improvisación sobre Dominantes Alterados

Deberías practicar improvisando con estas nuevas escalas de las siguientes cuatro formas. Practica tocando una escala a la vez durante todo el proceso para adquirir un dominio y control antes de moverte al siguiente sonido.

1. **Mantén la nota del bajo en la izquierda y practica explorando tu escala elegida en la derecha.**

    No te preocupes del tempo o estilo. Simplemente investiga cada parte de la escala como si estuvieras explorando cada rincón de una habitación que acabas de descubrir. Establece un temporizador por cinco o diez minutos y siéntate a trabajar sobre la escala.

2. **Practica tocando las escalas para una progresión ii-V-I al acompañar los acordes.**

    Nota que la escala hexatonal y la octatónica no tienen el número normal de notas, así que tendrás que ajustar el ejercicio respectivamente. Los *voicings* empiezan en Posición A o B dependiendo de cual deja más espacio para las escalas. La nota más alta ha sido removida de algunos de los *voicings* para acomodar la derecha.

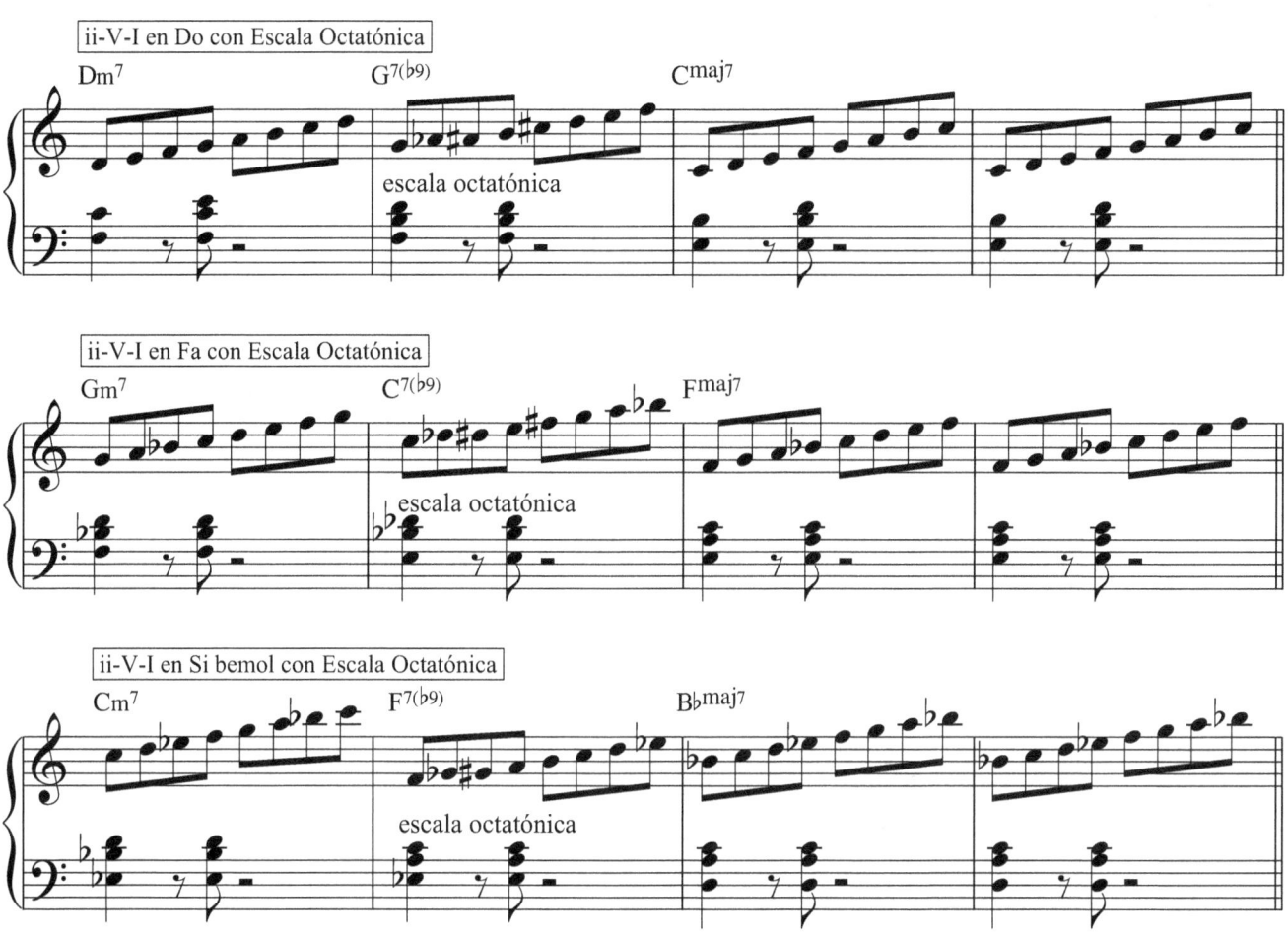

3. **Improvisa sobre la progresión ii-V-I utilizando la dominante alterada que te encuentras practicando.**

   Improvisa con el modo dórico para el acorde ii, la escala dominante alterada para al acorde V y la escala mayor para el I. Probablemente tengas que escribir la escala de manera a ver las notas en frente de ti mientras improvisas.

4. **Practica improvisando con la escala sobre un tema.**

   Escoge un tema del *Real Book* con algunos acordes dominantes y prepárate para improvisar sobre los acordes dominantes, escribiendo las escalas y practicándolas de forma ascendente y descendente, de ser necesario. Luego, improvisa usando la escala elegida sobre cada acorde dominante del tema hasta que salga de forma natural.

Toca las escalas una por una. Te podrás sentir saturado, pero no lo tienes que hacer todo de una vez. Cada escala que toques será más fácil de aprender.

Otras progresiones de acordes comunes

Hasta ahora, el plan de estudios de este libro ha estado basado en la progresión ii-V-I, ¡y con buena razón! La progresión ii-V-I es crucial en el estilo jazz. Sin embargo, a medida que completes este libro, hay otras progresiones que deberías conocer y que te ayudarán a leer *lead sheets* antes de comenzar el Libro 2 de esta serie.

1. **La progresión I-vi-ii-V ("uno-seis-dos-cinco")** es increíblemente común en *standards* de jazz y música *pop*. Se mueve desde un acorde de tónica a un acorde menor basado en el sexto grado, luego a un acorde menor basado en el segundo grado, y finalmente al acorde dominante basado en el quinto grado de la escala. La progresión I-vi-ii-V es usada en canciones como "Heart and Soul" de Hoagy Carmichael, "I've Got Rhythm" de George Gershwin, "Blue Moon" de Rodgers y Hart y "Hallelujah" de Leonard Cohen. También es comúnmente utilizada para introducciones y finales ya que puede ser repetida como un bucle sin final.

2. Una variación de la progresión I-vi-ii-V es **la progresión iii-vi-ii-V ("tres-seis-dos-cinco")**, en el cual un acorde menor basado en el tercer grado de la escala sustituye a la tónica. Ya que la música nunca resuelve a la tónica, el iii-vi-ii-V se siente mas cíclico e inestable. Esta progresión se puede tocar con un acorde menor iii o con un acorde dominante iii.

   Nota que para el acorde iii, la tónica reemplaza a la novena en el *voicing*. La novena del acorde iii es tradicionalmente evitado ya que se encuentra fuera de la tonalidad en cuestión. Por ejemplo, la novena de Mi menor séptima es Fa sostenido, el cual se encuentra fuera de la tonalidad de Do mayor. A pesar de que la novena se toca a veces, tiende a destacarse demás de la progresión. Cuando un acorde dominante se usa para el iii, se elige una novena menor para que coincida con la escala diatónica.

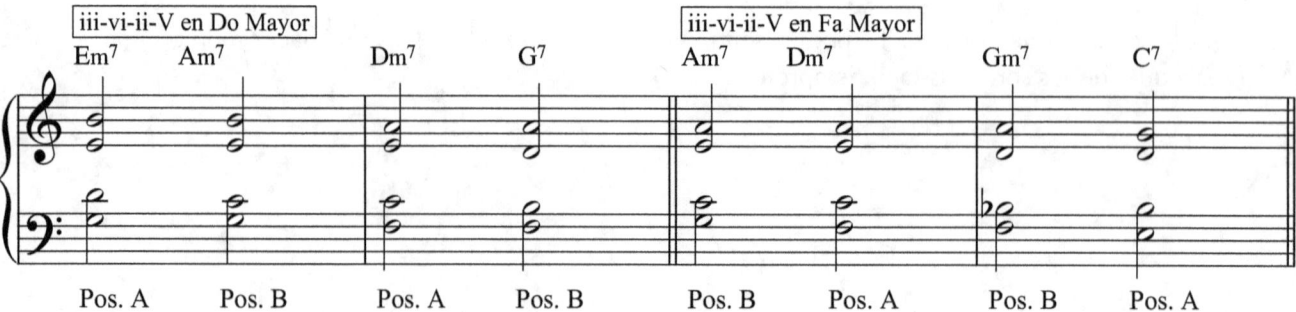

3. **El *walk* disminuido ascendente** y ***walk* disminuido descendente** son progresiones que alternan entre acordes disminuidos y diatónicos. Se pueden encontrar en *standards* de jazz como "Ain't Misbehavin'" "Have You Met Miss Jones", "Someday My Prince Will Come" y "Quiet Night of Quiet Stars (Corcovado)".

Recuerda que los *voicings* para acordes disminuidos funcionan como *voicings* para otros acordes excepto que la tónica reemplaza a la novena. Para formar un *voicing* para un acorde disminuido, toca la tercera y séptima (el cual luce como la sexta) en la izquierda, como lo harías con cualquier otro tipo de acorde. Luego, coloca la quinta disminuida y la tónica en la derecha. En el ejemplo, el *walk* disminuido descendente termina con un ii-V-I para que la progresión resuelva de forma agradable al oído.

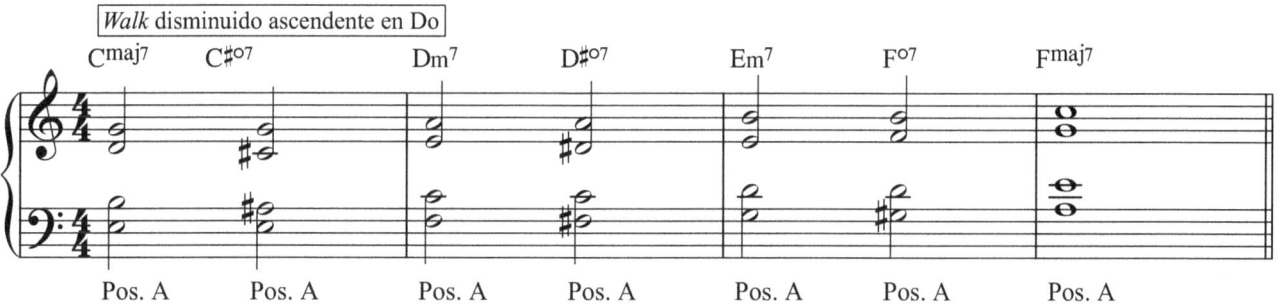

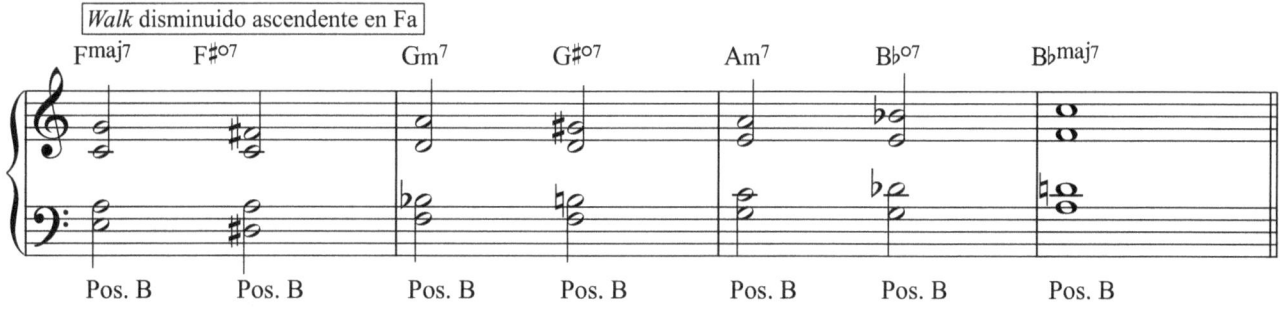

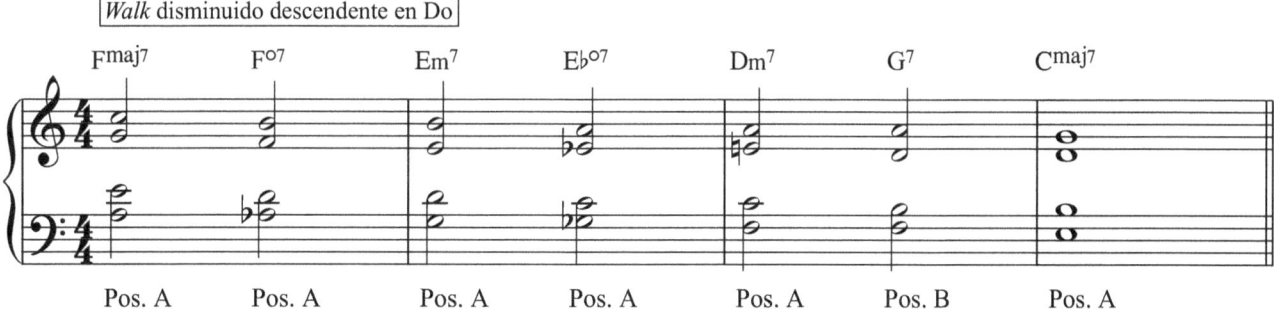

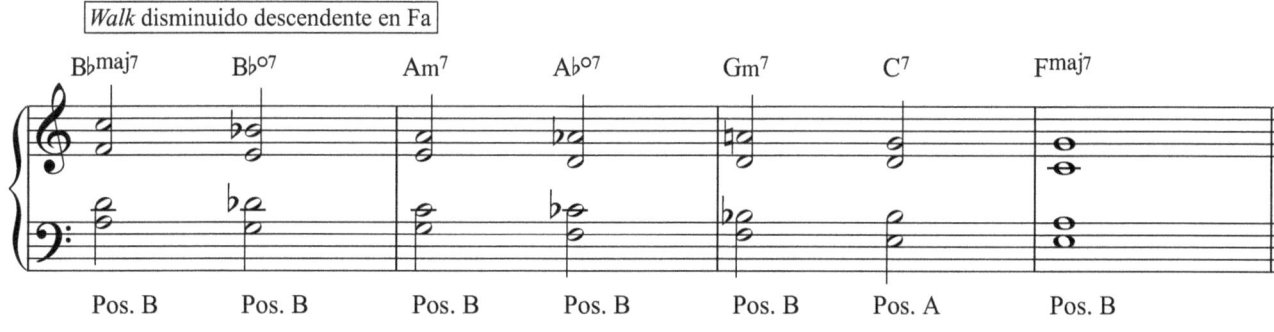

4. **La progresión *backdoor* (puerta trasera) ii-V-I ("*backdoor* dos-cinco-uno")** comienza como una progresión ii-V-I pero resuelve a la tónica del acorde un tono arriba del acorde V. Viéndolo de otra forma, la progresión utiliza un acorde de séptima menor basado en el cuarto grado de la escala y un acorde de séptima dominante basado en la séptima menor de la escala para resolver a la tónica. La progresión *backdoor* ii-V-I es comúnmente encontrada en el repertorio de jazz, incluidas piezas como "Just Friends", "I Should Care", "Misty" y "Stella by Starlight".

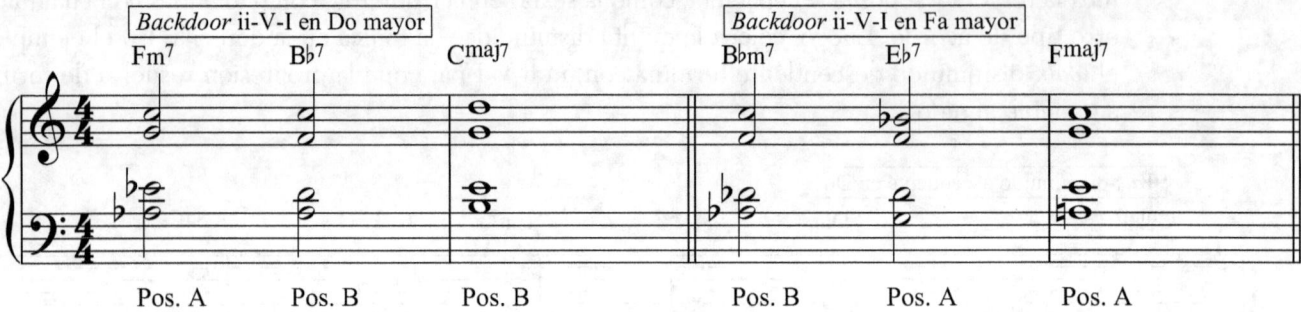

El *backdoor* ii-V-I utiliza normalmente un acorde dominante con la oncena aumentada. Los siguientes *voicings* muestran como incorporar una oncena aumentada y una trecena natural para crear un *voicing* con un sonido robusto.

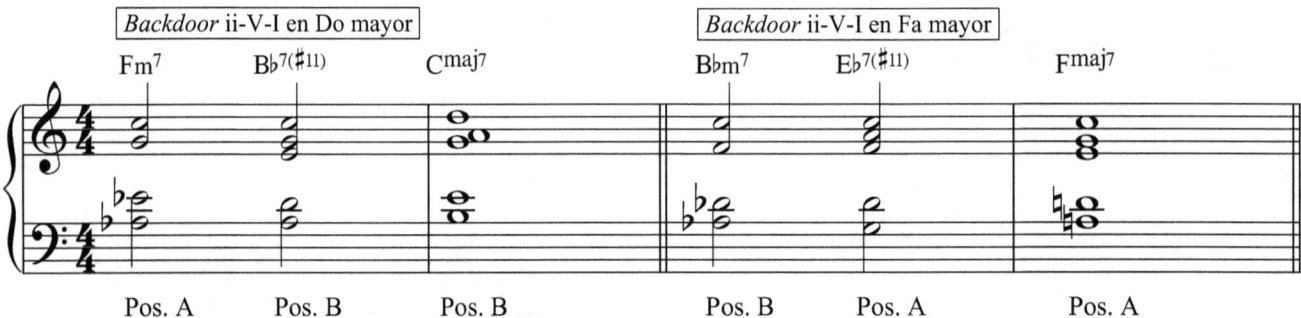

Practica estas progresiones en todas las tonalidades y manténte pendiente de ellas en *standards* de jazz a medida que estudias temas del *Real Book*.

Otros Acordes Comunes

Es probable que veas algunos acordes en el *Real Book* que no han sido cubiertos extensivamente en este libro. Abajo, encontrarás un resumen de estos acordes y como tocarlos.

1. Acordes suspendidos

En **los acordes suspendidos**, también conocidos como **acordes sus** o **acordes sus4**, el cuarto grado de la escala reemplaza a la tercera. A pesar de que el acorde deriva de la idea clásica de la suspensión, en el cual la tensión creada por la cuarta resuelve a la tercera, los acordes suspendidos no siempre resuelven en el jazz. A menos que el símbolo de acorde designe específicamente una séptima mayor, así como el último compás de este ejemplo, utiliza un acorde dominante para un acorde sus.

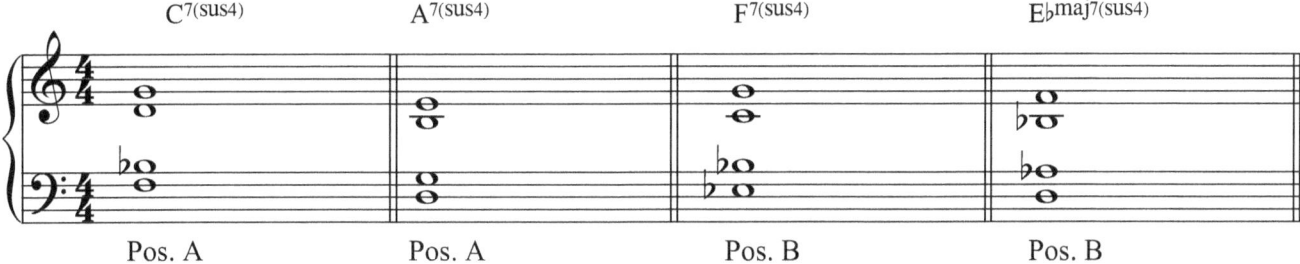

2. Acordes de sexta mayor y sexta menor

En **los acordes de sexta mayor y sexta menor**, el sexto grado de la escala mayor reemplaza a la séptima. Los acordes de sexta son frecuentemente utilizados en el lugar de acordes de séptima mayor cuando la tónica se encuentra en la melodía. Debido a que la tónica está a un semitono de la séptima mayor, estas dos notas chocan. Un acorde de sexta provee una mejor solución consonante. Nota que aún con los acordes de sexta menor, se utiliza el sexto grado de la escala mayor.

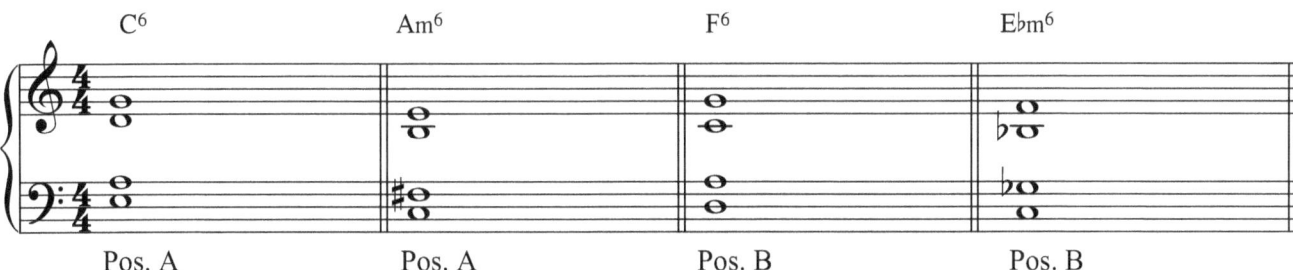

3. Inversiones

Recuerda que en el inicio del libro las inversiones son notadas utilizando un *slash* entre el acorde y la nota del bajo. Es apropiado agregar la tónica alado de la novena del *voicing* cuando veas una inversión ya que el bajista no está tocando la tónica.

4. Acordes *slash*

Un acorde *slash* es un acorde con una nota en el bajo que no es parte del acorde original. En lugar de una inversión, en un acorde *slash* se emparejan un acorde y un bajo que no coinciden. Para los acordes *slash*, puedes agregar la tónica alado de la novena en el *voicing*.

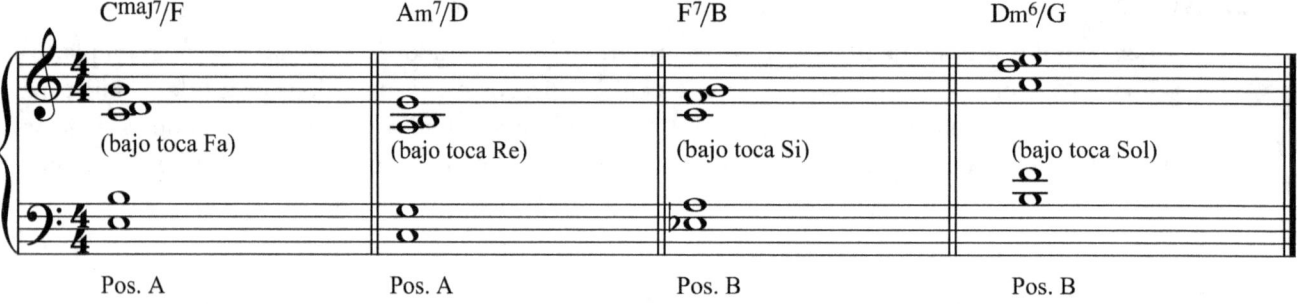

5. Tríadas

Recuerda que cuando los símbolos de acorde no tienen un número impar al final, normalmente indican una tríada. Al formar una tríada, es aceptable tocar la novena como una nota colorida. Toca la tónica y la quinta en la izquierda y la novena y la tercera en la derecha o toca la tónica y tercera en la izquierda y la novena y quinta en la derecha.

Preguntas Frecuentes

Q: *¿Qué hay de los voicings a una mano? ¿Debería agregar la tónica dentro del voicing en la izquierda para inversiones y acordes slash??*

A: ¡Sí! Puedes agregar la tónica alado de la séptima para *voicings* a una mano.

Q: *¿Cómo debo usar las tríadas para voicings a una mano?*

A: Utiliza una combinación de la tercera, quinta y novena para *voicings* a una mano. Cualquier orden para estas tres notas sonará correcto. Ve el ejemplo a continuación.

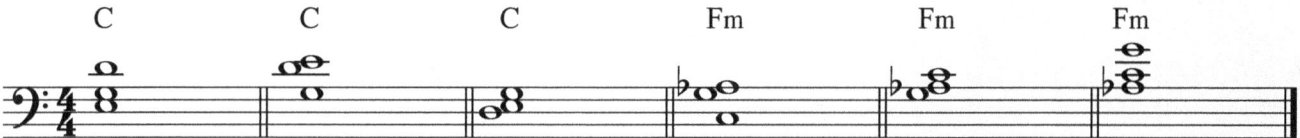

ESCUCHA GUIADA 12–
"Cheek to Cheek" de Ahmad Jamal

Escanea Aquí para Link de Escucha

"Cheek to Cheek", escrito por Irving Berlin, es el sexto tema del álbum *Ahmad's Blues*, grabado en 1958.

Ahmad Jamal (1930-) es un pianista de jazz conocido por su técnica brillante, un radical uso del espacio, el uso de dinámicas extremas y creativos arreglos de trío. Miles Davis citaba a Ahmad Jamal como una de sus más grandes influencias, en particular con el uso de silencios intencionados. El gran trío de Jamal, que podemos escuchar aquí, combinaba con genialidad las formas tradicionales del jazz con *vamps*, secciones *cued* y *grooves* intrínsecos.

MIEMBROS

Ahmad Jamal, piano

Israel Crosby, bajo

Vernel Fournier, batería

Forma

0:00-1:19	Melodía (Forma AABCA)
1:19-2:05	*Vamp* ii-V-iii-vi
2:05-2:30	Bajo asciende cromáticamente
2:30-2:42	*Vamp* en sol
2:42-4:09	Solo de Piano sobre la Forma
4:09-final	*Vamp* 2 ii-V-iii-vi *Vamp* 2 y Final

Si nunca has escuchado "Cheek to Cheek", escucha unas cuantas versiones vocales antes de escuchar la versión deconstructiva de Jamal (escucha la versión original de Fred Astaire y Ginger Rodgers o la versión de Ella Fitzgerald). A pesar de que "Cheek to Cheek" es una canción tradicional de una película de 1935, es una canción extraña con una forma inusual. Las dos secciones A de dieciséis compases cada uno son seguidas de dos secciones B también de dieciséis compases, una sección C contrastante de ocho compases, y luego una última sección A.

La canción empieza con dos progresiones I-vi-ii-V. Escucha la línea de bajo de Israel Crosby y trata de seguir la progresión. Debido a que la canción está en Do mayor, el bajo se mueve de Do a La, luego a Re y Sol. Nota como Jamal toca el inicio de la melodía pero se detiene a la mitad para permitir al oyente terminar la melodía en su cabeza. En la segunda sección A (0:19), Jamal y Crosby repiten una variación de la progresión I-vi-ii-V, reemplazando los acordes de La y Sol con sustituciones por tritonos, para una nueva línea de bajo de Do-Mi bemol- Re-Re bemol. El puente (0:38) empieza con progresiones ii-V-I en Do. Escucha las notas Re-Sol-Do en el bajo. Nota que Jamal no acompaña en el puente al tocar la melodía y de nuevo, deja de tocar la melodía en la mitad. La última sección A (1:07) regresa a la progresión I-vi-ii-V.

Empezando en el minuto 1:19, el trío toca una larga extensión del final, repitiendo la progresión iii-vi-ii-V. La forma en que la tocan, el ii recibe el énfasis rítmico, por lo tanto suena como *una progresión ii-V-iii-vi ("dos-cinco-tres-seis")*. Escucha el bajo moviéndose de Re a Sol, luego a Mi y La, a medida que Jamal intercala frases con la batería. El trío luego se adentra en una sección en donde el bajo asciende cromáticamente a través de las doce tonalidades (2:05-2:30) antes de llegar a Sol, la dominante de la tonalidad original de Do mayor. Finalmente, en el minuto 2:42, Jamal empieza improvisando sobre los acordes originales de "Cheek to Cheek".

Nota como Jamal ubica su improvisación en el registro agudo y es repetitivo hasta la saciedad, a veces quedándose "atascado" en una frase o motivo, como es evidente en el minuto 3:23 al 3:39. Luego de improvisar un coro entero, la banda toca de nuevo su extensión ii-V-iii-vi empezando en el minuto 4:09, para que luego Jamal regrese a intercambiar frases con el baterista Fournier.

Tómate tu tiempo para apreciar la alegría del trío, ligereza y la intencionalidad de cada nota y frase. La música de Ahmad Jamal es muy singular que es casi su propio género dentro del jazz. A pesar de que no hay pianista que haya podido imitarlo por completo, su estilo ha tenido mucha influencia en toda clase de artistas de jazz.

TAREA UNIDAD 12

1. **Ejercicio de Improvisación 12 – Improvisación sobre la escala alterada**
2. **Practica el *Lick* de ii-V-I en las doce tonalidades y aplícalos a temas**
3. **Practica improvisación utilizando la escala octatónica semitono-tono, la escala hexatonal, escala alterada, escala lidia dominante y la mixolidia sexta menor, una a la vez**
    a. Explora el sonido y las notas de cada escala manteniendo la nota del bajo en la izquierda
    b. Practica tocando la escala y acompañando los acordes en un ii-V-I
    c. Improvisa utilizando cada escala en un contexto de un ii-V-I
    d. Escoge un tema del *Real Book* y practica utilizando la escala cada vez que encuentres un acorde dominante en el tema
4. **Practica el I-vi-ii-V, iii-vi-ii-V, el *walk* disminuido ascendente y descendente y el *backdoor* ii-V-I en las doce tonalidades**
5. **Busca acordes suspendidos en el *Real Book*, acordes de sexta mayor y menor, inversiones, acordes *slash* y practica encontrar *voicings* para los acordes que van apareciendo**
6. **Escucha Guiada 12: "Cheek to Cheek" de Ahmad Jamal**
    a. Escucha "Cheek to Cheek" por lo menos veinte veces.
    b. Presta atención a las progresiones de acordes introducidas en esta unidad.
    c. Escucha la forma en que Jamal utiliza el espacio.
    d. Sigue la forma inusual de "Cheek to Cheek".

¿Y AHORA QUÉ?

Antes de continuar a la siguiente etapa de estudio, escoge diez temas de la Lista de Temas. Para cada tema:

1. Encuentra y domina los *voicings* en Posición A/B a dos manos. Altera todos los acordes dominantes. Con un *play-along*, practica acompañar en ritmo utilizando patrones de acompañamiento y variaciones.

2. Encuentra y domina los *voicings* en Posición A/B a una mano. Altera todos los acordes dominantes. Con un *play-along*, practica acompañando y tocando la melodía con *voicings* en Posición A/B a una mano. Personaliza la melodía con apoyaturas, notas fantasma, grupetos y cambios rítmicos.

3. Practica tocando una línea de bajo en dos en la izquierda y acompañando con *voicings* en Posición A/B a una mano en la derecha..

4. Practica improvisando sobre los cambios armónicos, utilizando:
    a. Escalas, incluyendo escalas para acordes dominantes alterados. Practica incorporando la escala de *blues* en adición a los modos y escalas mayores.
    b. Arpegios, particularmente 3-5-7-9 con una conducción de voces fluida así como se introdujo en la Unidad 8.
    c. Todos los *lick*s de ii-V-I (si, ¡regresa y repasa todos los 10 *lick*s!).
    d. Tus conceptos favoritos de los ejercicios de improvisación, incluyendo:
        - Construyendo vocabulario rítmico.
        - Toca Dos, Descansa Dos/Toca Uno, Descansa Uno.
        - Toca lo que cantas.
        - Utilizando tonos vecinos.
        - Utilizando apoyaturas.

5. Escoge dos piezas del *Real Book*. Escribe y practica:
    a. Un solo de ensueño
    b. Un solo preparado

El dominio es un proceso en lugar de un destino. Con eso dicho, mientras más trabajes estos músculos, tus prácticas positivas se volverán habituales.

¿QUÉ SIGUE?

En el segundo libro de esta serie, aprenderás sobre transcripciones, fundamentos del piano solo, armonía menor, otros tipos de *voicings*, introducciones/finales, más patrones de acompañamiento, otras formas comunes en el jazz y juegos de improvisación. está disponible abora en

www.jeremysiskind.com/shop/
el cual puedes visitar escaneado este código QR

Si disfrutaste este libro y quieres sumergirte de lleno en el solo jazz piano, considera adquirir *Tocando Solo Jazz Piano* de Jeremy Siskind, también disponible en www.jeremysiskind.com/shop/, el cual puedes visitar escaneando el código QR.

GLOSARIO

(10) **New Age**: Estilo musical con melodías repetitivas y una sensación hipnótica.

(12) **Feel de Swing**: Sensación de *Swing*.

(17) **Oompah**: Patrón rítmico consistente en una serie de dos notas, la primera acentuada y la segunda ejecutada de forma más suave.

(18) **Voicings**: Disposición específica de notas para un acorde determinado.

(19) **Avant-Garde**: Estilo o movimiento artístico que busca romper con las estándares tradicionales de la música.

(23) **Straight:** Tradicional.

(26) **Pattern(s)**: Patrón(es).

(30) **Pitch Bend:** Efecto musical en el que una nota se desliza a otra.

(33) **Trade:** Intercambio.

(33) **Fill:** Relleno.

(33) **Commentary:** Técnicas y elementos de improvisación utilizados por los músicos de jazz.

(45) **Slash:** Símbolo Musical utilizado para indicar acordes que repiten.

(61) **Jam Session:** Comúnmente conocido como zapada o simplemente jam, encuentro informal entre músicos para la improvisación musical sin previo ensayo.

(64) **Voice Leading:** Comúnmente conocido como Conducción de Voces. Concepto que consiste en individualizar cada nota de un acorde de manera a buscar conectarla con el siguiente acorde de la forma más idiomática posible.

(78) **Gig:** Actuaciones musicales de índole informal.

(78) **Trading Fours:** Intercambio de improvisaciones entre músicos cada cuatro compases.

(78) **Double-Time Feel:** Recurso utilizado para doblar la unidad rítmica pero sin cambiar el tempo.

(103) **Lead-in:** Elemento utilizado en el acompañamiento que consiste en tocar el *voicing* en cuestión de manera a solidificar la armonía y proveer un mejor apoyo armónico.

(109) **Up-Tempo:** De tempo rápido y energético, generalmente arriba de 200 *bpm*.

(107) **Strolling:** Tipo de performance en la que los músicos caminan alrededor del escenario o entre el público, creando un ambiente interactivo e informal.

(120) **Shell Voicings:** *Voicings* que comprenden solo dos o tres notas del acorde, pudiendo ser la tónica, tercera y séptima o solamente tercera y séptima en ambas inversiones.

(127) **Coro Shout:** Comúnmente asociado con la *big band*, sección en la cual el ensamble completo, toca una melodía en unísono, utilizado como un punto de clímax.

(148) **Dirty Blues:** Asociado a los años 20 y 30, estilo de *blues* que generalmente incluyen letras de contenido explícito, musicalmente utiliza *licks* muy característicos al estilo.

(159) **Backbeat:** Elemento rítmico que acentúa el segundo y cuarto pulso en un compás de cuatro cuartos. Normalmente conocido como contratiempo.

(191) **Secciones cued:** Parte específica de la canción donde el ensamble toca una melodía o rítmica en particular a través de una señal.

www.ingramcontent.com/pod-product-compliance
Lightning Source LLC
LaVergne TN
LVHW061935070526
838199LV00060B/3835